高等职业教育财务会计类富媒体智能型
精品系列教材

Ability Test and Business Training of Enterprise Financial Accounting

企业财务会计能力测试与业务实训

陈强 朱明 主编

东北财经大学出版社
Dongbei University of Finance & Economics Press
大连

图书在版编目（CIP）数据

企业财务会计能力测试与业务实训 / 陈强，朱明主编．—大连：东北财经大学出版社，2022.6

（高等职业教育财务会计类富媒体智能型·精品系列教材）

ISBN 978-7-5654-4361-9

Ⅰ．企…　Ⅱ．①陈…②朱…　Ⅲ．企业管理-财务会计-高等职业教育-教材　Ⅳ．F275.2

中国版本图书馆CIP数据核字（2021）第213460号

东北财经大学出版社出版

（大连市黑石礁尖山街217号　邮政编码　116025）

网　址：http://www.dufep.cn

读者信箱：dufep@dufe.edu.cn

大连永发彩色广告印刷有限公司印刷　东北财经大学出版社发行

幅面尺寸：185mm×260mm　字数：380千字　印张：17.75

2022年6月第1版　2022年6月第1次印刷

责任编辑：王天华　周　慧　责任校对：冯　慧

封面设计：冀贵收　版式设计：原　皓

定价：42.00元

教学支持　售后服务　联系电话：（0411）84710309

如有印装质量问题，请联系营销部：（0411）84710711

参考文献

[1] 财政部会计资格评价中心．初级会计实务［M］．北京：经济科学出版社，2021.

[2] 陈强．财务会计实务［M］．4版．北京：高等教育出版社，2021.

[3] 陈强．财务会计习题与全真实训［M］．4版．北京：高等教育出版社，2021.

前言

随着我国经济发展水平的迅速提升，会计已经成为一个规模庞大、需求旺盛的职业，会计高等教育也受惠于此而欣欣向荣。在取得巨大成就的同时，我国会计教育也面临着环境的不断变化，如信息技术化、知识经济化、经济全球化、风险复杂化以及会计国际化等，互联网、云计算等信息技术高速发展，社会经济活动日趋复杂。在大数据时代，财务领域的转型与升级必定是市场竞争中最敏感的组成部分。会计教学面临着重大考验，需要在各方面进行改革。加之近年来，会计法规、税法等均有较大变化，教材的改革与变化迫在眉睫，一套优质的教材是支撑教学的重要基础。

为了满足课程教学、职称考试及培养学生良好的职业素质和较强的实际操作能力的需求，编者以2022年初级会计专业技术资格考试“初级会计实务”科目大纲、最新会计准则以及最新财税法规为依据，精心编写“课证融合”一体化教材，既能满足高职院校财务会计课程的教学需要，又有助于学生通过“初级会计实务”课程，实现“课证融合”。

与《企业财务会计》教材配套的《企业财务会计能力测试与业务实训》教材以会计职业能力培养为核心，坚持理念创新、方法创新、内容创新，将教材建设与高等职业教育会计专业的发展相结合。本教材包括能力测试与业务实训两大部分。

一、能力测试：同步测试，冲刺证书

由于初级会计职称考试难度相对较大，考点较多，本教材在满足教学需求的同时，关注学生考试的需要，设计并撰写了与教材教学任务和初级职业考试同步的能力测试，同时提取历年经典全真试题，有助于学生掌握初级会计专业技术资格考试“初级会计实务”科目考点的相应内容。

二、业务实训：障碍实训，职业判断

由于大多数实训教材都采用给出企业经济业务正确的原始凭证方式，这种实训难以调动学生的主动性，并且对正确的做法记忆也不深刻。障碍实训是以华宇有限责任公司2021年发生的相关经济业务为例，对该实训内容某些环节尤其是学生容易忽略的细节错误设置障碍，主要训练学生对原始凭证的合规性、合法性、正确性的判断能力和处理能力，正确编制财务报表的业务处理能力。让学生利用所学知识，通过识别、比较、分析、判断，进行正确操作，使学生清楚了解会计工作中常见错误和引发的原因，从而牢固掌握正确的会计业务处理方法，增长实践操作知识和技能，提高实训的效果，同时培养学生细心、负责、坚持原则的工作态度，养成踏实、认真、规范操作的良好习惯，真正提高学生职业判断和处理能力。

本教材可作为高等职业教育财务会计课程的教材，也可作为财会人员的培训教材，还可作为财会工作者和经营管理人员的参考用教材。本教材是在学生初步掌握了会计的基本理论和基本方法之后，通过业务实训和障碍实训加深对财务会计理论和方法的理解与运用。因此，本教材是联系理论与实际之间的一座桥梁。

本教材由浙江商业职业技术学院陈强教授总负责。陈强教授和浙江经贸职业技术学院朱明副教授担任主编，浙江经济职业技术学院章莹老师担任副主编。温州科技职业学院严瑾副教授、浙江经济职业技术学院王茜教授和王旖婧老师、杭州紫光捷通科技有限公司童牡丹会计、廊坊职业技术学院刘晓宇老师共同参与编写。本教材在编写过程中得到了诸多企业、银行界专业人士的指导和帮助，以及东北财经大学出版社的大力支持，并借鉴了财务会计方面的教材和报纸杂志的有关观点及初级会计实务考试资料，编者在此一并表示感谢。

由于编者水平有限，本书难免存在错误和不足之处，恳请读者批评指正。

编　者
2021年12月

目　录

第一部分　能力测试

第二部分 业务实训

第一部分

能力测试

项目一

财务会计认知

任务一　会计语言认知

一、单项选择题（每题只有一个正确选项，请将正确选项填在括号内）

1.会计是以（　　）为主要计量单位，以提高经济效益为主要目标，运用专门方法对企业、机关、事业单位和其他组织的经济活动进行全面、综合、连续、系统的核算和监督，并随着经济的日益发展，逐步开展预测、决策、控制和分析的一种经济管理活动。

A.长度　B.货币　C.时间　D.价值

2.会计对象是会计核算和监督的内容，具体是指社会再生产过程中能以货币表现的（　　）。

A.经济活动　B.生产活动　C.产销活动　D.企业活动

3.由国家最高权力机关——全国人民代表大会及其常务委员会经过一定立法程序制定的有关会计工作的法律是（　　）。

A.会计法律　B.会计行政法规

C.国家统一会计制度　D.地方性会计法规

4.下列各张报表有助于使用者评价企业资产的质量以及短期偿债能力、长期偿债能力、利润分配能力的是（　　）。

A.利润表　B.资产负债表

C.现金流量表　D.所有者权益变动表

5.在下列各项中，反映某一会计期间经营成果的报表是（　　）。

A.资产负债表　B.利润表　C.现金流量表　D.会计报表附注

6.在下列各项中，不影响当期利润表中营业利润项目的是（　　）。

A.计提无形资产减值准备　B.计提办公用固定资产折旧

C.出租无形资产取得的租金收入　D.接受捐赠的专利权

7.企业有权将所有权尚未转移但能实际控制、支配的资源确认为资产，所依据的会计原则是（　　）。

A.相关性　B.重要性　C.谨慎性　D.实质重于形式

8.企业会计核算时将劳动资料划分为固定资产和低值易耗品，是基于（　　）信息质量要求。

A.重要性　B.可比性　C.谨慎性　D.权责发生制

二、多项选择题（每题有两个或两个以上的正确选项，请将正确选项填在括号内）

1.反映企业某一时点财务状况的会计语言词汇由（　）构成。

A.资产　B.负债　C.所有者权益　D.利润

2.会计具有的基本特征包括（　　）。

A.会计以货币为主要计量单位　　B.会计拥有一系列专门方法
C.会计具有核算和监督的基本职能　　D.会计是一种经济管理活动

3.下列各项企业商业决策需要会计支持的有（　　）。
A.购买固定资产　　B.股票投资
C.员工录用　　D.组织员工会计知识竞赛

4.借助资产负债表提供的会计信息，可以帮助管理者（　　）。
A.分析企业资产的结构及其状况
B.分析企业目前与未来需要支付的债务数额
C.分析企业的债务偿还能力
D.分析企业的现金流量情况

5.多步式利润表可以反映企业的（　　）等项目。
A.所得税费用　　B.营业利润
C.利润总额　　D.净利润

6. 2020年3月31日，东风公司有关账户期末余额及相关经济业务如下：本月实现营业收入2 000 000元，营业成本为1 500 000元，税金及附加为240 000元，期间费用为100 000元，营业外收入为10 000元，所得税费用为40 000元，东风公司本月营业利润、利润总额和净利润分别为（　　）元。
A.160 000　　B.170 000　　C.120 000　　D.130 000

7.下列会计核算，符合会计信息质量的谨慎性要求的有（　　）。
A.固定资产采用加速折旧法计提折旧
B.长期股权投资核算采用权益法
C.应收账款计提坏账准备
D.对存货计提跌价准备

三、判断题（正确的在括号内打“√”，错误的打“×”）

（　　）1.会计是以货币为主要计量单位，运用专门方法，核算和监督一个单位经济活动的一种行政管理工作。

（　　）2.商业活动，即供求双方以买卖方式使商品流通的经济活动。

（　　）3.会计是以货币为唯一计量单位，反映和监督一个单位经济活动的一种经济管理工作。

（　　）4.资产负债表是总括反映企业某一特定日期资产、负债和所有者权益情况的静态报表，通过它可以了解企业的资产构成、资金的来源和企业偿债的能力。

（　　）5.“累计折旧”和“坏账准备”反映资产价值损耗或损失，属于损益类账户。

（　　）6.财务报表附注是对资产负债表、利润表和现金流量表等报表中未列示项目的补充说明，其目的是更加全面、详细地反映单位财务状况、经营成果和现金流量之外的会计信息。

（　　）7.可靠性是会计信息基本的质量特征。

（　　）8.从某种程度上讲，填列财务报表附注可以增强会计信息的可理解性。

四、案例分析题

1.小华是一名刚毕业不久的会计专业学生，领导安排她做固定资产会计。年终编制财务报表时，总账会计王飞的财务报表数据不能达到平衡，于是要求小华将当年计提的固定资产折旧额少写30万元。

要求：如果你是小华，你是否同意王飞的要求？理由是什么？

2.南京纺织品进出口股份有限公司（以下简称“南纺股份”）2016—2020年的5年间虚构利润3.4亿元。由于公司的主要客户在中国香港和英国，南纺股份还通过在自营进口业务中调低进口成本，在转口业务中虚增收入，在以外汇融资为目的的虚假转口业务中虚增收入及成本，隐瞒财务费用，调节应收外汇账款账龄，少计提坏账准备等多种手段虚增利润。

要求：请根据上述资料，指出南纺股份都违背了哪些会计信息质量要求。

任务二　熟知会计职业及其工作

一、单项选择题（每题只有一个正确选项，请将正确选项填在括号内）

1.会计报告的主要构成内容是（　　）。

A.原始凭证　　B.记账凭证　　C.会计账簿　　D.会计报表

2.（　　）是指将经过确认和计量的各项经济业务或会计事项，采用一定的方法在账户中进行记录的过程。

A.会计确认　　B.会计计量　　C.会计记录　　D.会计报告

3.会计按（　　）的不同可分为预算会计、非营利组织会计和财务会计。

A.报告对象　　B.核算主体及目的

C.工作内容　　D.工作范围

4.下列关于会计核算方法体系的说法，错误的是（　　）。

A.只有经过审核并认为正确无误的会计凭证，才能作为登记账簿的依据

B.设置会计科目和账户是使会计核算具有系统性的专门方法

C.编制财务会计报告是会计核算方法体系的核心

D.账簿记录所提供的各种核算资料是编制财务报表的直接依据

5.我国企业的会计记录依据的原理是（　　）。

A.权责发生制　　B.借贷记账法　　C.收付记账法　　D.复式记账法

6.所有账簿登记完以后，为验证账簿记录中借贷方金额是否相等，应编制（　　）。

A.试算平衡表　　B.科目汇总表　　C.汇总记账凭证　　D.会计报告

二、多项选择题（每题有两个或两个以上的正确选项，请将正确选项填在括号内）

1.会计专业职务分为（　　）。

A.高级会计师　B.会计师　C.助理会计师　D.会计员

2.下列各项属于会计基本假设的有（　　）。

A.会计主体　B.持续经营　C.会计分期　D.货币计量

3.会计循环是指按照一定的步骤反复运行的会计程序，从会计核算的具体内容上看，会计循环包括（　　）。

A.填制和审核会计凭证　B.设置会计科目和账户

C.登记会计账簿　D.编制会计报告

4.下列关于会计工作的基本程序，正确的有（　　）。

A.会计确认，是指按照规定的标准和方法，辨认和确定经济信息是否作为会计信息、何时作为会计信息以及列入什么会计信息的过程

B.会计计量，是指根据一定的计量标准和方法，确定经济业务或会计事项的金额的过程。会计计量以货币单位为主，辅以物理单位

C.会计记录，是指将经过确认和计量的各项经济业务或会计事项，采用一定的方法在账户中进行记录的过程

D.会计报告又称财务会计报告，是指以账簿记录为依据，采用表格和文字的形式，将会计数据提供给信息使用者的书面报告

5.会计按其报告的对象不同可分为（　　）。

A.财务会计　B.管理会计　C.公共会计　D.成本会计

6.下列各项内容属于会计记录的有（　　）。

A.取得原始凭证　B.填制原始凭证　C.填制记账凭证　D.登记账簿

三、判断题（正确的在括号内打“√”，错误的打“×”）

（　　）1.初级会计师考试的科目有初级会计实务和经济法基础两门。

（　　）2.会计确认基础有现金收付基础（收付实现制）和应计基础（权责发生制）两种。

（　　）3.重置成本是会计计量中最重要和最基本的计量属性，也一直是国际和我国惯例中的基础性计价标准。

（　　）4.会计确认属于会计的基本假设。

（　　）5.填制和审核会计凭证，是会计核算的基本方法之一，也是会计核算工作的起点。

（　　）6.财务会计与管理会计最大的区别是服务对象不同。

四、案例分析题

1.某企业于2020年5月发生下列事项：

（1）计划购入一批原材料，价值120万元；

（2）通过银行转账购入2辆卡车，含税价格93.6万元；

（3）已签订合同并将于下一年度购进的设备，价值234万元；

（4）接受捐赠商品一批，价值117万元；

（5）已支付货款，但尚未验收入库的原材料，价值351万元。

要求：请判断以上事项能否作为企业发生的经济业务进行会计核算。

2.某企业于2020年发生下列事项：

（1）接受捐赠物资一批，价值117万元，没有发票；

（2）通过银行转账购入一批原材料，含税价格351万元，有发票且验收无误；

（3）年末，库存商品原账面价值100万元，市场价格为80万元；

（4）年末在财产清查中盘盈一台设备，八成新，同类设备价值100万元；

（5）将公司多余的一台设备（账面价值80万元）与供应商的货物（账面价值78万元）按双方协商一致的79万元进行交换。

要求：请回答上述会计要素应如何进行会计计量。

项目二

货币资金核算

任务一　库存现金核算

一、单项选择题（每题只有一个正确选项，请将正确选项填在括号内）

1.在下列各项有关企业现金盘点发现并经批准的短缺或溢余的相关会计处理表述中，不正确的是（　　）。

A.无法查明原因的现金短缺应计入营业外支出

B.属于应支付给有关单位的现金溢余应计入其他应付款

C.属于应由责任人赔偿的现金短缺应计入其他应收款

D.无法查明原因的现金溢余应计入营业外收入

2.根据《现金管理暂行条例》的规定，下列经济业务，一般不应用现金支付的是（　　）。

A.支付物资采购款1 200元　　B.支付零星办公用品购置费850元

C.支付职工差旅费1 000元　　D.支付职工奖金800元

3.根据《现金管理暂行条例》的规定，下列经济业务，可以使用现金支付的是（　　）。

A.支付职工奖金1 050元

B.支付零星办公用品购置费1 200元

C.支付物资采购款9 300元

D.支付出差人员必须随身携带的差旅费5 000元

4.在企业现金清查过程中，对于现金短缺，如果经查明应由相关责任人赔偿，经批准后应计入（　　）。

A.管理费用　　B.营业外支出　　C.财务费用　　D.其他应收款

5.企业在现金清查过程中发现有待查明原因的现金短缺或溢余，已按管理权限批准，下列各项会计处理不正确的是（　　）。

A.属于无法查明原因的现金溢余，应借记“待处理财产损溢”科目，贷记“营业外收入”科目

B.属于应由保险公司赔偿的现金短缺，应借记“其他应收款”科目，贷记“待处理财产损溢”科目

C.属于应支付给有关单位的现金溢余，应借记“待处理财产损溢”科目，贷记“其他应付款”科目

D.属于无法查明原因的现金短缺，应借记“营业外支出”科目，贷记“待处理财产损溢”科目

6.下列各项关于企业现金清查说法错误的是（　　）。

A.现金清查一般采用永续盘存法

B.对于现金清查结果，应编制现金盘点报告单

C.对于无法查明原因的现金短缺，经过批准后应计入管理费用

D.对于无法查明原因的现金溢余，经批准后应计入营业外收入

二、多项选择题（每题有两个或两个以上的正确选项，请将正确选项填在括号内）

1.在下列各项中，企业可用现金支付的款项有（　　）。

A.职工工资、津贴

B.结算起点以上的支出

C.根据国家规定颁发给个人的科学技术、文化艺术、体育比赛等各种奖金

D.个人劳务报酬

2.企业在现金清查过程中发现现金溢余，在进行账务处理时可能会涉及的会计科目有（　　）。

A.“其他应付款”　B.“管理费用”　C.“其他应收款”　D.“营业外收入”

3.下列各项有关现金的说法，正确的有（　　）。

A.向个人收购农副产品或其他物资，超过30 000元，就不能使用现金

B.单位留存现金的最高数额为10 000元

C.现金短缺，经批准由责任人赔偿的，记入“其他应收款”科目

D.现金溢余，属于应该支付给有关人员的，记入“其他应付款”科目

4.下列各项符合现金核算要求的有（　　）。

A.库存现金日记账由会计人员根据收付款凭证，按照业务发生顺序逐笔登记

B.月度终了，库存现金日记账的余额应当与总账的余额核对，做到账账相符

C.每日终了，应当在库存现金日记账上计算出当日的现金收入合计额、现金支出合计额和结余额，并将库存现金日记账的账面结余额与实际库存现金额相核对，从而保证账款相符

D.企业应当设立库存现金总账和库存现金日记账，分别进行企业库存现金的总分类核算和明细分类核算

5.现金清查后，按照管理权限报经批准后，应分别不同情况进行如下处理（　　）。

A.无法查明原因的现金短缺，记入“管理费用”科目

B.属于无法查明原因的现金溢余，记入“营业外收入”科目

C.如为现金溢余，属于应支付给有关人员或单位的，记入“其他应付款”科目

D.如为现金短缺，属于应由责任人赔偿或保险公司赔偿的部分，记入“其他应收款”科目

6.企业在现金清查的过程中，如果发现现金短缺，在账务处理中可能会涉及的科目有（　　）。

A.“管理费用”　　B.“营业外支出”

C.“其他应收款”　　D.“以前年度损益调整”

三、判断题（正确的在括号内打“√”，错误的打“×”）

（　　）1.现金盘亏，无法查明原因的，经批准后记入“营业外支出”科目的借方。

（　　）2.库存现金的清查包括出纳人员每日的清点核对和清查小组定期和不定期的清查。

（　　）3.边远地区和交通不便地区的开户单位的库存现金限额，可按多于5天，但不得超过10天的日常零星开支的需要确定。

（　　）4.企业可以将当日的营业收入直接用于支付差旅费。

（　　）5.无法查明原因的现金溢余记入“营业外收入”科目；无法查明原因的现金短缺记入“营业外支出”科目。

（　　）6.企业的现金清查小组应当在出纳人员不在场的情况下对企业库存现金进行定期或不定期清查。

任务二　银行存款核算

一、单项选择题（每题只有一个正确选项，请将正确选项填在括号内）

1.下列各项关于银行存款业务的表述中，正确的是（　　）。

A.企业单位信用卡存款账户可以存取现金

B.企业信用证保证金存款账户不可以转存其开户行结算存款

C.企业银行汇票存款的收款人不得将其收到的银行汇票背书转让

D.企业外埠存款除采购人员可从中提取少量现金外，一律采用转账结算

2.2020年9月30日，某企业银行存款日记账账面余额为216万元，收到的银行对账单的余额为212.3万元。经逐笔核对，该企业存在以下记账差错及未达账项：从银行提取现金6.9万元，会计人员误记为9.6万元；银行为企业代付电话费6.4万元，但企业未接到银行付款通知，尚未入账。9月30日，调节后的银行存款余额为（　　）万元。

A.212.3　　B.225.1　　C.205.9　　D.218.7

3.企业3月末银行存款日记账余额为150万元，与银行对账单对比，发现企业14日收到货款10万元，银行没有收到通知，银行30日代缴水电费2万元，企业未收到通知，则调节后的银行存款日记账余额为（　　）万元。

A.148　　B.142　　C.162　　D.158

4.对于银行已经收款而企业尚未入账的未达账项，企业应做的处理为（　　）。

A.待有关结算凭证到达后再入账

B.以“银行对账单”为原始记录将该业务入账

C.在编制“银行存款余额调节表”的同时入账

D.根据“银行存款余额调节表”和“银行对账单”自制原始凭证入账

二、多项选择题（每题有两个或两个以上的正确选项，请将正确选项填在括号内）

1.下列各项会导致企业银行存款日记账余额大于银行对账单余额的有（　　）。

A.企业签发转账支票，但持票单位尚未办理转账

B.银行代企业收款，企业尚未取得到账通知单

C.企业收到转账支票已办理入账手续，但银行尚未入账

D.银行代扣本季度网银服务费，企业尚未取得扣款通知单

2.编制银行存款余额调节表时，下列未达账项会导致企业银行存款日记账的账面余额小于银行对账单余额的有（ ）。

A.企业开出支票，银行尚未支付

B.企业送存支票，银行尚未入账

C.银行代收款项，企业尚未接到收款通知

D.银行代付款项，企业尚未接到付款通知

3.企业银行存款账面余额与银行对账单余额之间不一致的原因可能是存在未达账项，以下会使企业银行存款账面余额小于银行对账单余额的有（ ）。

A.企业已收款入账，但银行尚未收款入账

B.企业已付款入账，但银行尚未付款入账

C.银行已收款入账，但企业尚未收款入账

D.银行已付款入账，但企业尚未付款入账

4.下列各项属于未达账项的有（ ）。

A.企业已开出，但银行尚未兑付的支票

B.企业已收款入账，但银行尚未收款入账

C.银行收到委托款项，但尚未通知企业

D.银行已划付电话费，但未将通知单送达企业

5.下列各项会使企业银行存款日记账余额小于银行对账单余额的有（ ）。

A.企业开出支票，对方未到银行兑现

B.银行误将其他公司的存款记入本企业银行存款账户

C.银行代扣水电费，企业尚未接到通知

D.银行收到委托收款结算方式下的结算款项，企业尚未收到通知

三、判断题（正确的在括号内打“√”，错误的打“×”）

（ ）1.未达账项是指企业与银行之间由于记账的时间不一致，而发生的一方已登记入账，另一方未能入账形成的账款。

（ ）2.企业将银行存款日记账余额与银行对账单余额进行核对，发现存在未达账项时，应当编制银行存款余额调节表，并依据调节表调节的内容进行相应的账务处理，以达到账实相符。

（ ）3.“银行存款日记账”应定期与“银行对账单”核对，至少每月核对一次，企业银行存款账面余额与银行对账单余额之间如有差额，应编制“银行存款余额调节表”进行调节，调节后双方的余额一定相等。

（ ）4.企业银行存款的账面余额与银行对账单余额因未达账项存在差额时，应按照银行存款余额调节表调整银行存款日记账。

（ ）5.银行存款余额调节表是调整企业银行存款账面余额的原始凭证。

（　　）6.企业可以根据经营需要，在一家或几家银行开立基本存款账户。

四、案例分析题

甲公司2020年12月31日银行存款日记账的余额为540万元，银行转来对账单的余额为830万元。经逐笔核对，发现以下未达账项：

（1）企业送存转账支票600万元，并已登记银行存款增加，但银行尚未记账。

（2）企业开出转账支票450万元，但持票单位尚未到银行办理转账，银行尚未记账。

（3）企业委托银行代收某公司购货款480万元，银行已收妥并登记入账，但企业尚未收到收款通知，尚未记账。

（4）银行代企业支付电话费40万元，银行已登记企业银行存款减少，但企业未收到银行付款通知，尚未记账。

要求：根据上述资料，分析回答下列问题。

（1）银行对账单余额应调节的事项有（　　）。

A.加银行已收，企业未收款480万元

B.减银行已付，企业未付款40万元

C.加企业已收，银行未收款600万元

D.减企业已付，银行未付款450万元

（2）企业银行存款日记账余额应调节的事项有（　　）。

A.加银行已收，企业未收款480万元

B.减银行已付，企业未付款40万元

C.加企业已收，银行未收款600万元

D.减企业已付，银行未付款450万元

（3）该企业经过调节后的银行存款余额应为（　　）万元。

A.100　　B.620　　C.980　　D.490

任务三　其他货币资金核算

一、单项选择题（每题只有一个正确选项，请将正确选项填在括号内）

1.企业为了到外地进行临时或者零星采购，而汇往采购地开立采购专户的银行存款是（　　）。

A.信用卡存款　　B.信用证保证金存款

C.外埠存款　　D.存出投资款

2.下列各项不通过“其他货币资金”科目核算的是（　　）。

A.信用证保证金存款　　B.备用金

C.存出投资款　　D.银行本票存款

3.下列各项不应确认为企业其他货币资金的是（　　）。

A.企业购买准备随时出售的债券

B.企业为购买股票向证券公司划出的资金

C.企业汇往外地建立临时采购专户的资金

D.企业向银行申请银行本票时拨付的资金

4.下列各项不属于其他货币资金核算内容的是（　　）。

A.银行本票存款　B.银行汇票存款　C.信用卡存款　D.银行承兑汇票

5.企业存放在银行的银行本票存款，应通过（　　）科目进行核算。

A.“应收票据”　B.“其他应收款”

C.“其他货币资金”　D.“库存现金”

6.下列各项不属于货币资金的是（　　）。

A.库存现金　B.银行存款　C.应收账款　D.其他货币资金

二、多项选择题（每题有两个或两个以上的正确选项，请将正确选项填在括号内）

1.下列各项应确认为企业其他货币资金的有（　　）。

A.企业持有的3个月内到期的债券

B.企业为购买股票向证券公司划出的资金

C.企业汇往外地开立的临时采购专户的资金

D.企业向银行申请银行本票时拨付的资金

2.在商品交易款项结算中，可以是商业汇票承兑人的有（　　）。

A.付款人　B.收款人　C.销货方　D.购货方

3.下列各项中，企业应确认为其他货币资金的有（　　）。

A.向银行申请银行本票划转的资金　B.为开立信用证而存入银行专户的资金

C.汇往外地开立的临时采购专户的资金　D.为购买股票向证券公司划出的资金

4.下列各项应通过“其他货币资金”核算的有（　　）。

A.信用卡存款　B.存出投资款　C.银行汇票存款　D.外埠存款

5.根据《企业会计制度》的规定，下列各项不属于其他货币资金的有（　　）。

A.备用金　B.信用卡存款

C.银行承兑汇票　D.银行汇票存款

三、判断题（正确的在括号内打“√”，错误的打“×”）

（　　）1.某企业收到对方以转账支票方式支付的货款，记入“其他货币资金”科目。

（　　）2.企业用银行本票支付材料款时，应借记“材料采购”科目，贷记“银行存款”科目。

（　　）3.企业取得的商业承兑汇票到期承兑人无力支付款项时，企业应当将应收票据转入营业外支出。

（　　）4.银行承兑汇票到期时，如果购货企业的存款不足以支付票款，承兑银行应将汇票退还销货企业，由购销双方自行处理。

(　　) 5. 商业承兑汇票到期日付款人账户不足以支付时，其开户银行应代为付款。

(　　) 6. 同城或异地的商品交易、劳务供应均可采用银行本票结算方式进行结算。

四、案例分析题

甲股份有限公司为上市公司（以下简称甲公司），有关购入、持有和出售乙公司发行的不可赎回债券的资料如下：2020年1月1日，甲公司支付价款1 100万元（含交易费用），从活跃市场购入乙公司当日发行的面值为1 000万元、5年期的债券。该债券票面年利率10%，利息按单利计算，到期一次还本付息，实际利率为6.4%。当日，甲公司将其划分为以摊余成本计量的金融资产，按年确认投资收益。2020年12月31日，该债券未发生减值迹象。（答案中的金额单位为万元）

要求：根据上述资料，不考虑其他因素，分析回答下列问题。

（1）根据上述资料，甲公司2020年1月1日账务处理正确的是（　　）。

A. 借：债权投资——乙公司——成本　　1 100
　　贷：其他货币资金——存出投资款　　1 100

B. 借：债权投资——乙公司——成本　　1 100
　　贷：银行存款　　1 100

C. 借：债权投资——乙公司——成本　　1 000
　　　　　　　　　——利息调整　　100
　　贷：银行存款　　1 100

D. 借：债权投资——乙公司——成本　　1 000
　　　　　　　　　——利息调整　　100
　　贷：其他货币资金——存出投资款　　1 100

（2）根据上述资料，甲公司2020年12月31日投资收益计算正确的是（　　）万元。

A.110　　B.100　　C.70.4　　D.64

（3）根据上述资料，甲公司2020年12月31日利息调整摊销额计算正确的是（　　）万元。

A.29.6　　B.36　　C.39.6　　D.46

（4）根据上述资料，甲公司2020年12月31日账务处理正确的是（　　）。

A. 借：应收利息　　100
　　贷：投资收益　　100

B. 借：应收利息　　110
　　贷：投资收益　　110

C. 借：应收利息　　100
　　贷：债权投资——乙公司——利息调整　　29.6

贷：投资收益 70.4

D.借：债权投资——乙公司——应计利息 100

贷：债权投资——乙公司——利息调整 29.6

投资收益 70.4

（5）根据上述资料，甲公司2021年12月31日利息调整摊销额计算正确的是（　　）万元。

A.0　　B.29.6　　C.31.49　　D.37.89

项目三

应收及预付款项核算

任务一　应收票据核算

一、单项选择题（每题只有一个正确选项，请将正确选项填在括号内）

1.2020年6月6日，甲公司销售一批产品，货款为1 000万元，增值税税率为13%，甲公司为增值税一般纳税企业。销售当日甲公司收到购货方寄来的一张3个月到期的商业承兑汇票，则甲公司应收票据的入账金额是（　　）万元。

A.1 034　　B.830　　C.1 130　　D.1 000

2.某企业于2020年5月12日将面值为50 000元的不带息商业承兑汇票向银行贴现，8月10日该票据到期，因承兑人银行存款余额不足以支付，贴现银行将票据退回贴现企业。若贴现企业银行存款账户余额也不足以支付，则应作的账务处理是（　　）。

A.借：应收账款50 000　　贷：银行存款50 000

B.借：应收账款50 000　　贷：短期借款50 000

C.借：应收票据50 000　　贷：短期借款50 000

D.借：应收票据50 000　　贷：银行存款50 000

3.Q公司于2020年4月1日因销售商品收到一张期限为6个月的带息商业汇票，票据面值为100万元，票面利率为14%，票据到期日为2020年9月30日。Q公司未将该票据贴现，则2020年9月30日Q公司该应收票据的金额为（　　）万元。

A.100　　B.107　　C.7　　D.114

4.某企业于2020年9月1日销售一批商品，增值税专用发票上标明的价款为200万元，适用的增值税税率为13%。对方公司用一张面值为226万元，票面利率为6%的银行承兑汇票支付货款。该企业销售商品时确认的应收票据为（　　）万元。

A.200　　B.212　　C.238　　D.226

5.企业因销售商品收到一张商业汇票，下列账务处理正确的是（　　）。

A.借：银行存款
　　贷：主营业务收入

B.借：应收票据
　　贷：主营业务收入

C.借：银行存款
　　贷：主营业务收入
　　　　应交税费——应交增值税（销项税额）

D.借：应收票据
　　贷：主营业务收入
　　　　应交税费——应交增值税（销项税额）

6.企业取得银行承兑汇票时，下列各项应当构成应收票据入账金额的是（　　）。

A.票据面值　　B.票面利息

C.票据面值+票面利息　　D.不一定

二、多项选择题（每题有两个或两个以上的正确选项，请将正确选项填在括号内）

1.根据商业汇票是否带息，票据到期值可以是（　　）。

A.票据面值　　B.票据利息

C.票据面值+利息　　D.票据面值-利息

2.企业将其持有的应收票据贴现给银行，损失不应在（　　）科目核算。

A.“投资收益”　　B.“营业外收入”

C.“财务费用”　　D.“营业外支出”

3.企业取得银行承兑汇票时，下列各项应当构成应收票据入账金额的有（　　）。

A.销售商品收入　　B.应收取的增值税税款

C.替购买方垫付的保险费　　D.销售商品的检验费

4.银行对应收票据拥有追索权，企业持未到期的商业汇票向银行贴现，账务处理可能涉及的账户有（　　）。

A.“银行存款”　　B.“财务费用”　　C.“应收票据”　　D.“管理费用”

5.按现行准则的规定，通过“应收票据”及“应付票据”核算的包括（　　）。

A.银行承兑汇票　　B.信用证保证金存款

C.银行本票存款　　D.商业承兑汇票

6.计算带息商业汇票到期值时，应考虑的因素有（　　）。

A.票面利率　　B.票面金额　　C.票面期限　　D.贴现率

三、判断题（正确的在括号内打“√”，错误的打“×”）

（　　）1.企业将其持有的应收票据贴现给银行，贴现息应在“财务费用”科目核算。

（　　）2.应收账款余额在贷方，一般反映企业预收的账款。

（　　）3.贴现银行承兑汇票时，贴现息记入“财务费用”科目。

（　　）4.票据贴现实质上是企业融通资金的一种方式。

（　　）5.在存在商业折扣的情况下，企业应收账款入账金额应按扣除商业折扣后的实际售价确认。

（　　）6.企业应按扣除现金折扣后的净额确认应收账款。

四、案例分析题

1.（1）5月3日，销售给丙公司一批A产品，增值税专用发票载明价款40 000元，增值税税额5 200元，同日收到丙公司承兑的面值为45 200元、期限为6个月的不带息商业承兑汇票一张。11月3日，持有的丙公司承兑的面值为45 200元的不带息商业承兑汇票到期，票款已收存银行。

（2）11月5日，销售给甲公司A产品，增值税专用发票载明价款50 000元，增值税税额6 500元，公司代垫运费1 000元，已由银行存款支付，商品已按合同发出并办妥委托收款手续。11月15日，银行通知公司委托收取的甲公司货款及代垫运费57 500元由于该公司无力支付，改用商业承兑汇票结算，收到甲公司承兑的面值为57 500元、期限为3个月的不带息商业承兑汇票一张。

（3）7月25日，因急需资金，将一张公司6月5日持有的丁公司的面值80 000元、期限90天的商业承兑汇票向银行贴现，年贴现率为6%，贴现款已存入公司的银行账户。

要求：根据上述资料，回答下列各小题。

（1）对于业务（1），正确的账务处理为（　　）。

A.借：应收票据——丙公司　45 200
　贷：主营业务收入　40 000
　　应交税费——应交增值税（销项税额）　5 200

B.借：银行存款　45 200
　贷：主营业务收入　45 200

C.借：应收账款　45 200
　贷：主营业务收入　40 000
　　应交税费——应交增值税（销项税额）　5 200

D.借：银行存款　45 200
　贷：应收票据——丙公司　45 200

（2）对于业务（2），正确的账务处理为（　　）。

A.借：应收账款　56 500
　贷：主营业务收入　50 000
　　应交税费——应交增值税（销项税额）　6 500

B.借：应收账款　57 500
　贷：主营业务收入　50 000
　　应交税费——应交增值税（销项税额）　6 500
　　银行存款　1 000

C.借：应收票据　57 500
　贷：应收账款　57 500

D.借：应收票据　57 500
　贷：主营业务收入　50 000
　　应交税费——应交增值税（销项税额）　6 500
　　银行存款　1 000

（3）对于业务（3），到期日和贴现净额分别是（　　）。

A.9月3日和79 333.33元　B.9月2日和79 333.33元
C.9月4日和666.67元　D.9月3日和666.67元

（4）对于业务（3），正确的账务处理是（　　）。

A.借：银行存款　80 000
　贷：短期借款　80 000

B.借：银行存款　　79 333.33
　　财务费用　　666.67
　　贷：应收票据　　80 000
C.借：银行存款　　79 333.33
　　财务费用　　666.67
　　贷：短期借款　　80 000
D.借：银行存款　　80 000
　　贷：应收票据　　80 000

2.2020年12月初，甲企业“应收账款”所属明细科目借方余额为35 000万元（其中应收丁企业账款5 000万元），“坏账准备——应收账款”科目贷方余额为260万元。假定销售均符合收入确认条件，销售成本逐笔结转。12月份甲企业发生有关交易或事项如下：

（1）5日，采用托收承付结算方式向乙企业销售一批商品，增值税专用发票注明的价款为2 000万元，增值税税额为260万元，代垫运杂费5万元，全部款项已办妥托收手续。该批商品成本为1 500万元。

（2）10日，向丙企业赊销一批商品，按商品价目表计算其金额为1 000万元（不含增值税），该批商品成本为750万元，由于是成批销售，甲企业给予丙企业10%的商业折扣。

（3）15日，向丙企业销售一批商品，增值税专用发票上注明的价款是3 000万元，增值税税额为390万元。双方签订的销售合同规定的现金折扣条件为“2/10，1/20，n/30”。假定计算现金折扣时不考虑增值税。28日，收到丙企业支付的该笔款项。

要求：根据上述资料，回答下列各小题。

（1）根据资料（1）和（2），下列各项中，甲企业会计处理结果正确的是（　　）。

A.确认财务费用100万元　　B.确认应收账款3 369万元
C.确认主营业务收入2 900万元　　D.结转主营业务成本2 250万元

（2）根据资料（3），下列各项中，甲企业会计处理结果正确的是（　　）。

A.15日，销售商品确认应收账款为3 000万元
B.28日，减少应收账款3 390万元
C.15日，销售商品确认应收账款为3 390万元
D.28日，确认财务费用30万元

任务二　应收账款核算

一、单项选择题（每题只有一个正确选项，请将正确选项填在括号内）

1.某企业于2020年9月1日销售一批商品，增值税专用发票上标明的价款为200万元，适用的增值税税率为13%，合同规定的现金折扣条件为“2/10，1/20，n/30”（计算

现金折扣时不考虑增值税），2020年9月9日收到购货方支付的货款。该企业销售商品时确认的应收账款为（　　）万元。

A.200　　B.203　　C.226　　D.232

2. 某企业为增值税一般纳税人，本月销售一批商品，商品标价为200万元（不含税），因为是批量购买，所以给予购买方10%的商业折扣，企业按折扣后的金额开具了增值税专用发票。同时，为购买方垫付包装费1万元，保险费0.5万元，款项尚未收回。该企业用总价法核算应收账款时，应当确认的应收账款入账金额为（　　）万元。

A.234　　B.204.9　　C.210.3　　D.235.5

3. 应收账款入账时间是（　　）。

A. 发货后　　B. 发货前　　C. 赊销成立时　　D. 订立合同时

4. 下列各项，在确认销售收入时不影响应收账款入账金额的是（　　）。

A. 销售价款　　B. 增值税销项税额

C. 现金折扣　　D. 销售产品代垫的运杂费

二、多项选择题（每题有两个或两个以上的正确选项，请将正确选项填在括号内）

1. 应收账款是指企业因（　　）应向客户收取的款项。

A. 销售商品　　B. 提供劳务　　C. 收取罚金　　D. 收取股利

2. 企业发生的应收账款计价方法理论上有（　　）。

A. 总价法　　B. 净价法　　C. 实际成本法　　D. 计划成本法

3. 下列各项会影响工业企业应收账款入账金额的有（　　）。

A. 销售商品的价款　　B. 增值税的销项税额

C. 销售商品发生的现金折扣　　D. 销售商品发生的商业折扣

4. 企业采用备抵法核算坏账准备，估计坏账损失的方法有（　　）。

A. 应收账款余额百分比法　　B. 账龄分析法

C. 年数总和法　　D. 销货百分比法

5. 按照准则的规定，可以作为应收账款入账的项目有（　　）。

A. 商品销售收入价款　　B. 增值税销项税额

C. 商业折扣　　D. 代垫运杂费

6. 下列各项构成应收账款入账价值的有（　　）。

A. 增值税销项税额　　B. 商业折扣

C. 代购货方垫付的保险费　　D. 销售货款

三、判断题（正确的在括号内打“√”，错误的打“×”）

（　　）1. 销售方发生的现金折扣记入“销售费用”账户。

（　　）2. 企业应向职工收取的暂付款项可在“应收账款”科目进行核算。

（　　）3. 企业实际发生坏账损失时，应借记“坏账准备”科目，贷记“应收账款”科目。

（　　）4. 企业采用应收账款余额百分比法计提坏账准备的，期末“坏账准备”科目余额应等于按应收账款余额的一定百分比计算的坏账准备金额。

（　　）5.企业采用直接转销法或备抵法核算发生的坏账损失，确认的标准是不同的。

（　　）6.应收款项属于企业的一项金融资产。

四、案例分析题

1.2020年9月1日，中天公司向元华公司销售一批乙产品，合同总价款200 000元，给买方的商业折扣为20%，用银行存款支付价外运费2 000元（不考虑增值税），适用的增值税税率为13%，采用托收承付结算方式结算，已向银行办妥托收手续。为及早收回货款，中天公司和元华公司约定的现金折扣条件为“2/10，1/20，n/30”。假设计算现金折扣时不考虑增值税。

要求：根据上述资料，回答下列各小题。

（1）元华公司欠中天公司的货款是中天公司的（　　）。

A.应付账款　B.其他应收款　C.应收账款　D.其他应付款

（2）中天公司应向银行托收的款项包括（　　）。

A.货款　B.产品广告费　C.运费　D.增值税

（3）2020年9月1日，中天公司应确认应收账款（　　）元。

A.198 000　B.182 800　C.200 000　D.187 200

（4）2020年9月1日，中天公司进行账务处理涉及的账户有（　　）。

A.“应收账款”　B.“银行存款”

C.“主营业务收入”　D.“应交税费”

（5）2020年9月6日，元华公司开出一张3个月到期的银行承兑汇票抵偿前欠中天公司货款，中天公司的处理正确的是（　　）。

A.借：应付账款
　　贷：应付票据

B.借：应收账款
　　贷：应收票据
　　　　其他应收款

C.借：应付票据
　　贷：应付账款

D.借：应收票据
　　贷：应收账款

（6）若元华公司于2020年9月7日付款，则中天公司应确认财务费用（　　）元。

A.180 000　B.3 753.36　C.200 000　D.3 200

2.伟达公司为增值税一般纳税企业，适用的增值税税率为13%。2020年8月2日，公司销售一批产品，按价目表标明的价格计算，金额为1 000 000元（不含税）。由于销量大，按规定给予购货方10%的商业折扣，同时规定现金折扣条件为“2/10，1/20，n/30”，计算现金折扣时不考虑增值税。假设已经符合收入确认条件，该批产品的成本为700 000元。购货方于2020年8月19日支付了货款。

要求：根据上述资料，回答下列各小题。

（1）2020年8月2日，伟达公司“应收账款”的入账金额为（　　）元。

A.1 130 000　　B.1 017 000　　C.1 042 470　　D.729 729

（2）2020年8月2日，该项交易或事项的账务处理包括（　　）。

A.借：应收账款　　1 130 000
　　贷：主营业务收入　　1 000 000
　　　　应交税费——应交增值税（销项税额）　　130 000

B.借：应收账款　　1 017 000
　　贷：主营业务收入　　900 000
　　　　应交税费——应交增值税（销项税额）　　117 000

C.借：应收账款　　1 033 560
　　贷：主营业务收入　　891 000
　　　　应交税费——应交增值税（销项税额）　　142 560

D.借：主营业务成本　　700 000
　　贷：库存商品　　700 000

（3）关于商业折扣与现金折扣，下列说法正确的是（　　）。

A.两者都会造成营业收入的减少

B.现金折扣应在实际发生时列作财务费用

C.应收账款应按扣除商业折扣与现金折扣后的金额确认

D.增值税应按照未扣除商业折扣与现金折扣的全价计算

（4）2020年8月19日，伟达公司收到货款时应做的账务处理是（　　）。

A.借：银行存款　　1 008 000
　　　财务费用　　9 000
　　贷：应收账款　　1 017 000

B.借：银行存款　　927 000
　　　财务费用　　90 000
　　贷：应收账款　　1 017 000

C.借：银行存款　　1 021 000
　　　财务费用　　109 000
　　贷：应收账款　　1 130 000

D.借：银行存款　　1 033 560
　　　财务费用　　8 910
　　贷：应收账款　　1 042 470

（5）伟达公司该项销售业务实现的毛利为（　　）元。

A.182 090　　B.191 000　　C.200 000　　D.300 000

任务三　预付账款与其他应收款核算

一、单项选择题（每题只有一个正确选项，请将正确选项填在括号内）

1.某企业“其他应收款”期初余额2 500元，本期支付的存出保证金1 000元，支付预借差旅费1 000元，采用定额制备用金的一车间前来报销办公费用1 500元，出差人员退回多余预支款100元（原预支800元），该企业“其他应收款”期末余额为（　　）元。

A.3 700　　B.4 600　　C.2 500　　D.5 600

2.企业内部各部门、各单位周转使用的备用金，应在（　　）科目或单独设置“备用金”科目进行核算。

A.“库存现金”　　B.“其他应收款”

C.“其他货币资金”　　D.“其他应付款”

3.预付货款不多的企业，可以将预付的货款直接记入（　　）账户的借方，而不单独设置“预付账款”账户。

A.“应收账款”　　B.“其他应收款”

C.“应付账款”　　D.“应收票据”

4.下列各项，不通过“其他应收款”科目核算的是（　　）。

A.应收保险公司的赔款　　B.存出保证金

C.应向职工收取的各种垫付款项　　D.应向购货方收取的代垫运杂费

5.备用金可以通过下列账户核算的是（　　）。

A.“应收账款”　　B.“预付账款”　　C.“其他应收款”　　D.“应付账款”

二、多项选择题（每题有两个或两个以上的正确选项，请将正确选项填在括号内）

1.预付账款是指企业因（　　）应向客户预先收取的款项。

A.销售商品　　B.提供劳务　　C.购买材料　　D.购买商品

2.下列各项属于其他应收款的是（　　）。

A.各种赔款　　B.各种罚款

C.存出保证金　　D.备用金

3.下列各项应通过“其他应收款”科目核算的内容有（　　）。

A.应收保险公司的赔款　　B.代购货单位垫付的运杂费

C.应收出租包装物租金　　D.应向职工收取的各种垫付款

4.下列各项关于预付账款的表述正确的有（　　）。

A.预付账款属于企业的资产

B.预付账款是因为购货等行为发生的

C.预付款项不多的企业可以将预付的款项记入“应收账款”账户的贷方

D.预付账款的减少是在企业收到购买商品时

5.下列各项不通过“其他应付款”科目核算的有（　　）。

A.应付现金股利　　B.应交教育费附加

C.应付租入包装物租金　　D.收到的存入保证金

三、判断题（正确的在括号内打“√”，错误的打“×”）

（　　）1.预付账款的期末余额只能在借方。

（　　）2.预付账款不多的企业可将预付账款记入“应付账款”账户，并在编制报表时一并列示在“应付账款”项目中。

（　　）3.企业的预付账款，如因供货单位破产而无望再收到所购货物，应将该预付账款转入其他应收款，并计提坏账准备。

（　　）4.“其他应收款”可以按照应收款项的性质进行明细核算。

（　　）5.“其他应收款”科目的借方登记其他应收款的增加，贷方登记其他应收款的收回，期末余额一般在贷方，反映企业尚未收回的其他应收款项。

（　　）6.企业应付各种赔款、应付租金、应付存入保证金等不在“应付账款”科目核算，而应在“其他应付款”科目核算。在存在商业折扣的情况下，企业应收账款入账金额应按扣除商业折扣后的实际售价确认。

四、案例分析题

1.甲公司向乙公司采购材料3 000吨，单价10元/吨，所需支付的款项总额为30 000元。按照合同规定向乙公司预付货款的50%，验收货物后补付其余款项。

要求：根据上述资料，回答下列各小题。

（1）甲公司预付50%的货款时，应做的会计处理是（　　）。

A.借：应付账款——乙公司　　15 000
　　贷：银行存款　　15 000

B.借：预付账款——乙公司　　15 000
　　贷：银行存款　　15 000

C.借：应收账款——乙公司　　15 000
　　贷：银行存款　　15 000

D.借：预收账款——乙公司　　15 000
　　贷：银行存款　　15 000

（2）收到乙公司发来的3 000吨材料，验收无误，增值税专用发票记载的货款为30 000元，增值税税额为3 900元。甲公司以银行存款补付所欠款项，应做的会计处理是（　　）。

A.借：原材料　　30 000
　　贷：预付账款——乙公司　　30 000

B.借：预付账款——乙公司　　18 900
　　贷：银行存款　　18 900

C.借：原材料　30 000
　应交税费——应交增值税（进项税额）　3 900
　贷：预付账款——乙公司　33 900

D.借：预付账款——乙公司　33 900
　贷：银行存款　33 900

（3）甲公司收到一张商业承兑汇票，面值为400 000元，抵偿应收的产品货款。会计分录正确的是（　　）。

A.借：应收账款　400 000
　贷：应收票据　400 000

B.借：应付票据　400 000
　贷：应收票据　400 000

C.借：应收票据　400 000
　贷：应收账款　400 000

D.借：应收票据　400 000
　贷：应付账款　400 000

（4）甲公司需支付生产车间电费30 000元，企业行政管理部门电费20 000元，款项尚未支付，所涉及的会计科目是（　　）。

A.“制造费用”　B.“管理费用”　C.“应付账款”　D.“生产成本”

（5）甲公司确认一笔应付账款5 000元为无法支付的款项，应予以转销。正确的会计分录是（　　）。

A.借：应付账款　5 000
　贷：坏账准备　5 000

B.借：预付账款　5 000
　贷：主营业务收入　5 000

C.借：银行存款　5 000
　贷：主营业务收入　5 000

D.借：应付账款　5 000
　贷：营业外收入　5 000

2.维达公司2020年7月发生下列业务，请回答下列各小题。

（1）2020年7月2日，向美年公司预付货款10 000元，应记入的账户是（　　）。

A.“预收账款”　B.“预付账款”
C.“应收账款”　D.“应付账款”

（2）2020年7月10日，购买美年公司的原材料到货并验收入库，用支票补付货款1 300元，正确的账务处理是（　　）。

A.借：在途物资　10 000
　应交税费——应交增值税（进项税额）　1 300
　贷：预付账款　10 000
　　银行存款　1 300

B.借：原材料　　10 000
　　应交税费——应交增值税（进项税额）　　1 300
　　贷：预付账款　　10 000
　　　　银行存款　　1 300

C.借：原材料　　10 000
　　应交税费——应交增值税（进项税额）　　1 300
　　贷：预付账款　　10 000
　　　　应付票据　　1 300

D.借：在途物资　　10 000
　　应交税费——应交增值税（进项税额）　　1 300
　　贷：预付账款　　10 000
　　　　应付票据　　1 300

（3）公司下列各项，应通过“其他应收款”科目核算的是（　　）。

A.应向责任人收取的赔款　　B.应收的各种罚款

C.收取的各种押金　　D.租入包装物支付的押金

（4）2020年7月19日，公司租入一批包装物，以银行存款向出租方支付押金时，正确的账务处理是（　　）。

A.借记“其他应收款——存出保证金”

B.贷记“其他应收款——存出保证金”

C.借记“应收账款”

D.贷记“银行存款”

（5）按现行《企业会计制度》的规定，下列说法正确的是（　　）。

A.企业的预付账款，如有确凿证据表明其不符合预付账款性质，或者因供货单位破产、撤销等原因已无望再收到所购货物的，应当将原计入预付账款的金额转入应收账款，并按规定计提坏账准备

B.企业持有的未到期应收票据，如有确凿证据证明不能够收回或收回的可能性不大时，不应将其账面余额转入应收账款，但应计提相应的坏账准备

C.企业应当在期末分析各项应收款项的可收回性，并预计可能产生的坏账损失。对预计可能发生的坏账损失，计提坏账准备

D.预付账款业务不多的企业，可以不设置“预付账款”科目，预付货款的业务在“应付账款”科目核算

任务四　应收款项减值核算

一、单项选择题（每题只有一个正确选项，请将正确选项填在括号内）

1.某企业2020年12月1日，“坏账准备”科目贷方余额为3万元。2020年12月31

日，“应收账款”科目借方余额为70万元，“应收票据”借方余额为20万元，“其他应收款”科目借方余额为10万元，该企业对应收款项进行减值测试，决定按照10%计提坏账准备，则2020年12月31日应补提的坏账准备为（　　）万元。

A.5　　B.11　　C.7　　D.6

2.“坏账准备”科目在期末结账前如为借方余额，反映的内容是（　　）。

A.提取的坏账准备

B.实际发生的坏账损失

C.收回以前已经确认并转销的坏账准备

D.已确认的坏账损失超出坏账准备的余额

3.A公司2020年1月31日应收账款余额是20 000元，坏账提取比例是2%，假定2020年年初A公司“坏账准备”账户余额为0，那么2020年1月31日A公司应计提的坏账准备为（　　）元。

A.600　　B.400　　C.100　　D.300

4.当年计提坏账准备的账务处理是（　　）。

A.借：坏账损失

　　贷：坏账准备

B.借：信用减值损失

　　贷：应收账款

C.借：信用减值损失

　　贷：坏账准备

D.借：坏账准备

　　贷：信用减值损失

5.A公司2020年1月31日应收账款余额是20 000元，由于A公司发生严重财务困难，经测算应收账款预计未来现金流量现值是18 000元，那么2020年1月31日A公司应计提的坏账准备是（　　）元。

A.1 000　　B.2 000　　C.3 000　　D.4 000

6.某企业2020年5月初应收账款余额为1 500万元，本月发生赊销1 000万元，收回应收账款500万元，实际发生坏账损失20万元。已知该企业按应收账款余额百分比法计提坏账准备，计提比例为2%，则2020年5月31日该企业应计提的坏账准备金额为（　　）万元。

A.30　　B.39.6　　C.29.6　　D.10

二、多项选择题（每题有两个或两个以上的正确选项，请将正确选项填在括号内）

1.下列各项已确认坏账的应收款项又收回的账务处理涉及的账户有（　　）。

A.“信用减值损失”　　B.“银行存款”

C.“应收账款”　　D.“坏账准备”

2.下列各项可计提坏账准备的项目有（　　）。

A.已转入应收账款的应收票据　　B.应收账款

C.已转入其他应收款的预付账款　　D.应收票据

3.股份有限公司收回以前已经核销的坏账，在会计处理上需要通过（　　）等科目核算。

A.“银行存款”　B.“管理费用”　C.“应收账款”　D.“坏账准备”

4.下列各项可以计提坏账准备的有（　　）。

A.应收销货款　　B.代购货单位垫支的运杂费

C.存出的保证金　　D.应收职工的各种垫付款

5.对于（　　）的应收账款，可确认为坏账。

A.债务人死亡，以其遗产清偿后仍无法收回

B.债务人破产，以其破产财产清偿后仍无法收回

C.债务人较长时期内未履行其偿债义务，并有足够证据表明无法收回或收回的可能性较小

D.到期的应收票据，付款单位无款支付

6.下列各项不能全额提取坏账准备的有（　　）。

A.当年发生的应收款项

B.计划重组的应收款项

C.关联方发生的应收款项

D.其他已逾期，但无确凿证据表明不能收回的应收款项

三、判断题（正确的在括号内打“√”，错误的打“×”）

（　　）1.已确认为坏账的应收账款，意味着企业放弃了其追索权。

（　　）2.坏账准备一经计提，以后期间不得转回。

（　　）3.按现行制度规定，坏账准备计提的方法和计提的比例均由企业自行确定，因此企业可以根据情况随意调整计提方法和比例。

（　　）4.企业在确定应收款项减值的核算方法时，应根据本企业实际情况，按照成本效益原则，在备抵法和直接转销法之间合理选择。

（　　）5.会计期末，当企业用备抵法计算出的应提坏账准备大于“坏账准备”账面余额时，应按其差额冲减多提的坏账准备。

（　　）6.计提坏账准备所做分录为借记“信用减值损失”科目，贷记“坏账准备”科目。

四、案例分析题

1.甲公司为增值税一般纳税人，增值税税率为13%。2020年12月1日，甲公司“应收账款”科目借方余额为500万元，“坏账准备”科目贷方余额为25万元，公司通过对应收款项的信用风险特征进行分析，确定计提坏账准备的比例为期末应收账款余额的5%。12月份，甲公司发生如下相关业务：

（1）12月1日，向乙公司赊销一批商品，按商品价目表标明的价格计算的金额为1 000万元（不含增值税），由于是成批销售，甲公司给予乙公司10%的商业折扣。

（2）12月5日，一客户破产，根据清算程序，有应收账款40万元不能收回，确认为坏账。

（3）12月11日，收到对乙公司的销货款500万元，存入银行。

（4）12月15日，收到2017年已转销为坏账的应收账款10万元，存入银行。

（5）12月31日，向丙公司销售一批商品，增值税专用发票上注明的售价为100万元，增值税税额为13万元。甲公司为了及早收回货款而在合同中规定现金折扣条件为“2/10，1/20，n/30”，假定计算现金折扣时不考虑增值税。截至12月31日，丙公司尚未付款。

要求：根据上述资料，回答下列各小题。（答案中的金额单位为万元）

（1）12月1日和12月31日发生的经济业务中应收账款的入账价值分别是（　　）万元。

A.1 130　　B.1 017　　C.113　　D.115

（2）12月5日，确认坏账的处理是（　　）。

A.借：应收账款　40
　　贷：坏账准备　40

B.借：坏账准备　40
　　贷：预付账款　40

C.借：应收账款　40
　　贷：信用减值损失　40

D.借：坏账准备　40
　　贷：应收账款　40

（3）针对业务（3），甲企业的会计处理为（　　）。

A.借：应收账款　20
　　贷：坏账准备　20

B.借：坏账准备　20
　　贷：预付账款　20

C.借：银行存款　20
　　贷：应收账款　20

D.借：银行存款　20
　　贷：坏账准备　20

（4）针对上述资料，甲公司的处理正确的是（　　）。

A.业务（1）应确认收入1 000万元

B.业务（2）应计提信用减值损失40万元

C.业务（4）应贷记坏账准备20万元

D.业务（5）应确认收入100万元

（5）本期应计提坏账准备的金额为（　　）万元。

A.56.5　　B.101.5　　C.61　　D.96.5

2.甲企业为增值税一般纳税人，增值税税率为13%。2020年12月1日，甲企业“应收账款”科目借方余额为1 000万元，“坏账准备”科目贷方余额为50万元，企业通过对应收款项的信用风险特征进行分析，确定计提坏账准备的比例为期末应收账款余额的5%。12月份，甲企业发生如下经济业务：

（1）12月5日，向乙企业赊销一批商品，按商品价目表标明的价格计算的金额为2 000万元（不含增值税），由于是成批销售，甲企业给予乙企业10%的商业折扣。

（2）12月9日，一客户破产，根据清算程序，有应收账款80万元不能收回，确认为坏账。

（3）12月11日，收到乙企业的货款1 000万元，存入银行。

（4）12月21日，收到2016年已转销为坏账的应收账款20万元，存入银行。

（5）12月30日，向丙企业销售一批商品，增值税专用发票上注明的售价为200万元，增值税税额为32万元。甲企业为了尽早收回货款，在合同中规定现金折扣条件为“2/10，1/20，n/30”。假定现金折扣不考虑增值税。

要求：根据上述资料，回答下列各小题（答案中的金额单位用万元表示）。

（1）根据上述资料，对于销售货物时的商业折扣，正确的会计处理是（　　）。

A.直接抵减确认的收入金额

B.先按全额入账，期末再单独对商业折扣进行处理

C.销售商品时不进行处理

D.销售商品时确认的增值税销项税额按扣除商业折扣后的金额计算

（2）业务（2）对应收账款账面价值的影响金额为（　　）万元。

A.0　　B.80　　C.160　　D.−80

（3）下列关于以上业务的处理，不正确的是（　　）。

A.12月11日，应确认收入

B.12月11日，应冲减应收账款1 000万元

C.12月21日，收回坏账应冲减信用减值损失

D.12月21日，收回坏账应增加坏账准备金额

（4）12月30日向丙企业销售商品，若2021年1月5日收到货款，那么应确认的财务费用为（　　）万元。

A.4.68　　B.4　　C.230　　D.229.32

（5）根据上述资料，本期应计提的坏账准备是（　　）万元。

A.100　　B.120　　C.122　　D.113

项目四

存货核算

任务一 原材料核算

一、单项选择题（每题只有一个正确选项，请将正确选项填在括号内）

1.企业采用计划成本法核算原材料，期末结转发出材料应负担的差异额通过（ ）计算。

A.本期材料成本差异率　　B.上期材料成本差异率

C.发出材料的实际成本　　D.期初结存材料的实际成本

2.M公司采用计划成本核算存货的发出成本，月初结存甲材料100千克，原材料借方金额为23 000元，材料成本差异贷方金额为200元，本月购入甲材料200千克，实际成本为44 000元，计划成本为46 000元，本期生产领用甲材料150千克，计划成本为34 500元，则月末结存甲材料的实际成本为（ ）元。

A.32 457.45　　B.33 400.55　　C.33 399.45　　D.34 500.55

3.某商业企业采用售价金额核算法计算期末存货成本。本月月初存货成本为10 000元，售价总额为15 000元；本月购入存货成本为50 000元，相应的售价总额为60 000元；本月销售收入为50 000元。该企业本月销售成本为（ ）元。

A.48 333　　B.20 000　　C.40 000　　D.16 667

4.甲公司为增值税一般纳税人，2020年6月份采购一批原材料，支付材料价款40万元，增值税税额5.2万元；发生运输费5万元，取得增值税专用发票，注明增值税税额0.45万元。另外发生装卸费1万元，保险费1.5万元。甲公司购入该批原材料的成本为（ ）万元。

A.42.5　　B.45　　C.47.5　　D.48.05

5.M公司月初结存甲材料13吨，单价8 290元，本月购入情况如下：3日购入5吨，单价为8 800元；17日购入12吨，单价为7 900元。本月领用情况如下：10日领用10吨；28日领用10吨。M公司采用移动加权平均法计算发出存货成本，则M公司期末结存甲材料成本为（ ）元。

A.81 126.70　　B.78 653.25　　C.85 235.22　　D.67 221.33

6.发出材料应结转的超支差异应记入（ ）。

A.“材料成本差异”账户贷方

B.“材料成本差异”账户借方

C.“材料采购”账户贷方

D.“材料采购”账户借方

二、多项选择题（每题有两个或两个以上的正确选项，请将正确选项填在括号内）

1.下列各项关于先进先出法的表述正确的有（ ）。

A.需有假设前提即先购进的存货先发出

B.按先进先出的假定流转顺序来确定发出存货的成本及期末结存存货的成本

C.先进先出法不能随时结转发出存货成本

D.如果购入存货单价不稳定，则工作量较大

2.下列各项中，企业可以采用的发出存货成本计价方法有（　　）。

A.先进先出法　　B.移动加权平均法

C.成本与可变现净值孰低法　　D.个别计价法

3.下列各项关于存货的表述正确的有（　　）。

A.存货是企业日常活动中持有的以备出售或耗用的物资

B.对存货应定期进行清查以保证账面结存数与实际数量相符

C.存货在资产负债表日应当按成本与公允价值孰低计量

D.生产车间领用存货用于机物料耗用时应当将其成本计入生产成本中

4.购入的存货，入库前的挑选整理费用包括（　　）。

A.在挑选整理过程中发生的工、费支出

B.在挑选整理过程中所发生的数量损耗

C.扣除回收的下脚废料价值

D.相关税费

5.下列各项关于存货计量的相关表述正确的有（　　）。

A.发出原材料可采用先进先出法计价

B.材料采购过程中发生的保险费应计入材料成本

C.资产负债表日原材料应当按照成本与可变现净值孰低计量

D.外购库存商品应当按照实际成本计量

6.“材料成本差异”账户借方可以用来登记（　　）。

A.购进材料实际成本小于计划成本的差额

B.发出材料应负担的超支差异

C.发出材料应负担的节约差异

D.购进材料实际成本大于计划成本的差额

三、判断题（正确的在括号内打“√”，错误的打“×”）

（　　）1.计划成本法下，平时发出材料时，一律用计划成本计价。

（　　）2.计划成本法下，发出材料应负担的差异额=发出材料的计划成本×本期材料成本差异率。

（　　）3.不能归属于使存货达到目前场所和状态的其他支出，应在发生时计入当期损益。

（　　）4.仓储费用是指企业在存货采购入库后发生的储存费用，应在发生时计入当期损益。

（　　）5.企业可以采用的发出存货成本的计价方法包括个别计价法、先进先出法、月末一次加权平均法和移动加权平均法。

（　　）6.企业通过“材料成本差异”科目的归集和分配实现品种繁多的材料从计

划价格调整为实际价格的核算，有利于企业对存货的管理，简化会计工作。

四、案例分析题

1. 甲公司为增值税一般纳税人，2020年6月18日从乙公司购入一批生产用原材料，取得的货物增值税专用发票注明的价款为200万元，增值税税额为26万元。按照购买协议的规定，甲公司可以享受的现金折扣条件为“2/10，1/20，n/30”（计算现金折扣时不考虑增值税）。甲公司以银行存款支付运费并取得运费增值税专用发票，注明运费1万元，增值税税额0.09万元。6月27日甲公司将扣除现金折扣的货款支付给乙公司。

要求：根据上述资料，不考虑其他因素，回答下列各小题（答案中金额单位用万元表示）。

（1）甲公司在购入原材料时的会计处理正确的是（　　）。

A. 借：原材料　200
　　应交税费——应交增值税（进项税额）　26
　　贷：应付账款　226

B. 借：原材料　200
　　应交税费——应交增值税（进项税额）　26
　　贷：应付账款　222
　　　　财务费用　4

C. 借：原材料　226
　　贷：应付账款　226

D. 借：原材料　201
　　应交税费——应交增值税（进项税额）　26.09
　　贷：应付账款　226
　　　　银行存款　1.09

（2）甲公司2020年6月27日支付乙公司购货款的下列会计处理表述正确的有（　　）。

A. 冲减应付账款226万元　　B. 实际支付222万元
C. 冲减财务费用4万元　　D. 计入销售费用4万元

（3）下列各项关于应付账款的表述，正确的有（　　）。

A. 应付账款是企业因购买材料、商品或接受劳务供应等经营活动而应付给供应单位的款项
B. 购买商品享受商业折扣的，应按扣除商业折扣后的金额作为应付账款的入账金额
C. 应付账款附有现金折扣条件的，确认应付账款时应不考虑将来可能会获得的现金折扣金额
D. 在实务中，企业外购的电力、燃气等动力一般通过“应付账款”科目核算

（4）下列各项内容属于原材料的是（　　）。

A. 辅助材料　　B. 修理用备件　　C. 包装物　　D. 外购半成品

（5）原材料应是资产负债表（　　）项目中的列示信息。

A.原材料　　B.周转材料　　C.存货　　D.外购半成品

2.某企业为增值税一般纳税人，适用的增值税税率为13%。2020年12月1日，该企业“原材料——甲材料”科目期初结存数量为2 000千克，单位成本为15元，未计提存货跌价准备。12月份发生甲材料收发业务或事项如下：

（1）10日，购入甲材料2 020千克，收到的增值税专用发票上注明的价款为32 320元，增值税税额为4 201.6元，销售方代垫运杂费2 680元（不考虑增值税），运输过程中发生合理损耗20千克。材料已验收入库，款项尚未支付。

（2）20日，销售甲材料100千克，开出的增值税专用发票上注明的价款为2 000元，增值税税额为260元，材料已发出，并向银行办妥托收手续。

（3）25日，本月生产产品耗用甲材料3 000千克，生产车间一般耗用甲材料100千克。

（4）31日，采用月末一次加权平均法计算结转发出甲材料成本。

（5）31日，预计甲材料的可变现净值为12 800元。

要求：根据上述资料，不考虑其他因素，回答下列各小题。

（1）根据资料（1），下列各项关于该企业购入甲材料的会计处理结果正确的有（　　）。

A.甲材料实际入库数量为2 000千克

B.甲材料运输过程中的合理损耗使入库总成本增加320元

C.甲材料入库单位成本为17.5元

D.甲材料入库总成本为35 000元

（2）根据资料（2），下列各项关于该企业销售甲材料的会计处理结果正确的有（　）。

A.银行存款增加2 260元

B.主营业务收入增加2 000元

C.其他业务收入增加2 000元

D.应收账款增加2 260元

（3）根据资料（3），下列各项关于该企业发出材料的会计处理的表述正确的有（　　）。

A.生产产品耗用原材料应计入制造费用

B.生产产品耗用原材料应计入生产成本

C.生产车间一般耗用原材料应计入管理费用

D.生产车间一般耗用原材料应计入制造费用

（4）根据期初资料和资料（1）至（4），下列各项关于结转销售材料成本的会计处理的表述正确的有（　　）。

A.甲材料的加权平均单位成本为15.58元

B.其他业务成本增加1 625元

C.主营业务成本增加1 625元

D.甲材料的加权平均单位成本为16.25元

（5）根据期初资料和资料（1）至（4），下列各项关于该企业12月末原材料的会计处理结果表述正确的有（　　）。

A.12月末，应计提存货跌价准备200元

B.12月末，列入资产负债表“存货”项目的“原材料”金额为12 800元

C.12月末，甲材料的成本为13 000元

D.12月末，甲材料成本高于其可变现净值，不计提存货跌价准备

3.甲企业为增值税一般纳税人，适用的增值税税率为13%，该企业生产过程中主要耗用一种原材料，该材料按计划成本进行日常核算，计划单位成本为20元。2020年6月初，该企业“银行存款”科目余额为300 000元，“原材料”和“材料成本差异”科目的借方余额分别为30 000元和6 152元，6月份发生如下经济业务：

（1）5日，从乙公司购入材料5 000千克，收到的增值税专用发票上注明的销售价格为90 000元，增值税税额为11 700元，全部款项已用银行存款支付，材料尚未到达。

（2）8日，从乙公司购入的材料到达，验收入库时发现短缺50千克，经查明，短缺为运输途中的合理损耗，按实际数量入库。

（3）10日，从丙公司购入材料3 000千克，收到的增值税专用发票上注明的销售价格为57 000元，增值税税额为7 410元，材料已验收入库并且全部款项以银行存款支付。

（4）15日，从丁公司购入材料4 000千克，收到的增值税专用发票上注明的销售价格为88 000元，增值税税额为11 440元，材料已验收入库，款项尚未支付。

（5）6月份，甲企业领用材料的计划成本总计为84 000元。

要求：根据上述资料，假定不考虑其他因素，回答下列各小题。

（1）根据资料（1），下列各项，甲企业向乙公司购入材料的会计处理结果正确的是（　　）。

A.原材料增加90 000元　　B.材料采购增加90 000元

C.原材料增加100 000元　　D.应交税费增加11 700元

（2）根据资料（2），下列各项，材料在验收入库时说法正确的是（　　）。

A.发生节约差异9 000元　　B.发生超支差异9 000元

C.原材料增加100 000元　　D.原材料增加99 000元

（3）根据资料（3），下列各项，甲企业会计处理正确的是（　　）。

A.借：原材料　　60 000

　　贷：材料采购　　60 000

B.借：原材料　　60 000

　　应交税费——应交增值税（进项税额）　　7 800

　　贷：应付账款　　67 800

C.借：材料采购　　57 000

　　应交税费——应交增值税（进项税额）　　7 410

　　贷：银行存款　　64 410

D.借：材料采购　　3 000

贷：材料成本差异　　3 000

（4）根据期初资料和资料（1）至（4），甲企业“原材料”科目借方余额为269 000元，下列关于材料成本差异的表述正确的是（　　）。

A.当月材料成本差异率为3.77%

B.“材料成本差异”科目的借方发生额为8 000元

C.当月材料成本差异率为0.8%

D.“材料成本差异”科目的贷方发生额为19 000元

（5）根据期初资料和资料（1）至（5），2020年6月30日甲企业相关会计科目期末余额计算结果正确的是（　　）。

A.“银行存款”科目为26 050元　　B.“原材料”科目为153 000元

C.“原材料”科目为186 480元　　D.“银行存款”科目为133 890元

任务二　周转材料核算

一、单项选择题（每题只有一个正确选项，请将正确选项填在括号内）

1.为了反映和监督低值易耗品的增减变化及其结存情况，企业应当设置（　　）科目。

A.“周转材料——包装物”　　B.“周转材料——低值易耗品”

C.“原材料”　　D.“材料采购”

2.下列各项，不正确的是（　　）。

A.低值易耗品属于资产类账户　　B.借方登记低值易耗品的增加

C.期末余额在借方　　D.采用一次摊销法摊销

3.企业对随同商品出售且单独计价的包装物进行会计处理时，该包装物的实际成本应结转到（　　）科目。

A.“制造费用”　　B.“管理费用”　　C.“销售费用”　　D.“其他业务成本”

4.出租的包装物，应将其摊销额计入（　　）。

A.其他业务成本　　B.管理费用

C.销售费用　　D.主营业务成本

5.下列各项，不属于低值易耗品的是（　　）。

A.工具　　B.管理用具　　C.玻璃器皿　　D.固定资产

6.下列说法不正确的是（　　）。

A.“周转材料——低值易耗品”借方登记增加数

B.“周转材料——低值易耗品”贷方登记减少数

C.低值易耗品通常采用分次摊销法摊销

D.金额较小的低值易耗品在领用时，不可以一次性计入成本费用

二、多项选择题（每题有两个或两个以上的正确选项，请将正确选项填在括号内）

1.下列各项，属于低值易耗品的有（　　）。

A.工具　B.管理用具　C.玻璃器皿　D.劳动保护用品

2.下列各项，属于低值易耗品采用分次摊销法所涉及的科目有（　　）。

A.“周转材料——低值易耗品——在用”

B.“周转材料——低值易耗品——在库”

C.“周转材料——低值易耗品——摊销”

D.“制造费用”

3.企业对随同商品出售的包装物进行会计处理时，该包装物的实际成本可能结转到（　　）。

A.“制造费用”科目　B.“销售费用”科目

C.“管理费用”科目　D.“其他业务成本”科目

4.下列各项，应记入“销售费用”科目的有（　　）。

A.出租包装物成本的摊销

B.广告费

C.随同产品出售单独计价的包装物成本

D.随同产品出售不单独计价的包装物成本

5.下列属于低值易耗品的有（　　）。

A.专用工具　B.替换设备　C.管理用具　D.包装容器

三、判断题（正确的在括号内打“√”，错误的打“×”）

（　　）1.企业领用的低值易耗品，在领用时均应计入制造费用。

（　　）2.随同产品出售不单独计价的包装物，应于包装物发出时，作为包装费用，计入其他业务成本。

（　　）3.随同商品出售而单独计价的包装物的实际成本应计入其他业务成本，取得的收入计入其他业务收入。

（　　）4.生产领用包装物计入产品成本。

（　　）5.为了反映和监督低值易耗品的增减变动及其结存情况，企业应当设置“周转材料——低值易耗品”科目。

（　　）6.分次摊销法，是按照使用次数分次计入成本费用的方法。

任务三　委托加工物资核算

一、单项选择题（每题只有一个正确选项，请将正确选项填在括号内）

1. 2020年6月5日，甲公司委托某量具厂加工一批量具，发出材料的计划成本为

80 000元，材料成本差异率为5%，以银行存款支付运杂费2 000元，6月25日以银行存款支付上述量具的加工费用20 000元，6月30日收回委托加工的量具，并以银行存款支付运杂费3 000元，假定不考虑其他因素，甲公司收回该批量具的实际成本是（ ）元。

A.102 000　　B.105 000　　C.103 000　　D.109 000

2.某增值税一般纳税企业委托外单位加工一批应税消费品，材料成本为150万元，加工费为12万元，受托方适用的增值税税率为13%，受托方代扣代缴的消费税税额为18万元。该批材料加工后委托方直接出售，则该批材料加工完成入库时的成本为（ ）万元。

A.162　　B.180　　C.182.04　　D.168

3.甲公司为增值税一般纳税人，委托外单位加工一批应交消费税的商品，以银行存款支付加工费200万元、增值税税额26万元、消费税税额30万元，该加工商品收回后将直接用于销售。甲公司支付上述相关款项时，应编制的会计分录是（ ）。

A.借：委托加工物资　256
　　贷：银行存款　256

B.借：委托加工物资　230
　　应交税费——应交增值税（进项税额）　26
　　贷：银行存款　256

C.借：委托加工物资　200
　　应交税费——应交增值税（进项税额）　56
　　贷：银行存款　256

D.借：委托加工物资　256
　　贷：银行存款　200
　　　　应交税费——应交增值税（进项税额）　56

4.甲、乙公司均为增值税一般纳税人，甲公司委托乙公司加工一批应交消费税的半成品，收回后用于连续生产应税消费品。甲公司发出原材料的实际成本210万元，支付加工费6万元、增值税税额0.78万元、消费税税额24万元。假定不考虑其他相关税费，甲公司收回该半成品的入账价值为（ ）万元。

A.216　　B.216.78　　C.240　　D.240.78

5.委托加工应税消费品（非金银首饰）收回后直接销售的，由受托方代扣代缴的消费税应记入的会计科目是（ ）。

A.“管理费用”　　B.“应交税费——应交消费税”

C.“税金及附加”　　D.“委托加工物资”

6.某企业收回委托加工应税消费品的一批材料，原材料的成本为210万元，加工费为10万元，增值税税额为27.3万元，消费税税额为1.7万元，收回的材料要连续生产应税消费品，这批材料的入账价值为（ ）万元。

A.220　　B.221.7　　C.249　　D.247.3

二、多项选择题（每题有两个或两个以上的正确选项，请将正确选项填在括号内）

1.下列各项中，增值税一般纳税企业应计入收回委托加工物资成本的有（ ）。

A.支付的加工费

B.随同加工费支付的增值税

C.支付的收回后继续加工应税消费品的委托加工物资的消费税

D.支付的收回后直接销售的委托加工物资的消费税

2.一般纳税企业委托其他单位加工材料收回后用于直接销售的，在其发生的下列支出中，应计入委托加工物资成本的有（ ）。

A.加工费　　B.增值税

C.发出材料的实际成本　　D.受托方代扣代缴的消费税

3.某企业为增值税一般纳税人，委托其他单位加工应税消费品，该产品收回后继续加工，下列各项中，应计入委托加工物资成本的有（ ）。

A.发出材料的实际成本　　B.支付给受托方的加工费

C.支付给受托方的增值税　　D.受托方代扣代缴的消费税

4.下列关于委托加工物资的会计处理，正确的有（ ）。

A.企业委托外单位加工的物资，应通过“委托加工物资”科目核算

B.企业支付的加工费、运杂费等，计入委托加工物资的成本

C.企业委托外单位加工物资发生的增值税，计入委托加工物资的成本

D.委托加工的物资收回后直接用于出售的，委托方应将受托方代扣代缴的消费税计入委托加工物资的成本

5.“委托加工物资”科目的贷方登记（ ）。

A.委托加工物资的实际成本

B.加工完成验收入库的物资的实际成本

C.剩余物资的实际成本

D.尚未完工的委托加工物资的实际成本

6.下列税金应计入存货成本的有（ ）。

A.由受托方代扣代缴的委托加工继续用于生产应税消费品负担的消费税

B.由受托方代扣代缴的委托加工直接用于对外销售的商品负担的消费税

C.小规模纳税企业购买原材料缴纳的增值税

D.进口原材料应缴纳的进口关税

三、判断题（正确的在括号内打“√”，错误的打“×”）

（ ）1.委托加工物资收回后用于连续生产应税消费品的，委托方应将缴纳的消费税计入委托加工物资的成本。

（ ）2.企业收回的委托加工物资，如果用于连续生产应税消费品，受托方代扣代缴的消费税应计入委托加工物资成本；支付的收回后直接用于销售的委托加工应税消费品的消费税，应记入“应交税费——应交消费税”科目的借方。

（　　）3.对于委托外单位加工的物资，即使采用计划成本核算，也不涉及材料成本差异的问题。

（　　）4.委托加工物资不属于存货。

（　　）5.委托加工物资是指企业委托外单位加工的各种材料、商品等物资。

（　　）6.为在消费税应税范围内的加工物资支付的税费应计入成本。

四、案例分析题

甲企业为增值税一般纳税人，适用的增值税税率为13%，原材料按实际成本核算，2020年12月初，A材料账面余额90 000元。甲企业12月份发生的有关经济业务如下：

（1）5日，购入A材料1 000千克，收到的增值税专用发票上注明的价款为300 000元，增值税税额为39 000元，购入该批材料发生保险费1 000元，发生运输费4 000元（已取得增值税专用发票），运输过程中发生合理损耗10千克，材料已验收入库，款项均已通过银行付讫，运输费的增值税税率为9%。

（2）15日，委托外单位加工B材料（属于应税消费品），发出B材料成本为70 000元，支付加工费20 000元，收到的增值税专用发票上注明的增值税税额为2 600元，由受托方代扣代缴的消费税税额为10 000元，材料加工完毕验收入库，款项均已支付。材料收回后用于继续生产应税消费品。

（3）20日，领用A材料60 000元，用于企业专设销售机构办公楼的日常维修，购入A材料时支付的相关增值税税额为7 800元。

（4）31日，生产领用一批A材料，该批材料成本为15 000元。

要求：根据上述资料，不考虑其他因素，回答下列各小题。

（1）根据资料（1），下列各项，应计入外购原材料实际成本的是（　　）。

A.运输过程中的合理损耗　　B.采购过程中发生的保险费

C.增值税专用发票上注明的价款　　D.增值税专用发票上注明的增值税税额

（2）根据资料（1），下列各项，关于甲企业采购A材料的会计处理结果正确的是（　　）。

A.记入“原材料”科目的金额为305 000元

B.记入“原材料”科目的金额为304 960元

C.记入“应交税费——应交增值税（进项税额）”科目的金额为39 000元

D.记入“应交税费——应交增值税（进项税额）”科目的金额为39 360元

（3）根据资料（2），下列各项关于甲企业委托加工业务的会计处理表述正确的是（　　）。

A.收回委托加工物资的成本为90 000元

B.收回委托加工物资的成本为100 000元

C.受托方代扣代缴的消费税10 000元应计入委托加工物资成本

D.受托方代扣代缴的消费税10 000元应记入“应交税费”科目的借方

（4）根据资料（3），下列各项关于甲企业专设销售机构办公楼日常维修领用A材料的会计处理正确的是（　　）。

A.借：销售费用　　60 000
　　贷：原材料　　60 000

B.借：在建工程　　67 800
　　贷：原材料　　60 000
　　　　应交税费——应交增值税（进项税额转出）　　7 800

C.借：销售费用　　67 800
　　贷：原材料　　60 000
　　　　应交税费——应交增值税（进项税额转出）　　7 800

D.借：在建工程　　60 000
　　贷：原材料　　60 000

（5）根据期初资料和资料（1）至（4），甲企业12月31日A材料的结存成本是（　　）元。

A.304 800　　B.31 500　　C.319 720　　D.320 000

任务四　库存商品核算

一、单项选择题（每题只有一个正确选项，请将正确选项填在括号内）

1.某企业生产车间分别以甲、乙两种材料生产A、B两种产品。2020年1月，投入甲材料20 000元生产A产品，投入乙材料60 000元生产B产品。当月生产A产品发生直接人工费用5 000元，生产B产品发生直接人工费用15 000元，该生产车间归集的制造费用总额为20 000元。假定，当月投入生产的两种产品均于当月完工，制造费用采用生产工人工资比例法进行分配，则B产品存货成本为（　　）元。

A.60 000　　B.75 000　　C.90 000　　D.95 000

2.某企业库存商品采用售价金额法核算，2020年5月初库存商品售价总额为14.4万元，进销差价率为15%，本月购入库存商品进价成本总额为18万元，售价总额为21.6万元，本月销售商品收入为20万元，该企业本月销售商品的实际成本为（　　）万元。

A.20　　B.16.8　　C.17　　D.16

3.企业对于已经发出但不符合收入确认条件的商品，其成本应记入（　　）科目的贷方。

A.“在途物资”　　B.“发出商品”　　C.“库存商品”　　D.“主营业务成本”

4.验收入库的商品应按实际成本记入（　　）科目的贷方。

A.“库存商品”　　B.“生产成本”　　C.“原材料”　　D.“制造费用”

5.某商场采用毛利率法计算期末存货成本。甲类商品2020年4月1日期初成本为3 500万元，当月购货成本为500万元，当月销售收入为4 500万元。甲类商品第一季度实际毛利率为25%。2020年4月30日，甲类商品结存成本为（　　）万元。

A.500　　B.1 125　　C.625　　D.3 375

6.下列费用，应计入存货成本，而不应在发生时计入当期损益的是（　　）。

A.非正常消耗的直接材料、直接人工和制造费用

B.在存货采购入库后发生的仓储费用

C.生产过程中为达到下一个生产阶段所必需的仓储费用

D.不能归属于使存货达到目前场所和状态的其他支出

二、多项选择题（每题有两个或两个以上的正确选项，请将正确选项填在括号内）

1.下列各项，应计入存货采购成本的有（　　）。

A.小规模纳税人购入存货时支付的增值税

B.进口商品应支付的关税

C.运输途中的合理损耗

D.采购人员差旅费

2.下列各项，构成工业企业外购存货入账价值的有（　　）。

A.买价　　B.运杂费

C.运输途中的合理损耗　　D.入库前的挑选整理费用

3.下列各项涉及库存商品核算的科目有（　　）。

A.“库存商品”　　B.“生产成本”

C.“主营业务收入”　　D.“主营业务成本”

4.企业对已经发出但不符合收入确认条件的商品的成本核算，涉及的科目有（　　）。

A.“在途物资”　　B.“发出商品”　　C.“库存商品”　　D.“主营业务成本”

5.下列各项，应计入存货成本的有（　　）。

A.材料采购过程中发生的保险费　　B.材料采购过程中发生的仓储费用

C.材料入库后发生的仓储费用　　D.材料入库前发生的挑选整理费

6.下列各项，应当作为企业存货核算的有（　　）。

A.委托代销商品　　B.发出商品　　C.半成品　　D.在产品

三、判断题（正确的在括号内打“√”，错误的打“×”）

（　　）1.采用售价金额核算法核算库存商品时，期末结存商品的实际成本为本期商品销售收入乘以商品进销差价率。

（　　）2.企业在预付货款时，不能作为商品购进，只有在收到商品时才能作为商品购进。

（　　）3.采用售价金额核算法核算的企业购进商品退补价时，若只更正购进价格，只需调整“商品进销差价”账户和“应交税费”账户，而不调整“库存商品”账户。

（　　）4.在进行销售商品的账务处理时，不符合收入确认条件但商品已经发出的情况下，应将发出商品通过“发出商品”账户来核算。

（　　）5.企业在预收货款时，由于转移了商品所有权，因此可以作为商品销售。

（　　）6.为收取手续费替其他单位代销商品不属于商品销售的范围。

四、案例分析题

1.甲公司系商贸企业（增值税一般纳税人），适用的增值税税率为13%，题目中收入均为不含税收入。存货发出计价采用先进先出法核算。2020年6月发生的经济业务如下：

（1）1日，结存A商品500件，单位成本为350元，已计提存货跌价准备10 000元。

（2）5日，购入A商品1 200件，取得的增值税专用发票注明的价款为400 000元，增值税税额为52 000元，运费2 000元，运费增值税税额为180元，商品已验收入库。以上款项均未支付。

（3）18日，销售给乙公司A商品400件，商品标价为500元/件，由于乙公司成批购买，甲公司给予乙公司10%的商业折扣，并按折扣后的金额开具了增值税专用发票。货款尚未收到。同时，合同中约定的现金折扣条件为“2/10，1/20，n/30”。乙公司于29日支付上述货款，计算现金折扣时不考虑增值税。

（4）22日，购入A商品500件，商品已验收入库，但未取得发票及账单。

（5）28日，销售给丙公司A商品1 000件，开具的增值税专用发票注明的价款为420 000元，增值税税额为54 600元，同时代丙公司垫付保险费5 000元，以上款项尚未收到。

（6）30日，本月22日购入A商品的发票仍未到达，甲公司按400元/件暂估入账。

（7）30日，A商品市场单位售价为380元，预计单位销售税费为10元。

要求：根据上述资料，不考虑其他相关因素，回答下列各小题。

（1）根据资料（2），下列各项会计处理正确的是（　　）。

A.借：库存商品　400 000
　　应交税费——应交增值税（进项税额）　52 000
　　贷：银行存款　452 000

B.借：库存商品　402 000
　　应交税费——应交增值税（进项税额）　52 180
　　贷：银行存款　454 180

C.借：库存商品　402 180
　　应交税费——应交增值税（进项税额）　52 180
　　贷：应付账款　454 360

D.借：库存商品　402 000
　　应交税费——应交增值税（进项税额）　52 180
　　贷：应付账款　454 180

（2）根据资料（3），下列各项会计处理正确的是（　　）。

A.借：应收账款　203 400
　　贷：主营业务收入　180 000
　　　　应交税费——应交增值税（销项税额）　23 400

B.借：主营业务成本　140 000

贷：库存商品　　140 000

C.借：存货跌价准备　　8 000

贷：主营业务成本　　8 000

D.借：银行存款　　207 000

财务费用　　1 800

贷：应收账款　　208 800

（3）根据资料（4），下列各项表述不正确的是（　　）。

A.货到时无须进行账务处理　　B.需在备查簿中登记

C.应增加库存商品　　D.以暂估价值入账

（4）根据资料（5），下列各项会计表述正确的是（　　）。

A.应确认主营业务收入420 000元　　B.应结转主营业务成本334 500元

C.应确认应收账款491 400元　　D.应确认应交税费54 600元

（5）根据上述资料，月末甲公司应计提的存货跌价准备为（　　）元。

A.-4 500　　B.4 500　　C.5 500　　D.-5 500

任务五　存货清查核算

一、单项选择题（每题只有一个正确选项，请将正确选项填在括号内）

1.企业对于已记入“待处理财产损溢”科目的存货盘亏及毁损事项进行会计处理时，应记入“管理费用”的是（　　）。

A.管理不善造成的存货净损失　　B.自然灾害造成的存货净损失

C.应由保险公司赔偿的存货损失　　D.应由过失人赔偿的存货损失

2.在存货采购过程中，因遭受意外灾害发生的损失和尚待查明原因的途中损耗，应先记入（　　）科目进行核算，在查明原因后再作处理。

A.“原材料”　　B.“待处理财产损溢”

C.“管理费用”　　D.“营业外支出”

3.某增值税一般纳税企业因管理不善导致一批库存材料被盗，该批原材料实际成本为20 000元，保险公司赔偿11 600元。该企业购入材料的增值税税率为13%，该批毁损原材料造成的非正常损失净额是（　　）元。

A.8 400　　B.19 600　　C.9 200　　D.11 000

4.某企业原材料采用实际成本核算，2020年6月29日该企业对存货进行全面清查。发现短缺一批原材料，账面成本为12 000元，已计提存货跌价准备2 000元。经确认，应由保险公司赔款4 000元，由过失人员赔款3 000元，假定不考虑其他因素，该项存货清查业务应确认的净损失为（　　）元。

A.3 000　　B.5 000　　C.6 000　　D.8 000

5.存货盘盈经批准处理后记入（　　）科目。

A.“管理费用” B.“营业外收入” C.“营业外支出” D.“其他业务收入”

6.某增值税一般纳税企业因暴雨毁损一批库存原材料，其成本为200万元，增值税税额为26万元；收回残料价值8万元，收到保险公司赔偿款112万元。假定不考虑其他因素，经批准，企业确认该材料毁损净损失的会计分录是（ ）。

A.借：营业外支出 112

贷：待处理财产损溢 112

B.借：管理费用 112

贷：待处理财产损溢 112

C.借：营业外支出 86

贷：待处理财产损溢 86

D.借：管理费用 86

贷：待处理财产损溢 86

二、多项选择题（每题有两个或两个以上的正确选项，请将正确选项填在括号内）

1.企业进行材料清查时，对于盘亏的材料，应先记入“待处理财产损溢”账户，待期末或报经批准后，根据不同的原因可分别转入的账户有（ ）。

A.“管理费用” B.“其他应付款” C.“营业外支出” D.“其他应收款”

2.下列各项，有关企业对财产清查过程中发现的盘盈存货的会计处理正确的有（ ）。

A.发生存货盘盈首先应进行调账，以达到账实相符

B.盘盈存货按管理权限报经批准后计入管理费用

C.盘盈存货按管理权限报经批准后计入营业外收入

D.盘盈存货会增加营业利润

3.下列关于存货盘盈、盘亏说法正确的有（ ）。

A.存货盘盈时，经批准后，存在记入“管理费用”科目的情况

B.存货盘亏时，经批准后，存在记入“管理费用”科目的情况

C.企业发生存货盘盈盘亏，会涉及“待处理财产损溢”科目

D.企业发生存货盘盈盘亏，不会涉及“其他应收款”科目

4.下列各项，关于周转材料会计处理表述正确的有（ ）。

A.多次使用的包装物应根据使用次数分次进行摊销

B.低值易耗品金额较小的可在领用时一次性计入成本费用

C.随同商品销售出借的包装物的摊销额应计入管理费用

D.随同商品出售单独计价的包装物取得的收入应计入其他业务收入

5.对于存货采购过程中发生的物资毁损、短缺等，下列各项处理正确的有（ ）。

A.合理的损耗计入采购成本

B.尚待查明原因的途中损耗，增加物资的采购成本

C.应从供应单位收回的短缺物资或赔款，冲减物资的采购成本

D.意外灾害发生的损失直接计入当期损益

三、判断题（正确的在括号内打“√”，错误的打“×”）

（　　）1.存货盘盈经批准后计入营业外收入。

（　　）2.存货盘亏经批准后均计入营业外支出。

（　　）3.库存商品发生短缺，不论是自然损耗还是责任事故，经领导批准由企业列支时，均列入“销售费用”科目。

（　　）4.因收发计量差错造成的存货净损失应计入存货成本。

（　　）5.企业采购材料运输途中发生的合理损耗，均应计入材料的采购成本。

（　　）6.企业发生存货盘盈、盘亏，不会涉及“其他应收款”科目。

四、案例分析题

甲企业为增值税一般纳税人，适用的增值税税率为13%，原材料采用实际成本法进行日常核算。2020年9月，甲企业发生如下涉及增值税的经济业务或事项：

（1）购入一批原材料，增值税专用发票上注明的价款为160 000元，增值税税额为20 800元。该批原材料已验收入库，货款尚未支付。

（2）销售一批商品，增值税专用发票上注明的价款为200 000元，增值税税额为26 000元，提货单和增值税专用发票已交购货方，上月已预收货款200 000元，购货方在本期补足了余款（假定不考虑商品销售成本的结转）。

（3）为建造生产线领用生产用库存原材料10 000元，应由该批原材料负担的增值税税额为1 300元。

（4）由于管理不善导致一批原材料霉烂变质，账面价值为4 000元，应由该批原材料负担的增值税税额为520元。

要求：根据上述资料，回答下列各小题。

（1）下列各项表述不正确的是（　　）。

A.资料（1）购入原材料相关的增值税应单独确认为“应交税费——应交增值税（进项税额）”

B.资料（1）由于货款尚未支付，因此应通过“在途物资”科目核算

C.资料（2）本期应确认收入200 000元

D.资料（2）未收到账款应通过“应收账款”核算

（2）根据资料（3），下列各项表述正确的是（　　）。

A.领用原材料应转入“固定资产”科目

B.领用原材料应转入“在建工程”科目

C.与原材料相关的进项税额应当转出计入在建工程

D.原材料转入生产线成本的金额为11 300元

（3）关于资料（4），下列各项表述正确的是（　　）。

A.应通过“待处理财产损溢”科目核算

B.由于管理不善造成的损失应计入管理费用

C.由于自然灾害造成的损失应计入营业外支出

D.进项税额应予以转出

（4）根据资料（1）至（4），下列各项会计处理不正确的是（　　）。

A.借：原材料　160 000
应交税费——应交增值税（进项税额）　20 800
贷：应付账款　180 800

B.借：预收账款　226 000
贷：主营业务收入　200 000
应交税费——应交增值税（销项税额）　26 000
借：银行存款　26 000
贷：预收账款　26 000

C.借：在建工程　10 000
贷：原材料　10 000

D.借：待处理财产损溢　4 000
贷：原材料　4 000

（5）存货发生盘盈，待查明原因，按规定的管理权限报经批准后，应冲减的账户是（　　）。

A.“待处理财产损溢”　B.“营业外收入”
C.“其他业务收入”　D.“管理费用”

任务六　存货减值核算

一、单项选择题（每题只有一个正确选项，请将正确选项填在括号内）

1.某企业采用成本与可变现净值孰低法对存货进行期末计价，成本与可变现净值按单项存货进行比较。2020年12月31日，甲、乙、丙三种存货的成本与可变现净值分别为：甲存货成本400万元，可变现净值320万元；乙存货成本480万元，可变现净值600万元；丙存货成本720万元，可变现净值600万元。甲、乙、丙三种存货此前未计提存货跌价准备。假定该企业只有这三种存货，2020年12月31日应计提的存货跌价准备总额为（　　）万元。

A.0　B.80　C.200　D.120

2.2020年3月31日，某企业乙存货的实际成本为100万元，加工该存货至完工产成品估计还将发生成本20万元，估计销售费用和相关税费为2万元，估计用该存货生产的产成品售价为110万元。假定乙存货月初“存货跌价准备”科目余额为0，2020年3月31日，应计提的存货跌价准备为（　　）万元。

A.-10　B.0　C.10　D.12

3.2020年12月1日，某企业“存货跌价准备——原材料”科目贷方余额为10万元。2020年12月31日，“原材料”科目的期末余额为110万元，由于市场价格有所上涨，使得原材料的预计可变现净值为115万元，不考虑其他因素。2020年12月31日原材料的账面价值为（ ）万元。

A.105 B.110 C.115 D.100

4.对持有以备出售的存货，下列有关存货可变现净值的说法，不正确的是（ ）。

A.如果企业持有存货的数量多于销售合同的订购数量，那么超出部分的可变现净值仍以合同规定价格为计量基础

B.没有销售合同约定的存货，其可变现净值应当以一般销售价格作为计量基础

C.用于出售的材料等，应当以市场价格作为其可变现净值的计量基础

D.有合同约定的存货，通常以合同价格为计量基础

5.当存货的成本高于其可变现净值时，企业应当按照存货可变现净值低于成本的差额，贷记（ ）。

A.“资产减值损失” B.“存货跌价准备”

C.“其他业务成本” D.“主营业务成本”

6.A公司2020年12月31日库存甲设备10台，单位成本为10万元。根据已与B公司签订的不可撤销的销售合同，2021年2月15日，A公司应按10万元/台的价格向B公司提供甲设备10台。2020年12月31日，甲设备的市场销售价格为9万元/台。假定A公司向B公司销售甲设备的平均运杂费等销售费用为0.06万元/台，向其他客户销售甲设备的平均运杂费等销售费用为0.05万元/台。则A公司2020年12月31日应为甲设备计提的跌价准备为（ ）万元。

A.1 B.0.6 C.10 D.0

二、多项选择题（每题有两个或两个以上的正确选项，请将正确选项填在括号内）

1.计算存货可变现净值时，不需要从估计售价中减去的项目有（ ）。

A.出售前发生的行政管理人员的工资

B.出售前进一步加工将要发生的成本

C.销售过程中发生的销售费用

D.存货的账面成本

2.下列各项说法正确的有（ ）。

A.当期末存货的成本低于可变现净值时，存货按成本计量

B.当期末存货的成本低于可变现净值时，存货按可变现净值计量

C.当期末存货的可变现净值低于成本时，存货按可变现净值计量

D.当期末存货的可变现净值低于成本时，存货按成本计量

3.企业在确定存货的可变现净值时应考虑的因素有（ ）。

A.持有存货的目的

B.资产负债表日后事项的影响

C.存货的新旧程度

D.存货的估计售价

4.下列各项关于企业计提存货跌价准备的表述正确的有（ ）。

A.当存货的成本低于可变现净值时，存货按成本计价

B.企业计提存货跌价准备会减少企业当期营业利润

C.计提存货跌价准备的影响因素消失，价值得以恢复时应在原计提的跌价准备金额内转回减记的金额

D.转回存货跌价准备时，将转回的金额计入管理费用

5.下列各项有关确定存货可变现净值的表述正确的有（　　）。

A.无销售合同的库存商品以该库存商品的估计售价为基础

B.有销售合同的库存商品以该库存商品的合同价格为基础

C.用于出售的无销售合同的材料以该材料的市场价格为基础

D.用于生产有销售合同产品的材料以该材料的市场价格为基础

三、判断题（正确的在括号内打“√”，错误的打“×”）

（　　）1.可变现净值是指在日常活动中，存货的估计售价减去至完工时估计将要发生的成本、估计的销售费用，以及相关税费后的金额。

（　　）2.存货的可变现净值等于企业预计的销售存货取得的现金流量。

（　　）3.如果存货的市场价格持续下跌，并且在可预见的未来无回升的希望，则表明存货的可变现净值为零，应全额计提减值准备。

（　　）4.为执行销售合同或者劳务合同而持有的存货，其可变现净值应当以估计售价减去估计的销售费用和相关税费等的金额确定。

（　　）5.用于出售的材料等，应当以市场价格作为其可变现净值的计量基础。

（　　）6.以前期间导致减记存货价值的影响因素在本期已经消失的，应在原已计提的存货跌价准备金额内恢复减记的金额。

四、案例分析题

长城公司为增值税一般纳税人，适用的增值税税率为13%。原材料采用计划成本法核算，月初原材料的余额为3 000万元，材料成本差异账户的贷方余额为150万元；存货跌价准备账户的月初余额为30万元（其中20万元为原材料计提的，10万元为库存商品计提的）。2020年12月发生的部分交易或事项如下：

（1）本月购入一批材料，增值税专用发票上注明的货款为1 500万元，增值税税额为195万元，发票已经收到，计划成本为1 400万元，材料已经验收入库，全部款项以银行存款支付。

（2）本月发出材料2 000万元，全部用于产品生产。

（3）月末，企业原材料的可变现净值为2 920万元。

（4）本月月初销售一批商品，增值税专用发票上注明的价款为40万元，增值税税额为5.2万元。该批商品成本为30万元，计提的存货跌价准备的金额为3万元。现金折扣条件为“2/10，1/20，n/30”，企业10日内收回货款（假定计算现金折扣时考虑增值税，保留两位小数）。

要求：根据上述资料，回答下列各小题。

（1）根据资料（1）至（3）的交易或事项，下列各项会计处理正确的是（　　）。

A.年末，存货跌价准备既不计提又不转回

B.购入原材料产生的材料成本差异是100万元

C.对发出的材料，结转的材料成本差异是22.8万元

D.年末，材料计提存货跌价准备20万元

（2）根据资料（4），下列各项说法中，表述正确的是（　　）。

A.现金折扣不影响商品销售收入的确认

B.现金折扣不影响商品销售成本的结转

C.现金折扣不影响商品销售时应收账款的确认

D.现金折扣实际发生时，计入财务费用

（3）当期末存货的可变现净值（　　）成本时，存货按照可变现净值与成本的差额计提存货跌价准备，计入当期损益。

A.高于　　B.低于　　C.等于　　D.不等于

项目五

金融资产核算

任务一 以公允价值计量且其变动计入当期损益的金融资产核算

一、单项选择题（每题只有一个正确选项，请将正确选项填在括号内）

1. 甲公司出售了持有的交易性金融资产，售价为2 500万元，出售时，“交易性金融资产——成本”为借方余额2 400万元，“交易性金融资产——公允价值变动”为借方余额5万元，出售时影响利润（　　）万元。

A.100　　B.95　　C.-100　　D.-95

2. 资产负债表日，交易性金融资产的公允价值低于其账面余额的差额，借记（　　）科目，贷记“交易性金融资产——公允价值变动”科目。

A.“公允价值变动损益”　　B.“投资收益”

C.“交易性金融资产”　　D.“长期股权投资减值准备”

3. 明华公司从证券市场购入股票20 000股，每股10元，其中包含已宣告但尚未领取的股票股利0.6元，另支付交易费用（不含税）1 000元。企业将其划分为交易性金融资产，则其初始入账价值是（　　）元。

A.201 000　　B.200 000　　C.188 000　　D.189 000

4. 某企业购入W上市公司股票180万股，并划分为交易性金融资产，共支付款项2 830万元，其中包括已宣告但尚未发放的现金股利126万元。另外支付相关交易费用4万元。该项交易性金融资产的入账价值为（　　）万元。

A.2 700　　B.2 704　　C.2 830　　D.2 834

二、多项选择题（每题有两个或两个以上的正确选项，请将正确选项填在括号内）

1. 下列各项属于交易性金融资产的有（　　）。

A. 以赚取差价为目的从二级市场购入的股票

B. 以赚取差价为目的从二级市场购入的债券

C. 以赚取差价为目的从二级市场购入的基金

D. 从二级市场购入股票准备长期持有

2. 交易性金融资产应按照交易的类别和品种，分别设置（　　）进行明细分类核算。

A.“成本”明细账户　　B.“损益调整”明细账户

C.“利息调整”明细账户　　D.“公允价值变动”明细账户

3. A公司于2020年7月1日购入B公司股票，每股14元，共10万股，作为交易性金融资产核算。2020年7月31日，该股票每股公允价值15元，则下列各项说法中正确的有（　　）。

A.“资产减值损失”增加10万元　　B.“投资收益”增加10万元

C.“交易性金融资产”增加10万元　　D.“公允价值变动损益”增加10万元

4.在企业取得交易性金融资产支付的总价款中，不应当计入交易性金融资产入账价值的有（　　）。

A.取得时已宣告但尚未发放的现金股利

B.支付代理机构的手续费

C.取得时已到期但尚未领取的债券利息

D.支付给咨询公司的佣金

三、判断题（正确的在括号内打“√”，错误的打“×”）

（　　）1.资产负债表日，交易性金融资产应该按照公允价值计量，公允价值与账面价值的差额应该计入当期利润。

（　　）2.企业取得某项投资将其划分为交易性金融资产，初始取得时支付的相关交易费用计入企业当期财务费用中。

（　　）3.企业出售交易性金融资产时，要将原计入公允价值变动损益的金额转入营业外收入中。

（　　）4.交易性金融资产取得时买价中包含的已宣告但尚未发放的股利应作为企业的收益予以核算。

四、案例分析题

1.2020年5—7月，甲上市公司发生的交易性金融资产业务如下：

（1）5月2日，以银行存款购入A上市公司股票100万股，每股8元，另发生相关交易费用2万元，并将该股票划分为交易性金融资产。

（2）5月31日，该股票在证券交易所的收盘价格为每股7.70元。

（3）6月30日，该股票在证券交易所的收盘价格为每股8.10元。

（4）7月10日，将所持有的该股票全部出售，所得价款为825万元，已存入银行。假定不考虑相关税费。

要求：根据上述资料，回答下列各小题。（答案中的金额单位用万元表示）

（1）该交易性金融资产的入账价值是（　　）万元。

A.800　　B.802　　C.100　　D.1 000

（2）5月31日，该交易性金融资产计入当期损益的金额为（　　）万元。

A.32　　B.20　　C.30　　D.100

（3）该交易性金融资产在持有期间影响当期损益的金额为（　　）万元。

A.30　　B.32　　C.40　　D.10

（4）出售该交易性金融资产时的会计处理正确的是（　　）。

A.借：银行存款　　825

　　贷：交易性金融资产——成本　　800

　　　　　　　　　　——公允价值变动　　10

　　　　投资收益　　15

B.借：公允价值变动损益　10
　　贷：投资收益　10

C.借：银行存款　825
　　贷：交易性金融资产——成本　810
　　　　投资收益　15

D.借：公允价值变动损益　40
　　贷：投资收益　40

（5）对于上述交易性金融资产，甲上市公司处理不正确的是（　　）。

A.购入时发生的交易费用计入交易性金融资产入账成本

B.5月31日，应确认公允价值下降30万元，记入“公允价值变动损益”科目借方

C.6月30日，应确认公允价值上升10万元，记入“公允价值变动损益”科目贷方

D.处置时确认“投资收益”科目的金额为25万元

2.A公司于2020年1月5日从证券市场上购入B公司于2019年1月5日发行的债券，该债券5年期，票面利率6%，每年1月10日支付上年度的利息，到期日一次性归还本金和最后一次利息。A公司购入债券的面值为1 000万元，实际支付的价款为1 063万元(含上一年度已到付息期但尚未支付的利息)，另支付相关费用10万元。A公司购入后短暂持有，拟近期内出售，以收回资金。2020年1月31日，该债券公允价值为1 002万元，2020年2月28日，该债券公允价值为1 008万元，2020年3月10日，A公司将所持有的B公司债券全部出售，收到资金1 015万元。

要求：根据上述资料，回答下列各小题。

（1）A公司购入的B公司债券，应确认为（　　）。

A.以公允价值计量且其变动计入其他综合收益的金融资产

B.以公允价值计量且其变动计入当期损益的金融资产

C.以公允价值计量且其变动计入资本公积的金融资产

D.以摊余成本计量的金融资产

（2）A公司购入B公司债券的入账价值为（　　）万元。

A.1 063　　B.1 073　　C.1 003　　D.1 000

（3）A公司购买债券时支付的手续费应计入（　　）。

A.公允价值　　B.初始确认金额　　C.当期损益　　D.其他综合收益

（4）该债券在持有期间，公允价值变动的净额为（　　）万元。

A.6　　B.5　　C.7　　D.-5

（5）3月10日，A公司出售该债券，除核算处置损益外，对持有期间公允价值变动损益还应同时结转，账务处理为（　　）。

A.借记“投资收益”账户　　B.贷记“公允价值变动损益”账户

C.借记“公允价值变动损益”账户　　D.贷记“投资收益”账户

任务二 以摊余成本计量的金融资产核算

一、单项选择题（每题只有一个正确选项，请将正确选项填在括号内）

1.以摊余成本计量的金融资产初始入账金额为（　　）。

A.公允价值　　B.公允价值+交易费用

C.面值　　D.以上均不正确

2.2020年1月1日，甲公司自证券市场上购入乙公司到期一次还本付息、面值300万元、票面年利率为5%的债券，实际支付价款310万元，另支付交易费用2万元。该债券发行日为2020年1月1日，实际年利率为4%。甲公司将该债券作为债权投资核算。该债券的入账价值为（　　）万元。

A.312　　B.310　　C.300　　D.302

3.2020年1月10日，甲公司自证券市场上购入面值总额为1 000万元的乙公司分期付息、到期还本债券，期限为3年，票面年利率为5%。购入时实际支付价款1 050万元，包含交易费用10万元。该债券发行日为2020年1月1日，实际年利率为4%，每年的12月31日支付当年利息。甲公司将该债券作为债权投资核算。假定不考虑其他因素，该债权投资2020年12月31日的账面价值为（　　）万元。

A.1 000　　B.1 042　　C.1 050　　D.1 010

4.资产负债表日，债权投资在持有期间应当按照（　　）计算确认利息收入，作为投资收益进行会计处理。

A.摊余成本和实际利率　　B.面值和实际利率

C.摊余成本和票面利率　　D.面值和票面利率

二、多项选择题（每题有两个或两个以上的正确选项，请将正确选项填在括号内）

1.下列各项，属于债权投资的特征的有（　　）。

A.到期日固定　　B.回收金额固定或可确定

C.有明确意图持有至到期　　D.有能力持有至到期

2.下列各项，影响当期损益的事项有（　　）。

A.交易性金融资产在持有期间获得的现金利息

B.交易性金融资产在资产负债表日的公允价值小于账面价值的差额

C.债权投资在持有期间的实际利息收入

D.出售债权投资的损益

3.为核算债权投资，应当设置的科目有（　　）。

A.“债权投资——成本”　　B.“债权投资——利息调整”

C.“债权投资——应计利息”　　D.“公允价值变动损益”

4.企业持有的债权投资为一次还本付息债券的，资产负债表日确认当期应收未收的利息不应记入的会计科目有（　　）。

A.“债权投资——应计利息”　　B.“应收利息”

C.“其他应收款”　　D.“长期应收款”

三、判断题（正确的在括号内打“√”，错误的打“×”）

（　　）1.以摊余成本计量的金融资产，期末不进行减值会计处理，不确认损失准备。

（　　）2.企业在债权投资的持有期间，应当按照公允价值对其进行计量。

（　　）3.企业处置债权投资时，应将取得的价款与账面价值之间的差额计入其他综合收益。

（　　）4.企业取得债权投资时，应按该投资的公允价值加上支付的交易费用，借记“债权投资——成本”科目。

四、案例分析题

1.丙公司2020年1月1日以银行存款30 600 000元购入一项债券，面值为30 000 000元，期限为5年，到期还本，每年年末付息。该债券票面利率为5%。甲公司管理层将其划分为债权投资。该债券2020年12月31日公允价值为30 000 000元。

要求：根据上述资料，分析回答下列各小题。

（1）下列各项说法正确的是（　　）。

A.“投资收益”科目属于资产类科目

B.“投资收益”科目属于损益类科目

C.“投资收益”科目期末余额在借方

D.“投资收益”科目期末无余额

（2）下列各项说法正确的是（　　）。

A.所有金融资产取得时发生的交易费用均记入“投资收益”

B.所有金融资产取得时发生的交易费用均不可记入“投资收益”

C.交易性金融资产取得时的交易费用记入“投资收益”科目

D.债权投资取得时的交易费用不记入“投资收益”科目

（3）2020年12月31日，该债券的账面价值为（　　）。

A.债券面值

B.购入时支付的款项

C.该债券在2020年12月31日的公允价值

D.该债券在2020年12月31日的摊余成本

（4）下列各项说法正确的是（　　）。

A.该债券一定是以收取合同现金流量为目标

B.该债券在特定日期产生的现金流量，仅为对本金和以未偿付本金金额为基础的利息的支付

C.该债券在发生减值、摊销或终止确认时产生的利得或损失，应当计入当期损益

D.以上说法均不正确

（5）该债券的实际利率（　　）。

A.大于票面利率　　B.等于票面利率

C.小于票面利率　　D.以上说法均不正确

2.A公司于2019年1月1日购入某公司于当日发行的3年期债券，作为债权投资核算。该债券票面金额为100万元，票面利率为10%。A公司实际支付106万元。该债券每年付息一次，最后一年归还本金并支付最后一期利息。该债券的实际利率为7.6889%。

要求：根据上述资料，回答下列各小题。（答案中的金额单位用万元表示）

（1）2019年1月1日购入该债券时应记入“债权投资”的金额为（　　）万元。

A.106　　B.100　　C.110　　D.108

（2）2019年12月31日，应确认的投资收益为（　　）万元。

A.10　　B.8　　C.10.6　　D.8.15

（3）2020年12月31日，应确认的投资收益为（　　）万元。

A.9　　B.8.01　　C.10　　D.8.5

（4）2021年12月31日，应确认的投资收益为（　　）万元。

A.10　　B.7.85　　C.7.5　　D.6

（5）2021年，到期归还本金的分录是（　　）。

A.借：其他货币资金——存出投资款　106
　贷：债权投资——成本　106

B.借：其他货币资金——存出投资款　100
　贷：债权投资——成本　100

C.借：其他货币资金——存出投资款　106
　贷：投资收益　106

D.借：其他货币资金——存出投资款　100
　贷：投资收益　100

任务三　以公允价值计量且其变动计入其他综合收益的金融资产核算

一、单项选择题（每题只有一个正确选项，请将正确选项填在括号内）

1.下列各项说法正确的是（　　）。

A.从二级市场购入的股票只能被划分为交易性金融资产

B.从二级市场购入的股票只能被划分为其他债权投资

C.从二级市场购入的股票只能被划分为债权投资

D.从二级市场购入的股票在符合条件的情况下，可以被划分为交易性金融资产或

其他债权投资

2.某企业出售其他债权投资，实际取得价款2 980万元，该其他债权投资的账面价值为2 800万元（其中成本为2 000万元，公允价值变动为800万元），则出售时应当计入投资收益的金额为（　　）万元。

A.180　　B.980　　C.880　　D.800

3.A公司于2020年1月1日从证券市场购入B公司发行在外的股票30 000股，划分为其他权益工具投资，每股支付价款10元，另支付相关费用6 000元。2020年12月31日，这部分股票的公允价值为320 000元，在不考虑增值税的情况下，则2020年A公司持有该金融资产产生的其他综合收益金额为（　　）元。

A.14 000　　B.6 000　　C.0　　D.20 000

4.2020年4月20日，甲公司从二级市场购入乙公司股票100 000股，购买价款为每股9.85元，包括已宣告但尚未发放的现金股利0.1元，另外，支付交易费用5 000元（含税价），未取得增值税专用发票，甲公司将其划分为其他权益工具投资，该资产的入账金额为（　　）元。

A.980 000　　B.985 000　　C.975 000　　D.990 000

二、多项选择题（每题有两个或两个以上的正确选项，请将正确选项填在括号内）

1.其他债权投资发生减值时，可能涉及的会计科目有（　　）。

A.“资产减值损失”　　B.“公允价值变动损益”

C.“其他货币资金”　　D.“其他综合收益”

2.下列各项关于其他债权投资处置时的表述不正确的有（　　）。

A.企业出售其他债权投资时，应当将取得的价款与账面价值之间的差额作为投资收益处理

B.不用将原计入其他综合收益的金额一并结转到投资收益中

C.如果是其他债权投资则应当将出售价款和摊余成本的差额计入投资收益，其他权益工具投资出售时则将出售价款和账面价值的差额计入所有者权益

D.如果对其他债权投资确认了损失准备，应当将减值的金额计入当期损益

3.金融资产在初始确认时，可以被划分为（　　）。

A.以公允价值计量且其变动计入当期损益的金融资产

B.以公允价值计量且其变动计入其他综合收益的金融资产

C.以摊余成本计量的金融资产

D.衍生金融资产

4.下列各项表述正确的有（　　）。

A.企业将购买的公司债券作为其他债权投资核算的，后续期间应当采用摊余成本进行计量

B.企业将权益工具划分为其他权益工具投资核算的，后续期间应当按照公允价值进行计量

C.企业取得其他权益工具投资支付的交易费用应当计入取得成本

D.企业持有其他权益工具投资期间宣告发放的股利应当记入“投资收益”科目

三、判断题（正确的在括号内打“√”，错误的打“×”）

（　　）1.“其他综合收益”属于损益类科目，且期末无余额。

（　　）2.资产负债表日，企业应对持有的其他权益工具投资进行预期信用风险评估，并将确认的损失准备记入“资产减值损失”和“公允价值变动损益”科目。

（　　）3.其他权益工具投资原确认的损失准备通过“其他综合收益”转回。

（　　）4.“资产减值损失”科目，期末无余额。

四、案例分析题

1.2020年1月1日，甲公司支付价款1 000万元（另付交易费用10万元）从二级市场购入B公司同日发行的5年期公司债券，面值为1 250万元，票面利率4.72%，分期付息，于年末支付本年利息，本金最后一次偿还，甲公司将其划分为其他债权投资，实际利率10%。12月31日，B公司债券公允价值为1 100万元，且甲公司对该资产进行预期信用损失评估，发现该资产自初始确认后信用风险未显著增加，且未来12个月内预期信用损失为0。

要求：根据上述资料，回答下列各小题。

（1）该债券应当满足的条件有（　　）。

A.企业管理该金融资产的业务模式既以收取合同现金流量为目标又以出售该金融资产为目标

B.该金融资产的合同条款规定，在特定日期产生的现金流量，仅为对本金和以未偿付本金金额为基础的利息的支付

C.企业管理该金融资产的业务模式以收取合同现金流量为目标

D.衍生金融资产

（2）该其他债权投资的初始入账价值为（　　）万元。

A.1 250　　B.1 010　　C.1 260　　D.1 000

（3）该其他债权投资的后续应采用（　　）计量。

A.摊余成本　　B.公允价值

C.预期现金流　　D.以上说法均不正确

（4）下列各项关于该其他债权投资每期的实际利息，说法正确的是（　　）。

A.该债券每年年末无须确认利息

B.该债券每年的实际利息，应由摊余成本×实际利率得到

C.该债券每年的实际利息，应由债券面值×票面利率得到

D.该债券每年的实际利息应记入“投资收益”科目

（5）该债券初始确认时，“其他债权投资——利息调整”科目在（　　）。

A.借方　　B.贷方

C.可能在借方，也可能在贷方　　D.以上说法均不正确

2. 2020年1月1日，甲公司支付价款1 000 000元（含交易费用）从上海证券交易所

购入A公司同日发行的5年期公司债券12 500份，债券票面价值总额为1 250 000元，票面年利率为4.72%（假设全年按照360天计算），于年末支付本年度债券利息（即每年利息为59 000元），实际年利率为10%，本金在债券到期时一次性偿还。甲公司没有意图将该债券持有至到期，将其划分为其他债权投资。

（1）2020年12月31日，A公司债券的公允价值为1 200 000元（不含利息）。

（2）2021年12月31日，A公司债券的公允价值为1 300 000元（不含利息）。

要求：根据上述资料，不考虑增值税，回答下列各小题。

（1）2020年1月1日的会计分录为（　　）。

A.借：其他债权投资——成本　1 250 000
　　贷：其他货币资金——存出投资款　1 000 000
　　　　其他债权投资——利息调整　250 000

B.借：其他债权投资——成本　1 250 000
　　贷：其他货币资金——存出投资款　1 250 000

C.借：其他债权投资——成本　1 000 000
　　贷：其他货币资金——存出投资款　1 000 000

D.借：其他债权投资——成本　1 000 000
　　　　　　　——利息调整　250 000
　　贷：其他货币资金——存出投资款　1 250 000

（2）2020年12月31日，确认利息、收到利息的分录为（　　）。

A.借：应收利息　59 000
　　其他债权投资——利息调整　41 000
　　贷：投资收益　100 000

B.借：应收利息　100 000
　　贷：投资收益　59 000
　　　　其他债权投资——利息调整　41 000

C.借：其他货币资金——存出投资款　59 000
　　贷：应收利息　59 000

D.借：其他货币资金——存出投资款　100 000
　　贷：应收利息　100 000

（3）2020年12月31日，该其他债权投资的账面价值为（　　）元。

A.1 041 000　　B.1 250 000　　C.1 000 000　　D.1 200 000

（4）2020年，公允价值变动为（　　）元。

A.-250 000　　B.250 000　　C.159 000　　D.200 000

（5）2021年12月31日，该债券的摊余成本为（　　）元。

A.1 086 100　　B.1 300 000　　C.1 200 000　　D.1 041 000

项目六

长期股权投资核算

任务一　成本法下长期股权投资核算

一、单项选择题（每题只有一个正确选项，请将正确选项填在括号内）

1.甲公司持有乙公司60%有表决权的股份，能够对乙公司实施控制，对该股权投资采用成本法核算。2020年10月，甲公司将该项投资中的80%出售给非关联方，取得价款4 000万元，相关手续于当日办理完成。处置部分股权后，甲公司无法再对乙公司实施控制，也不能施加共同控制或重大影响，将剩余股权投资转为其他权益工具投资。出售时，该项长期股权投资的账面价值为4 000万元，剩下股权投资的公允价值为1 000万元。不考虑相关税费等其他因素影响。甲公司个别报表中因该项业务应确认的投资收益为（　）万元。

A.800　　B.200　　C.1 000　　D.0

2.甲公司长期持有乙公司70%的股份，采用成本法核算。2020年1月1日，该项投资账面价值为1 300万元。2019年度乙公司实现净利润2 000万元，宣告发放现金股利1 200万元。假设不考虑其他因素，2020年12月31日，该项投资账面价值为（　　）万元。

A.1 300　　B.1 380　　C.1 500　　D.1 620

3.某企业2020年3月1日购入A公司的股票作为其他权益工具投资核算，占被投资单位5%的股份，对被投资单位无重大影响，支付价款300万元，另外支付相关佣金手续费2万元，该项投资的入账价值为（　　）万元。

A.300　　B.302　　C.298　　D.305

4.某企业2020年8月1日购入一家公司的股票进行长期投资，占被投资单位55%的股份，可以对被投资单位实施控制，支付价款1 800万元（其中包括被投资公司宣布发放的2019年的现金股利600万元），另外支付相关税费6万元，该项投资的入账价值为（　　）万元。

A.1 300　　B.1 005　　C.1 206　　D.1 275

5.采用成本法核算长期股权投资，被投资单位宣告发放现金股利时，投资企业应按所持股份进行的会计处理正确的是（　　）。

A.冲减投资收益　　B.增加投资收益

C.冲减长期股权投资　　D.增加长期股权投资

6.2020年1月5日，甲公司以银行存款1 200万元取得对乙公司的长期股权投资，所持有的股份占乙公司有表决权股份的55%，另支付相关税费5万元。甲公司采用成本法核算该长期股权投资。甲公司该项长期股权投资的初始投资成本为（　　）万元。

A.1 200　　B.1 195　　C.1 230　　D.1 205

二、多项选择题（每题有两个或两个以上的正确选项，请将正确选项填在括号内）

1.甲公司采用成本法核算对乙公司的长期股权投资，甲公司对乙公司投资的账面余额只有在发生（　　）的情况下，才应作相应的调整。

A.追加投资　　B.收回投资

C.被投资企业接受非现金资产捐赠　　D.对该股权投资计提减值准备

2.下列各项关于长期股权投资会计处理的表述，正确的有（　　）。

A.对子公司长期股权投资应采用成本法核算

B.处置长期股权投资时应结转其已计提的减值准备

C.在成本法下，按被投资方实现净利润应享有的份额确认投资收益

D.在成本法下，按被投资方宣告发放现金股利应享有的份额确认投资收益

3.甲公司和乙公司共同设立丙公司，经双方协商甲公司的出资比例为60%，乙公司的出资比例为40%，公司股东按其出资比例行使对丙公司的各项表决权。有关上述业务的说法正确的有（　　）。

A.甲公司对丙公司的投资应作为长期股权投资核算

B.甲公司应当对此项长期股权投资采用成本法核算

C.乙公司对丙公司的投资应作为长期股权投资核算

D.乙公司应当对此项长期股权投资采用权益法核算

4.下列各项关于长期股权投资成本法核算的说法，不正确的有（　　）。

A.采用成本法核算的长期股权投资，取得时应当按照占被投资单位所有者权益的份额计价入账

B.采用成本法核算的长期股权投资，取得时应当按照实际成本计价入账

C.采用成本法核算的长期股权投资，投资以后被投资单位宣告分派的现金股利冲减长期股权投资的成本

D.采用成本法核算的长期股权投资，投资以后被投资单位宣告分派的现金股利计入当期投资收益

5.下列各项关于成本法核算长期股权投资的表述，正确的有（　　）。

A.被投资单位宣告分派现金股利计入投资收益

B.被投资单位实现盈利或发生亏损，投资单位均不需作账务处理

C.被投资单位除净损益、其他综合收益和利润分配以外的其他所有者权益发生变动，投资单位无须进行账务处理

D.对子公司的投资在资产负债表日存在减值迹象的，其可收回金额低于账面价值的差额应当确认为资产减值损失

三、判断题（正确的在括号内打“√”，错误的打“×”）

（　　）1.长期股权投资采用成本法核算的，应按被投资单位宣告发放的现金股利或利润中属于本企业的部分，借记“应收股利”科目，贷记“投资收益”科目。

（　　）2.企业持有的长期股权投资发生减值的，减值损失一经确认，即使以后期

间价值得以回升，也不得转回。

(　　) 3.除企业合并形成的长期股权投资，以非现金资产支付对价的，应当以非现金资产的账面价值作为取得长期股权投资的初始投资成本。

(　　) 4.除企业合并形成的长期股权投资，以支付现金取得的，发生的直接相关费用应计入长期股权投资成本。

(　　) 5.长期股权投资计提减值准备后，如果减值迹象已经消失，应当在原计提减值范围内进行转回。

(　　) 6.企业取得长期股权投资后，持有期间被投资企业分派的利润，无论是成本法核算还是权益法核算均需按持股比例冲减投资成本。

四、案例分析题

1.甲公司发生下列与长期股权投资相关的业务：

（1）2019年1月7日，购入乙公司有表决权的股票1 000 000股，占乙公司股份的60%。该股票每股买入价为8元，其中每股含已宣告分派但尚未发放的现金股利0.20元；另外，甲公司在购买股票时支付相关税费10 000元，款项均由银行存款支付。

（2）2019年3月10日，收到乙公司宣告分派的现金股利。

（3）2019年度，乙公司实现净利润2 000 000元。

（4）2020年2月1日，乙公司宣告分派2019年度股利，每股分派现金股利0.1元。

（5）2020年2月20日，甲公司收到乙公司分派的2019年度的现金股利。

（6）2020年度，乙公司发生亏损200 000元。

（7）2021年1月30日，甲公司出售所持有的乙公司的股票100 000股，每股销售价格为10元。

要求：根据上述资料，回答下列各小题。

（1）根据上述资料，2019年1月7日取得长期股权投资时，入账价值为（　　）元。

A.8 010 000　　B.7 810 000　　C.7 610 000　　D.7 410 000

（2）根据上述资料，针对此项长期股权投资，甲公司下列会计处理，正确的是（　　）。

A.取得长期股权投资时，支付价款中含有的已宣告但尚未发放的现金股利直接确认为投资收益

B.对于2019年被投资单位实现的净利润，甲公司不确认其享有份额

C.对于2020年分配的现金股利，甲公司按其享有份额确认为投资收益

D.2021年甲公司处置长期股权投资时，处置损益为219 000元

2.甲公司发生下列经济业务：

（1）2019年1月6日，甲公司购入乙公司有表决权的股票1 800 000股，占乙公司股份的60%，采用成本法核算，该股票每股买入价为9元，其中每股含已宣告分派但尚未发放的现金股利0.2元；另外，甲公司在购买股票时支付了相关税费10 000元，款项已支付。当日，乙公司所有者权益的账面价值（与其公允价值相等）为26 000 000元。

（2）2019年2月7日，收到乙公司宣告分派的现金股利。

（3）2019年度，乙公司实现净利润1 000 000元。

（4）2020年1月7日，乙公司宣告分派2019年度股利，每股分派现金股利0.15元。

（5）2020年2月16日，甲公司收到乙公司分派的2019年度的现金股利（不考虑相关税费）。

（6）2020年度，乙公司发生亏损100 000元。

（7）2021年1月8日，甲公司出售所持有的乙公司的股票100 000股，每股价格为10元。

要求：根据上述资料，回答下列各小题。

（1）根据资料（1），下列说法正确的是（　　）。

A.该长期股权投资的投资成本是16 200 000元

B.该长期股权投资的投资成本是15 840 000元

C.该长期股权投资的投资成本是15 850 000元

D.该长期股权投资的投资成本是16 210 000元

（2）根据资料（2），下列说法正确的是（　　）。

A.甲公司应确认为投资收益

B.甲公司应冲减应收股利，同时增加其他货币资金——存出投资款

C.甲公司应冲减长期股权投资的成本

D.甲公司应计入长期股权投资——损益调整

（3）下列各项关于该项长期股权投资的说法正确的是（　　）。

A.资料（3）中甲公司应确认投资收益600 000元

B.资料（4）中甲公司应确认投资收益270 000元

C.资料（5）中甲公司应冲减长期股权投资的成本270 000元

D.资料（6）中甲公司应确认投资损失60 000元

（4）根据资料（7），甲公司出售长期股权投资应确认的投资收益是（　　）元。

A.100 000　　B.120 000　　C.99 444.44　　D.119 444.44

3. 2020年1月15日，甲公司购买乙公司发行的股票8 000万股准备长期持有，拥有乙公司60%的股份且能够对其实施控制，每股买入价为5元，款项已支付。当年乙公司实现净利润500万元，宣告分派现金股利200万元，不考虑其他因素。

要求：根据上述资料，回答下列各小题。

（1）2020年12月31日，甲公司该长期股权投资的账面价值为（　　）万元。

A.40 000　　B.40 255　　C.40 102　　D.40 153

（2）下列各项表述应当采用成本法核算的是（　　）。

A.投资企业对被投资单位无控制、无共同控制且无重大影响

B.投资企业对被投资单位的投资占该单位有表决权资本总额的20%以下

C.投资企业对被投资单位的投资占该单位有表决权资本总额的20%及以上

D.投资企业能够对被投资单位实施控制

4. 2020年2月1日，甲公司购买乙公司发行的股票8 500万股准备长期持有，拥有乙公司70%的股份且能够对其实施控制，每股买入价为3元，款项已支付。当年乙公司实现净利润200万元，宣告分配现金股利100万元，不考虑其他因素。

要求：根据上述资料，回答下列各小题。

（1）下列关于成本法核算长期股权投资的表述正确的是（　　）。

A.被投资单位宣告分派的现金股利计入投资收益

B.被投资单位实现盈利或发生亏损，投资单位均不需要做账务处理

C.除被投资单位经营损益、其他综合收益和利润分配以外的其他所有者权益发生变动，投资单位无须进行账务处理

D.对子公司的投资在资产负债表日存在减值迹象的，其可收回金额低于账面价值的差额应当确认为资产减值损失

（2）甲公司取得长期股权投资的入账价值是（　　）万元。

A.25 500　　B.25 200　　C.4 900　　D.25 800

任务二　权益法下长期股权投资核算

一、单项选择题（每题只有一个正确选项，请将正确选项填在括号内）

1.A公司以银行存款3 000万元取得对B公司35%的股权，另支付相关税费10万元。取得投资时被投资单位可辨认净资产的公允价值为10 000万元，A公司能够对B公司施加重大影响。A公司该长期股权投资的入账金额为（　　）万元。

A.3 500　　B.3 000　　C.3 010　　D.3 510

2.2019年1月1日，甲公司以1 600万元购入乙公司30%的股份，另支付相关费用8万元，采用权益法核算。取得投资时，乙公司所有者权益的账面价值为5 000万元（与可辨认净资产的公允价值相同）。乙公司2019年度实现净利润300万元。2020年乙公司亏损6 000万元。假定不考虑其他因素，甲公司2020年应确认的投资收益为（　　）万元。

A.借方1 590　　B.借方1 598　　C.借方1 608　　D.借方1 698

3.企业采用权益法核算长期股权投资，被投资单位宣告分派股票股利，投资企业应进行的账务处理是（　　）。

A.按持股比例增加长期股权投资　　B.应确认投资收益

C.无须进行账务处理　　D.增加资本公积

4.下列各项，应当确认为投资收益的是（　　）。

A.长期股权投资减值损失

B.长期股权投资处置净损益

C.期末交易性金融资产公允价值变动的金额

D.支付的与取得长期股权投资直接相关的费用

5.A公司以2 000万元取得B公司30%的股权，取得投资时被投资单位可辨认净资产的公允价值为6 000万元。如果A公司能够对B公司施加重大影响，那么A公司计入长期股权投资的金额为（　　）万元。

A.2 000　　B.1 800　　C.6 000　　D.4 000

6.2020年1月1日，甲公司以1 600万元购入乙公司30%的股份，另支付相关费用8万元，采用权益法核算。取得投资时，乙公司所有者权益的账面价值为5 000万元（与可辨认净资产的公允价值相同）。乙公司2019年度实现净利润300万元。假定不考虑其他因素，甲公司该长期股权投资2020年12月31日的账面余额为（　　）万元。

A.1 590　　B.1 598　　C.1 608　　D.1 698

二、多项选择题（每题有两个或两个以上的正确选项，请将正确选项填在括号内）

1. 下列各项中，权益法下会导致长期股权投资账面价值发生增减变动的有（　　）。

A. 确认长期股权投资减值损失

B. 投资持有期间被投资单位实现净利润

C. 投资持有期间被投资单位提取盈余公积

D. 投资持有期间被投资单位宣告发放现金股利

2. 企业关于长期股权投资的下列处理，应当计入当期损益的有（　　）。

A. 采用权益法核算时，初始投资成本小于投资时应享有被投资单位可辨认净资产公允价值份额的部分

B. 采用成本法核算时，被投资单位宣告分派的现金股利

C. 采用成本法核算时，处置长期股权投资时账面价值与实际收到价款的差额

D. 采用权益法核算时，被投资单位宣告分派的现金股利

3. 下列各项关于长期股权投资会计处理的表述，正确的有（　　）。

A. 对合营企业的长期股权投资应采用权益法核算

B. 长期股权投资减值准备一经确认，在以后会计期间不得转回

C. 权益法下，按被投资方宣告发放现金股利应享有的份额确认投资收益

D. 权益法下，按被投资方实现净利润应享有的份额确认投资收益

4. 下列情况中能够采用权益法核算的有（　　）。

A. 企业对其合营企业的长期股权投资

B. 企业对其联营企业的长期股权投资

C. 企业对其子公司的长期股权投资

D. 企业对被投资单位具有重大影响的长期股权投资

5. 下列长期股权投资能够采用权益法核算的有（　　）。

A. 对被投资单位具有控制

B. 对联营企业投资

C. 对合营企业投资

D. 对被投资单位不具有控制、共同控制及重大影响

三、判断题（正确的在括号内打“√”，错误的打“×”）

（　　）1. 在权益法下，“长期股权投资”账面价值始终反映该项投资的初始投资成本。

（　　）2.采用权益法核算长期股权投资时，初始投资成本大于投资时应享有的被投资单位可辨认净资产公允价值份额的部分不作账务处理。

（　　）3.长期股权投资采用成本法核算，被投资单位除净损益、其他综合收益和利润分配的所有者权益其他变动，投资单位应按其享有份额增加或减少资本公积。

（　　）4.除企业合并形成的长期股权投资，以非现金资产支付对价的，应当以非现金资产的账面价值加相关税费作为取得长期股权投资的初始投资成本。

（　　）5.企业取得对子公司及合营企业的长期股权投资，被投资单位宣告分派现金股利，投资单位应当确认投资收益。

（　　）6.企业核算长期股权投资时，被投资单位不论是以盈余公积转增资本或以资本公积转增资本，投资单位都无须进行账务处理。

四、案例分析题

1.甲上市公司发生下列长期股权投资业务：

（1）2020年1月3日，支付4 600万元，购入乙公司股票580万股，占乙公司有表决权股份的25%，对乙公司的财务和经营决策具有重大影响，作为长期股权投资核算。每股价格中包含已宣告但尚未发放的现金股利0.25元，另外支付相关税费7万元。款项均以银行存款支付。当日，乙公司所有者权益的账面价值（与其公允价值不存在差异）为18 000万元。

（2）2020年3月16日，收到乙公司宣告分派的现金股利。

（3）2020年度，乙公司实现净利润3 000万元。

（4）2020年度，乙公司一项其他债权投资公允价值变动增加100万元。

（5）2021年2月16日，乙公司宣告分派2020年度股利，每股分派现金股利0.20元。

（6）2021年3月12日，甲上市公司收到乙公司分派的2020年度的现金股利。

（7）2021年5月4日，甲上市公司出售所持有的全部乙公司的股票，共取得价款5 200万元（不考虑长期股权投资减值及相关税费）。

要求：根据上述资料，回答下列各小题。

（1）针对长期股权投资核算的权益法，下列说法正确的是（　　）。

A.支付的相关税费计入投资成本

B.被投资单位实现净利润，投资企业相应确认投资收益

C.被投资单位发放现金股利，投资企业相应确认投资收益

D.被投资单位发生净亏损，投资企业相应确认投资损失

（2）2020年1月3日，该项长期股权投资的初始投资成本为（　　）万元。

A.4 600　　B.4 607　　C.4 462　　D.4 647

（3）2020年该项投资对企业当期损益的影响金额为（　　）万元。

A.38　　B.750　　C.788　　D.813

（4）2020年12月31日，该项长期股权投资的账面价值为（　　）万元。

A.4 500　　B.4 607　　C.4 502　　D.5 275

（5）2021年5月4日，出售该项长期股权投资应确认的投资收益为（　　）万元。

A.41　　B.25　　C.66　　D.91

2.M公司2020年2月3日分别以银行存款1 300万元和3 500万元购买甲公司和乙公司的普通股股票，另支付相关手续费分别为20万元和50万元。M公司将购买的甲公司的股票投资作为其他权益工具投资核算。因购买乙公司股票达到其有表决权股份的20%，能够对乙公司施加重大影响，所以M公司将购入的乙公司股票投资作为长期股权投资核算。投资当日乙公司可辨认净资产的账面价值为18 000万元（与各项资产、负债的公允价值相同）。2020年3月2日甲公司宣告分派现金股利，M公司按持股比例可以分得150万元。2020年3月18日乙公司宣告分派现金股利2 000万元。2020年4月5日和4月19日M公司分别收到甲公司和乙公司分派的现金股利，并已存入银行。2020年度甲公司发生亏损2 000万元，2020年度，乙公司实现盈利3 000万元。2020年12月31日对甲公司投资的公允价值为1 250万元。2021年2月1日M公司将持有的甲公司股票全部转让，取得转让价款1 320万元，已存入银行。

要求：根据上述资料，不考虑增值税及其他因素，回答下列各小题（答案中金额单位用万元表示）。

（1）下列各项关于M公司购入甲公司和乙公司股票的说法中正确的是（　　）。

A.其他权益工具投资的入账价值为1 300万元

B.其他权益工具投资的入账价值为1 320万元

C.长期股权投资的入账价值为3 550万元

D.长期股权投资的入账价值为3 600万元

（2）下列各项关于M公司在3月2日和3月18日的会计处理正确的是（　　）。

A.借：应收股利　　150

　贷：投资收益　　150

B.借：应收股利　　400

　贷：投资收益　　400

C.借：应收股利　　150

　贷：其他权益工具投资——公允价值变动　　150

D.借：应收股利　　400

　贷：长期股权投资——损益调整　　400

（3）下列各项关于2020年12月31日M公司的账务处理正确的是（　　）。

A.甲公司发生经营亏损，M公司应按持股比例减少其他权益工具投资的账面价值

B.资产负债表日对甲公司的投资公允价值下降，应减少其他权益工具投资的账面价值

C.乙公司实现盈利，M公司应按持股比例增加长期股权投资的账面价值

D.资产负债表日应按对乙公司投资的公允价值来调整长期股权投资的账面价值

（4）2020年12月31日，M公司持有的其他权益工具投资和长期股权投资的账面价值分别为（　　）万元。

A.1 300；3 800　　B.1 250；3 600

C.1 250；3 800　　D.1 300；3 600

（5）2021年2月1日，M公司将持有的甲公司股票全部转让，应确认的投资收益为（　　）万元。

A.50　　B.0　　C.-50　　D.100

3.甲公司发生下列经济业务：

（1）2020年1月30日以银行存款2 000万元购买乙公司40%的有表决权股份，从而能够对乙公司施加重大影响。投资当日乙公司可辨认净资产的账面价值（等于公允价值）为5 500万元，甲公司同时支付相关税费20万元。

（2）2020年5月2日对A公司进行投资，占A公司30%的有表决权股份，对A公司能够施加重大影响。实际支付购买价款2 000万元（与享有A公司可辨认净资产的公允价值份额相等）。当年A公司实现盈利600万元，宣告发放现金股利200万元，其他综合收益增加20万元。

要求：根据上述资料，不考虑其他因素，回答下列各小题。

（1）根据资料（1），甲公司长期股权投资的账面价值为（　　）万元。

A.2 020　　B.2 000　　C.2 200　　D.2 040

（2）根据资料（2），2020年12月31日，长期股权投资的账面价值为（　　）万元。

A.2 120　　B.2 000　　C.2 186　　D.2 126

（3）企业采用权益法核算长期股权投资，被投资单位宣告分派股票股利，投资企业应该进行的账务处理，下列说法中错误的是（　　）。

A.按持股比例增加长期股权投资　　B.应确认投资收益

C.无须进行账务处理　　D.增加资本公积

4.2019—2020年，甲公司发生的有关业务资料如下：

（1）2019年1月5日，甲公司从上海证券交易所购买乙公司股票2 000万股准备长期持有，占乙公司股份25%，能够对乙公司施加重大影响。每股买入价为9.8元，另发生相关税费总额为30万元，款项已支付。当日乙公司可辨认净资产的账面价值为80 000万元（与公允价值一致）。

（2）2019年乙公司实现净利润40 000万元。

（3）2020年3月20日，乙公司宣告发放现金股利，每10股派0.3元，甲公司应分得现金股利60万元。2020年4月20日，甲公司如数收到乙公司分派的现金股利。

（4）2020年3月31日，乙公司其他权益工具投资的公允价值下降了200万元（未出现减值现象）并入账。

（5）2020年4月30日，甲公司将持有的乙公司股份全部售出，每股售价12元。

要求：根据上述资料，不考虑其他因素，回答下列各小题（答案中的金额单位用万元表示）。

（1）根据资料（1），下列各项不正确的是（　　）。

A.长期股权投资入账价值为19 600万元

B.长期股权投资入账价值为19 630万元

C.应计入营业外收入的金额为370万元

D.应计入营业外收入的金额为410万元

（2）根据资料（2）至（5），下列各项正确的是（　　）。

A.2019年乙公司实现净利润：

借：长期股权投资——损益调整　　1 000

　　贷：投资收益　　1 000

B.2020年3月20日，宣告发放现金股利：

借：应收股利　　60

　　贷：投资收益　　60

C.2020年4月20日，甲公司收到乙公司分派的现金股利时：

借：其他货币资金——存出投资款　　60

　　贷：应收股利　　60

D.2020年乙公司实现净利润，甲公司不作处理

（3）根据资料（4），下列各项中，甲公司会计处理正确的是（　　）。

A.“长期股权投资——其他综合收益”科目贷方登记50万元

B.“长期股权投资——其他综合收益”科目借方登记50万元

C.“其他综合收益”科目借方登记50万元

D.“资本公积——其他资本公积”科目借方登记50万元

（4）根据资料（1）至（4），2020年3月31日甲公司长期股权投资的账面价值是（　　）万元。

A.20 950　　B.21 000　　C.29 890　　D.20 000

（5）根据资料（1）至（5），下列各项中，甲公司出售长期股权投资会计处理结果正确的是（　　）。

A.投资收益增加3 060万元　　B.长期股权投资减少20 000万元

C.其他综合收益增加50万元　　D.资本公积增加50万元

项目七
固定资产及其他资产核算

任务一　固定资产核算

一、单项选择题（每题只有一个正确选项，请将正确选项填在括号内）

1.下列各项不属于企业固定资产范畴的是（　　）。

A.企业融资租赁的大型设备　　B.可多次使用的包装物

C.非生产经营用固定资产　　D.尚未使用的设备

2.下列各项不属于企业固定资产特征的是（　　）。

A.为生产商品而持有　　B.为提供劳务、出租或经营管理而持有

C.使用寿命超过一个会计年度　　D.正在使用过程中

3.下列各项不属于固定资产的是（　　）。

A.汽车　　B.融资租入固定资产

C.非生产经营用固定资产　　D.可供出售的金融资产

4.某企业2020年5月初固定资产原值为100 000万元，5月增加了一项固定资产，其入账价值为500万元；同时5月份减少了固定资产原值600万元；则5月份该企业应计提折旧的固定资产原值为（　　）万元。

A.100 000　　B.100 500　　C.99 900　　D.99 400

5.下列各项，不属于固定资产计提折旧方法的是（　　）。

A.生产总量法　　B.年限平均法　　C.双倍余额递减法　　D.工作量法

6.下列固定资产应计提折旧的是（　　）。

A.季节性停用的设备　　B.当月交付使用的设备

C.未提足折旧提前报废的设备　　D.已提足折旧继续使用的设备

7.某增值税一般纳税企业自建一幢仓库，购入工程物资100万元，增值税税额为13万元，已全部用于建造仓库；耗用库存材料50万元，应负担的增值税税额为4.5万元；支付建筑工人工资36万元。该仓库建造完成并达到预定可使用状态后的入账价值为（　　）万元。

A.150　　B.190.5　　C.186　　D.203.5

8.2020年3月9日，甲公司（增值税一般纳税人）外购一台不需安装的生产用设备，取得的增值税专用发票上注明的价款为120万元，增值税税额为15.6万元，支付保险费1万元，取得的运输增值税专用发票上注明的运费为6万元，增值税税额为0.54万元。甲公司该固定资产的入账价值为（　　）万元。

A.127.54　　B.121　　C.127　　D.143.14

9.企业扩建一条生产线，该生产线原价为1 000万元，已提折旧300万元，扩建生产线发生相关支出800万元，且满足固定资产确认条件，不考虑其他因素，该生产线扩建后的入账价值为（　　）万元。

A.1 000　　B.800　　C.1 800　　D.1 500

10. 企业对一条生产线进行更新改造，该生产线的原价为120万元，已提折旧60万元，改造过程中发生支出30万元，被替换部分的账面价值为15万元。该生产线更新改造后的成本为（　　）万元。

A.65　　B.75　　C.135　　D.150

11. 某企业建造办公大楼领用生产用原材料，应借记的会计科目是（　　）。

A.“管理费用”　　B.“应交税费”　　C.“在建工程”　　D.“生产成本”

12. 下列各项中，通过“长期待摊费用”核算的是（　　）。

A. 行政管理部门发生的固定资产日常修理费用支出

B. 生产车间发生的固定资产日常修理费用支出

C. 经营租入固定资产发生的改良支出

D. 融资租入固定资产发生的日常修理支出

13. 盘亏的固定资产应该通过下列（　　）科目进行核算。

A.“固定资产清理”　　B.“待处理财产损溢”

C.“以前年度损益调整”　　D.“材料成本差异”

14. 某企业2020年7月被盗，丢失一台固定资产，该固定资产原值为120万元，已提折旧12万元，经过调查，该损失属于企业管理不善造成的，保险公司赔偿金为20万元。不考虑相关税费，则企业清查后应计入（　　）。

A. 管理费用88万元　　B. 营业外支出88万元

C. 资产减值损失88万元　　D. 其他应收款88万元

15. 企业固定资产的盘亏净损失，应计入（　　）。

A. 管理费用　　B. 资产处置损益　　C. 资本公积　　D. 销售费用

16. 某企业2019年12月31日购入一台设备，入账价值为200万元，预计使用寿命为10年，预计净残值为20万元，采用年限平均法计提折旧。2020年12月31日该设备存在减值迹象，经测试预计可收回金额为120万元。2020年12月31日该设备账面价值为（　　）万元。

A.120　　B.160　　C.180　　D.182

17. 2020年6月1日，黄河公司对经营租入的某管理用固定资产进行改良。2020年10月31日，改良工程达到预定可使用状态，在改良过程中共发生资本化支出120万元；假设不考虑其他事项，发生的支出在两年内平均摊销，2020年年末，黄河公司因该事项计入当期损益的金额为（　　）万元。

A.10　　B.20　　C.0　　D.30

18. 下列各项，不会导致固定资产账面价值发生增减变动的是（　　）。

A. 盘盈固定资产　　B. 经营性租入设备

C. 以固定资产对外投资　　D. 计提减值准备

19. 某企业转让一台旧设备得到价款56万元，发生清理费用2万元，该设备原值为60万元，已提折旧10万元。假定不考虑其他因素，出售该设备影响当期营业利润的金额为（　　）万元。

A.4　　B.6　　C.0　　D.56

20.某企业处置一项固定资产收回的价款为80万元，该资产原价为100万元，已计提折旧60万元，计提减值准备5万元，发生清理费用5万元，不考虑其他因素，处置该资产应计入资产处置损益的金额为（　　）万元。

A.40　　B.80　　C.50　　D.35

21.某公司处置一台旧设备，取得价款为100万元，发生清理费用5万元，支付相关税费5万元。该设备原值为200万元，已提折旧60万元。假定不考虑其他因素，处置该设备影响当期损益的金额为（　　）万元。

A.-40　　B.-45　　C.-50　　D.50

二、多项选择题（每题有两个或两个以上的正确选项，请将正确选项填在括号内）

1.下列各项属于固定资产按经济用途分类的有（　　）。

A.未使用固定资产　　B.使用中固定资产

C.非生产经营用固定资产　　D.生产经营用固定资产

2.下列各项属于企业固定资产的有（　　）。

A.厂房　　B.经营租入的设备

C.融资租入的房屋　　D.土地使用权

3.作为企业的固定资产除要符合其定义外，还要符合的确认条件有（　　）。

A.该项资产包含的经济利益很可能流入企业

B.该项资产包含的经济利益可能流入企业

C.该固定资产的成本能够可靠计量

D.该固定资产的成本有可能能够可靠地计量

4.下列各项关于固定资产计提折旧的表述中，正确的有（　　）。

A.年限平均法是固定资产计提折旧的方法之一

B.固定资产折旧方法包括年数总和法

C.当月减少的固定资产，当月起停止计提折旧

D.已提足折旧但仍然继续使用的固定资产不再计提折旧

5.下列各项属于加速折旧法的有（　　）。

A.平均年限法　　B.工作量法　　C.双倍余额递减法　　D.年数总和法

6.下列各项固定资产应计提折旧的有（　　）。

A.以融资租赁方式租入的固定资产

B.按规定单独估价作为固定资产入账的土地

C.以经营租赁方式租出的固定资产

D.以经营租赁方式租入的固定资产

7.下列各项关于工业企业取得固定资产的会计核算表述正确的有（　　）。

A.企业应当按照取得固定资产的实际成本加相关费用作为固定资产的取得成本

B.一般纳税人外购生产用动产设备负担的增值税不需计入取得成本

C.外购需安装才能使用的固定资产需通过“在建工程”归集相关成本

D.企业以一笔款项购入多项没有单独标价的固定资产，应按各项固定资产公允价

值的比例对总成本进行分配

8.企业固定资产是通过建造方式完成的，下列关于企业建造固定资产的表述正确的有（　　）。

A.企业自行建造固定资产，应按建造固定资产达到预定可使用状态前所发生的必要支出作为固定资产的入账成本

B.企业自建不动产项目领用本企业外购的原材料，则原材料涉及的增值税应作进项税额转出处理

C.企业建造固定资产采用出包方式的，在工程没有达到预定可使用状态前支付的出包款均应计入在建工程

D.建造不动产过程中工程领用本企业自产的商品，该商品应当视同销售处理，计算增值税销项税额

9.下列各项关于固定资产的有关核算，表述正确的是（　　）。

A.生产车间的固定资产日常修理费用应当计入管理费用

B.固定资产定期检查发生的大修理费用，符合资本化条件的应当计入固定资产成本

C.盘亏固定资产，应通过“固定资产清理”科目核算

D.盘盈固定资产，应通过“以前年度损益调整”科目核算

10.在固定资产发生改良支出的情况下，下列项目应计入改良固定资产成本的有（　　）。

A.工程项目耗用的工程物资

B.工程领用本企业商品涉及的增值税销项税额

C.生产车间为工程提供的水、电等费用

D.企业行政管理部门为组织和管理生产经营活动而发生的费用

11.下列各项关于固定资产改良后计提折旧的表述中，正确的有（　　）。

A.改良后的固定资产，仍按改良前固定资产原值计提折旧

B.改良后的固定资产，按改良后固定资产价值计提折旧

C.改良后的固定资产，自达到预定可使用状态的当月起计提折旧

D.改良后的固定资产，自达到预定可使用状态的次月起计提折旧

12.下列各项关于固定资产改良支出的表述正确的有（　　）。

A.固定资产改良支出应费用化计入当期损益

B.固定资产发生可资本化的后续支出时，企业一般应将固定资产的账面价值转入在建工程

C.企业以经营租赁方式租入的固定资产发生的改良支出，应予资本化，作为长期待摊费用，在租赁期内合理进行摊销

D.替换原固定资产的某组成部分，应将被替换部分的账面价值扣除

13.下列各项，应当采用实地盘点法进行财产清查的有（　　）。

A.存货的清查　　B.银行存款的清查

C.固定资产的清查　　D.往来款项的清查

14. 盘亏的固定资产在账务处理时，应记入的账户可能有（　　）。
A. “固定资产”　　B. “财务费用”　　C. “资产处置损益”　D. “其他应收款”
15. 下列各项关于固定资产清查的会计处理表述正确的有（　　）。
A. 财产清查中盘盈的固定资产应按重置价值入账
B. 盘盈固定资产不会对当期损益造成影响
C. 盘亏的固定资产经批准后计入营业外支出
D. 盘盈固定资产属于企业的会计差错
16. 下列各项，会引起固定资产账面价值发生变化的有（　　）。
A. 固定资产改扩建　　B. 固定资产大修理
C. 计提固定资产减值准备　　D. 融资租入固定资产
17. 下列各项关于固定资产减值业务的表述，正确的有（　　）。
A. 借记“固定资产减值准备”　　B. 借记“资产减值损失”
C. 贷记“资产减值损失”　　D. 贷记“固定资产减值准备”
18. 下列各项关于固定资产业务的说法，正确的有（　　）。
A. 固定资产出售、转让、报废或毁损的，应将其处置收入扣除账面价值和相关税费后的金额计入当期损益
B. 固定资产满足“预期通过使用或处置不能产生经济利益”时，应予以终止确认
C. 固定资产账面价值高于可收回金额时应计提减值准备
D. 固定资产的价值恢复时应转回已经计提的减值准备
19. 下列各项，应通过“固定资产清理”科目核算的有（　　）。
A. 盘亏的固定资产　　B. 改扩建的固定资产
C. 报废的固定资产　　D. 毁损的固定资产
20. 企业处置固定资产需通过“固定资产清理”科目核算，下列各项中应记入“固定资产清理”科目借方核算的有（　）。
A. 结转清理的净收益　　B. 残料作价收入
C. 发生的清理费用　　D. 应收取的保险公司赔款
21. 企业处置固定资产时通过“固定资产清理”科目核算的有（　　）。
A. 出售固定资产　　B. 提前报废固定资产
C. 对外投资固定资产　　D. 盘亏固定资产

三、判断题（正确的在括号内打“√”，错误的打“×”）

（　　）1. 融资租入的飞机由于是租赁性质，所以不属于航空公司的固定资产。

（　　）2. 作为固定资产加以确认首先需要符合固定资产的定义，其次要符合固定资产确认的条件。

（　　）3. 企业购置计算机硬件所附带的但未单独计价的软件，应与所购置的计算机硬件一并作为固定资产管理。

（　　）4. 对于已达到预定可使用状态但尚未办理竣工决算的固定资产，待办理竣工决算后，若实际成本与原暂估价值存在差异，应调整已计提折旧。

（ ）5.固定资产提足折旧后，不论是否继续使用，均不再计提折旧，但是提前报废的固定资产需将尚未提足的折旧一次性提足。

（ ）6.实行双倍余额递减法计提折旧的固定资产，应当在该固定资产折旧年限到期前两年内，将该固定资产净值（扣除净残值）平均摊销。

（ ）7.增值税一般纳税人外购动产设备所支付的增值税一律作为可抵扣的进项税额核算。

（ ）8.资产在出包工程方式下建造，在建工程主要反映企业与建造承包商办理工程价款结算的情况。

（ ）9.为购建固定资产而发生的借款利息应全部计入固定资产成本。

（ ）10.企业发生某些固定资产后续支出涉及替换原固定资产的某些组成部分时，应将其计入固定资产成本。

（ ）11.企业行政管理部门使用固定资产发生的费用应该计入固定资产成本。

（ ）12.企业发生与销售机构相关的固定资产修理费用等后续支出时，应借记“销售费用”科目，贷记“银行存款”等科目。

（ ）13.固定资产盘盈先通过“待处理财产损溢”科目核算，批准后再转入“资产处置损益”科目。

（ ）14.固定资产发生盘亏，扣除责任人赔偿后的金额，经批准后，借记“资产处置损益”科目，贷记“待处理财产损溢”科目。

（ ）15.“待处理财产损溢”账户期末处理结转后应无余额。

（ ）16.固定资产在资产负债表日存在可能发生减值的迹象时，可收回金额低于账面价值，应该将差额确认为减值损失，计入当期损益。

（ ）17.在资产减值准则中所涉及的资产是指企业所有资产。

（ ）18.当固定资产的可收回金额高于账面价值时，表明该资产已经发生了减值。

（ ）19.企业以固定资产对外投资，应当将固定资产的账面价值与固定资产公允价值的差额计入当期损益。

（ ）20.残料作价收入应该通过“固定资产清理”科目贷方进行核算。

（ ）21.企业盘亏的固定资产应先通过“待处理财产损溢”科目核算，报经批准转销时，再记入“资产处置损益”科目。

四、案例分析题

1.永发公司为增值税一般纳税人，公司准备在空地上兴建固定资产项目，2020年发生的有关业务如下：

（1）5月15日，外购一批工程物资，取得货物增值税专用发票，注明的价款为500万元，增值税税额为65万元，取得运费增值税专用发票，注明的运费为10万元，增值税税额为0.9万元，以上款项均以银行转账方式支付。该批物资用于厂房的建设，当日工程物资全部被领用。

（2）6月15日，厂房建设工程领用本公司外购的一批原材料，购入时取得的货物增值税专用发票，注明的价款为300万元，增值税税额为39万元。该批材料市场公允价值为350万元（不含增值税）。

（3）7月22日，以银行存款支付工程其他支出共计552.9万元。

（4）7月30日，厂房工程达到预定可使用状态。

（5）8月15日，外购一批工程物资，取得货物增值税专用发票，注明的价款为300万元，增值税税额为39万元，取得运费增值税专用发票，注明的运费为20万元，增值税税额为1.8万元。以上款项均以银行转账方式支付。该批物资用于生产线的建设，当日工程物资全部被领用。

（6）9月3日，生产线工程领用一批自产产品。该批产品的成本为50万元，市场售价为80万元。

（7）截至2020年12月31日，生产线工程尚未完工。

要求：根据上述资料，不考虑其他因素，回答下列各小题。（答案中会计分录的金额单位用万元表示）

（1）永发公司5月15日外购及领用工程物资的账务处理是（　　）。

A.借：工程物资　510
　　应交税费——应交增值税（进项税额）　65.9
　　贷：银行存款　575.9

B.借：工程物资　575.9
　　贷：银行存款　575.9

C.借：在建工程　575.9
　　贷：工程物资　575.9

D.借：在建工程　510
　　贷：工程物资　510

（2）永发公司领用原材料的成本为（　　）万元。

A.300　B.348　C.350　D.409.5

（3）永发公司7月30日厂房达到预定可使用状态，其入账金额为（　　）万元。

A.1 508.5　B.1 558.5　C.1 362.9　D.1 500

（4）生产线领用自产产品应编制的会计分录为（　　）。

A.借：在建工程　50
　　贷：库存商品　50

B.借：在建工程　56.5
　　贷：库存商品　50
　　　　应交税费——应交增值税（销项税额）　6.5

C.借：在建工程　60.4
　　贷：库存商品　50
　　　　应交税费——应交增值税（销项税额）　10.4

D.借：在建工程　90.4
　　贷：主营业务收入　80

贷：应交税费——应交增值税（销项税额）　　12.8

（5）下列各项属于企业外购固定资产成本的有（　）。

A.可抵扣的增值税　　B.进口关税

C.运输费与装卸费　　D.安装费

2.甲公司是增值税一般纳税人，2020年发生与固定资产相关的业务如下：

（1）2020年5月1日，购入需要安装的设备一台，取得的增值税专用发票上注明的设备价款是100万元，增值税税额为13万元。在购买过程中，以银行存款支付运杂费等费用13万元。安装时，领用材料6万元，支付安装工人工资13万元。该设备于2020年7月31日达到预定可使用状态。甲公司对该设备采用年限平均法计提折旧，预计使用年限为10年，预计净残值为零。

（2）甲公司另外一台机器设备，原价为608万元，预计使用10年，预计净残值8万元，采用年限平均法计提折旧。

（3）2020年6月，甲公司购入一台自动化设备，该资产原值为300万元，采用年数总和法计提折旧，预计使用年限为5年，预计净残值率为5%。

要求：根据上述资料，回答下列各小题。

（1）根据资料（1），2020年，该设备应该计提的折旧为（　）万元。

A.9　B.5.5　C.11　D.13.2

（2）根据资料（2），该机器设备每月计提的折旧金额为（　）万元。

A.5　B.5.5　C.4.5　D.4

（3）根据资料（2），会计分录应该为（　）。

A.借记“制造费用”　　B.贷记“生产成本”

C.贷记“累计折旧”　　D.借记“累计折旧”

（4）根据资料（3），该设备2020年计提折旧的金额为（　）万元。

A.100　B.95　C.74.81　D.47.5

（5）根据资料（3），该设备2021年计提折旧的金额为（　）万元。

A.80　B.76　C.84.79　D.85.5

3.甲公司是增值税一般纳税人，采用出包方式建造一栋厂房，与之有关的业务如下：

（1）2018年11月2日，与乙公司签订出包协议，按协议规定，甲公司预先支付乙公司备料款200万元。

（2）2018年12月1日，工程开工，甲公司按协议约定支付乙公司工程进度款2 000万元。

（3）2019年1月20日，工程完工并达到预定可使用状态。甲公司按协议约定支付剩余工程款800万元。甲公司对该厂房采用年限平均法计提折旧，预计使用20年，预计净残值率为5%。

（4）2019年2月1日，工程验收合格。

（5）2020年1月9日，公司发现该厂房有一部分墙体发生脱落，有可能产生安全问题。随即甲公司开始对该厂房进行更新改造。改造过程中发生人工薪酬40万元，以银行存款支付其他费用60万元；领用一批自产产品，该批产品成本249万元，市场价为300万元。

（6）2020年6月22日，更新改造结束，厂房达到预定可使用状态。甲公司重新预计尚可使用年限为10年，预计净残值为130万元，同时采用双倍余额递减法计提折旧。

要求：根据上述资料，不考虑其他因素，回答下列各小题（答案中金额单位用万元表示）。

（1）下列关于甲公司采用出包方式建造厂房的表述，正确的是（　　）。

A.甲公司支付给乙公司的工程备料款应计入在建工程

B.甲公司固定资产的入账价值为3 000万元

C.甲公司应在工程验收合格时将在建工程转入固定资产

D.甲公司应在工程达到预定可使用状态时将在建工程转入固定资产

（2）甲公司2019年度计提折旧的会计处理正确的是（　　）。

A.借：制造费用　142.5
　　贷：累计折旧　142.5

B.借：制造费用　130.63
　　贷：累计折旧　130.63

C.借：制造费用　118.75
　　贷：累计折旧　118.75

D.借：制造费用　137.5
　　贷：累计折旧　137.5

（3）2020年1月9日甲公司对厂房进行更新改造时的会计处理正确的是（　　）。

A.借：在建工程　2 857.5
　　　累计折旧　142.5
　　贷：固定资产　3 000

B.借：在建工程　40
　　贷：应付职工薪酬　40

C.借：在建工程　60
　　贷：银行存款　60

D.借：在建工程　249
　　贷：库存商品　249

（4）甲公司2020年度对厂房应计提的折旧为（　　）万元。

A.283　　B.270　　C.337.33　　D.281.88

（5）下列各项关于双倍余额递减法的表述正确的是（　　）。

A.双倍余额递减法是加速折旧法

B.双倍余额递减法采用双倍直线折旧率

C.采用双倍余额递减法计算折旧时要考虑残值因素

D.采用双倍余额递减法计算折旧时最后两年要考虑残值因素

4.某企业2020年11月对固定资产进行清查，发现以下账实不符：

（1）盘盈一台机器，同类机器市价为9 700元，八成新。

（2）盘亏一台机器，账面原值65 000元，已计提折旧4 000元，经批准，作为当期损失处理。

要求：根据上述资料，回答下列各小题。

（1）发现盘盈固定资产时，应该进行的账务处理是（　　）。

A.借记“固定资产”　　B.贷记“固定资产”

C.借记“以前年度损益调整”　　D.贷记“以前年度损益调整”

（2）经批准，盘亏的固定资产做以前年度损益调整时，应该进行的账务处理是（　　）。

A.借记“以前年度损益调整”　　B.贷记“以前年度损益调整”

C.借记“待处理财产损溢”　　D.贷记“待处理财产损溢”

（3）根据资料（1），固定资产入账价值为（　　）元。

A.7 760　　B.9 700　　C.0　　D.12 125

（4）根据资料（1），应该编制的会计分录是（　　）。

A.贷记“待处理财产损溢”　　B.贷记“以前年度损益调整”

C.借记“固定资产”　　D.贷记“固定资产”

（5）根据资料（2），记入“资产处置损益”的金额为（　　）元。

A.7 760　　B.61 000　　C.53 240　　D.65 000

5.某企业为增值税一般纳税人，适用的增值税税率为13%，原材料采用实际成本计算，月末采用一次加权平均法计算发出材料的成本。2020年5月发生有关交易或事项如下：

（1）月初结存甲材料2 000千克，每千克实际成本为300元，10日，购入甲材料500千克，每千克实际成本为320元，25日，发出甲材料1 800千克，其中用于仓库日常维修500千克，财务部门房屋日常维修300千克，其余材料用于产品生产。

（2）月末，计提固定资产折旧费1 650 000元，其中车间管理用设备折旧100 000元、企业总部办公大楼折旧800 000元、行政管理部门用汽车折旧50 000元、专设销售机构房屋折旧700 000元。

（3）本月发生生产车间固定资产维修费42 120元，全部款项以银行存款支付。

（4）31日，对记入“待处理财产损溢”科目的资产盈亏原因进行了查实，其中，原材料盘盈30 000元属于收发计量错误，固定资产盘亏净损失100 000元属于偶发性事项，现金短缺10 000元无法查明原因。

要求：根据上述资料，回答下列各小题。

（1）根据期初资料，资料（1），该企业发出甲材料的每千克实际成本为（　　）元。

A.310　　B.304　　C.320　　D.300

（2）根据资料（1），下列各项中，领用甲材料的会计处理结果正确的是（　　）。

A.计入管理费用243 200元　　B.计入生产成本304 000元

C.计入财务费用91 200元　　D.计入在建工程152 000元

（3）根据资料（2），该企业计提固定资产折旧的会计处理正确的是（　　）。

A.制造费用增加100 000元　　B.管理费用增加950 000元

C.销售费用增加700 000元　　D.管理费用增加850 000元

（4）根据资料（3），下列各项关于生产车间发生固定资产日常维修费的处理正确的是（　　）。

A.借：在建工程　42 120

　贷：银行存款　42 120

B.借：营业外支出　42 120

　贷：银行存款　42 120

C.借：生产成本　42 120

　贷：银行存款　42 120

D.借：管理费用　42 120

　贷：银行存款　42 120

（5）根据资料（4），下列各项表述正确的是（　　）。

A.原材料盘盈30 000元计入营业外收入

B.固定资产盘亏净损失100 000元计入营业外支出

C.现金短缺10 000元计入管理费用

D.因资料（4）的事项，月末管理费用减少20 000元

任务二　无形资产核算

一、单项选择题（每题只有一个正确选项，请将正确选项填在括号内）

1.下列各项，一般不会引起无形资产账面价值发生增减变动的是（　　）。

A.对无形资产计提减值准备

B.无形资产可收回金额大于账面价值

C.摊销无形资产

D.转让无形资产所有权

2.下列各项不属于企业无形资产的是（　　）。

A.商标权　B.非专利技术　C.商誉　D.土地使用权

3.下列各项，不属于无形资产特征的是（　　）。

A.价值大于1 000元　　B.不具有实物形态

C.具有可辨认性　　D.属于非货币性长期资产

4.甲公司2020年1月10日开始自行研究开发无形资产，12月31日达到预定用途。其中，研究阶段发生职工薪酬30万元，计提专用设备折旧40万元；进入开发阶段后，相关支出符合资本化条件前发生的职工薪酬为30万元，计提专用设备折旧30万元，符合资本化条件后发生职工薪酬100万元，计提专用设备折旧200万元。假定不考虑其他因素，甲公司2020年对上述研发支出进行的下列会计处理，正确的是（　　）。

A.确认管理费用70万元，确认无形资产360万元

B.确认管理费用30万元，确认无形资产400万元

C.确认管理费用130万元，确认无形资产300万元

D.确认管理费用100万元，确认无形资产330万元

5.甲公司2020年7月4日购入一项商标权，支付购买价款200万元，增值税税额12万元，支付相关过户手续费12万元，为推广该商标权所生产的产品发生的宣传费为20万元，支付注册登记费18万元。甲公司购入无形资产的入账成本为（　）万元。

A.200　　B.212　　C.230　　D.250

6.2020年3月1日，某企业开始自行研发一项非专利技术，2021年1月1日研发成功并达到预定用途，该非专利技术研究阶段累计支出300万元（均不符合资本化条件），开发阶段的累计支出为800万元（其中不符合资本化条件的支出为200万元），不考虑其他因素，该企业该非专利技术的入账价值为（　　）万元。

A.800　　B.900　　C.1 100　　D.600

7.某企业自行研发一项非专利技术，截至2020年3月共计发生研发支出2 000万元。经测试，该非专利技术完成了研究阶段。从2020年4月1日开始进入开发阶段，截至2020年11月9日研发活动结束，共计发生研发支出1 500万元（假定全部符合资本化条件）。该企业预计该非专利技术可以使用8年，采用直线法进行摊销。2020年对该非专利技术应计提的摊销为（　　）万元。

A.15.63　　B.31.25　　C.36.46　　D.72.92

8.下列各项，可以确认为无形资产的是（　　）。

A.客户关系　　B.人力资源　　C.商誉　　D.专利权

9.下列各项，关于无形资产摊销的表述正确的是（　　）。

A.使用寿命不确定的无形资产应按照10年摊销

B.出租无形资产的摊销额应计入管理费用

C.使用寿命有限的无形资产处置当月仍然摊销

D.无形资产的摊销方法主要有直线法和生产总量法

10. 2020年3月8日，甲公司购买一项专利权，购买价款为3 200万元，另支付相关税费20万元。此外，为测试该项专利权能否用于产品生产发生专业测试费用50万元；为推广由该专利权生产的产品，甲公司发生宣传广告费用25万元、展览费15万元，上述款项均用银行存款支付。甲公司取得该项无形资产的入账价值为（　　）万元。

A.3 260　　B.3 270　　C.3 310　　D.3 250

11.下列各项，关于企业无形资产的表述不正确的是（　　）。

A.已确认的无形资产减值损失在以后会计期间可以转回

B.使用寿命不确定的无形资产不应摊销

C.处置无形资产的净损益计入资产处置损益，影响营业利润

D.出租无形资产的摊销额应计入其他业务成本

12.下列各项，关于资产减值的表述不正确的是（　　）。

A.长期股权投资减值损失一经确认，在以后会计期间不得转回

B.投资性房地产减值损失一经确认，在以后会计期间内不得转回

C.债权投资减值损失一经确认，在以后会计期间不得转回

D.其他债权投资已确认减值损失在以后又得以恢复的，可以在原计提的减值准备金额内转回

13.2020年9月1日，某工业企业转让一项专利权，该专利权成本为250 000元，累计摊销50 000元。取得转让价款300 000元。不考虑其他因素，则下列关于转让专利权的会计处理结果正确的是（　　）。

A.资产处置损益增加300 000元　　B.其他业务收入增加300 000元

C.资产处置损益增加100 000元　　D.其他业务收入增加100 000元

14.甲公司2020年9月2日以1 300万元的价格对外转让一项商标权。该商标权系甲公司2017年1月9日以2 000万元购入的，购入时该商标权预计使用8年，法律规定有效期10年。甲公司采用直线法对无形资产进行摊销。假定不考虑相关税费，则甲公司在转让无形资产时应确认的损益为（　　）万元。

A.266.67　　B.96.67　　C.290.64　　D.220.45

15.下列各项，关于无形资产会计处理的表述正确的是（　　）。

A.已确认的无形资产减值损失在以后会计期间可以转回

B.使用寿命不确定的无形资产按月进行摊销

C.处置无形资产的净损益计入营业利润

D.出租无形资产的摊销额计入其他业务成本

16.甲公司2020年将一项自行研发的非专利技术对外转让，取得转让价款300万元。已知该非专利技术的成本为300万元，增值税税额为18万元，已摊销30万元。不考虑相关税费，下列说法正确的是（　　）。

A.计入资产处置损益30万元　　B.计入资产处置损益-30万元

C.计入其他业务收入30万元　　D.计入投资收益30万元

二、多项选择题（每题有两个或两个以上的正确选项，请将正确选项填在括号内）

1.下列各项可认定为企业无形资产的有（　　）。

A.外购的商标权　　B.自行研发的非专利技术

C.企业合并形成的商誉　　D.已出租的土地使用权

2.下列各项不能确认为企业无形资产的有（　　）。

A.企业合并形成的商誉　　B.商标权

C.特许经营权　　D.厂房

3.下列各项属于无形资产特征的有（　　）。

A.不具有实物形态　　B.具有可辨认性

C.能够单独计量　　D.能够为企业带来经济利益流入

4.如果无法可靠区分研究阶段和开发阶段的支出，应当将其所发生的研发支出全部（　　）。

A.费用化　　B.资本化

C.按照一定的比例费用化和资本化　　　D.直接计入当期损益

5.“研发支出——资本化支出”账户余额不应该列示在资产负债表中（　　）项目内。

A.“开发支出”　　B.“研制支出”　　C.“管理费用”　　D.“制造费用”

6.外购的无形资产成本应当包括（　　）项目。

A.购买价款

B.相关税费

C.使该项资产达到预定用途所发生的其他支出

D.对新产品进行宣传的广告费、管理费用

7.下列关于无形资产的表述，正确的有（　　）。

A.寿命不确定的不计提减值准备　　　B.寿命有限的应进行摊销

C.寿命有限的应按生产总量法摊销　　D.已计提减值的在以后期间不得转回

8.下列各项，关于无形资产会计处理的表述正确的有（　　）。

A.预期不能给企业带来经济利益的专利权应终止确认无形资产

B.无形资产减值损失确认后不能转回

C.处置无形资产形成的净损失应计入资产处置损益

D.使用寿命不确定的无形资产不应摊销

9.关于工业企业无形资产的表述，正确的有（　　）。

A.使用寿命有限的无形资产，不进行摊销

B.使用寿命不确定的无形资产，不予以摊销

C.无形资产减值一经确认，在以后会计期间不得转回

D.租出无形资产的摊销额，应计入其他业务成本

10.企业对使用寿命有限的无形资产进行摊销时，其摊销额应根据不同情况分别计入（　　）。

A.管理费用　　B.制造费用　　C.主营业务成本　　D.其他业务成本

11.下列关于资产减值的表述不正确的有（　　）。

A.债权投资减值损失一经确认，在以后会计期间不得转回

B.应收账款减值损失一经确认，在以后会计期间不得转回

C.采用成本模式计量的投资性房地产减值损失一经确认，在以后会计期间不得转回

D.存货计提跌价准备后，在以后会计期间不得转回

12.下列各项资产减值准备，一经确认在相应资产持有期间内均不得转回的有（　　）。

A.坏账准备　　　　B.固定资产减值准备

C.存货跌价准备　　D.投资性房地产减值准备

13.下列关于无形资产的说法，正确的有（　　）。

A.如果合同性权利或其他法定权利能够在到期时因续约等延续，续约期应该包括在使用寿命的估计当中

B.使用寿命有限的无形资产，其残值一般应视为零

C.使用寿命不确定的无形资产，各期末应进行减值测试

D.在投资合同或协议约定价值不公允的情况下，接受投资的无形资产应按公允价值入账

14.下列各项会引起无形资产账面价值发生增减变动的有（　　）。

A.内部研发无形资产研究阶段的支出

B.无形资产计提减值准备

C.摊销无形资产

D.出售无形资产

15.下列关于无形资产处置的表述，正确的有（　　）。

A.应当按实际收到的金额计入银行存款

B.按应支出的相关税费计入应交税费

C.处置价款全部计入资产处置损益中

D.处置价款小于无形资产账面价值和出售相关税费的差额计入资产处置损益

16.下列关于无形资产会计处理的表述，正确的有（　　）。

A.无形资产均应确定预计使用年限并分期摊销

B.有偿取得的自用土地使用权应确认为无形资产

C.内部研发项目开发阶段能够资本化的支出应确认为无形资产

D.无形资产减值损失一经确认在以后会计期间不得转回

三、判断题（正确的在括号内打“√”，错误的打“×”）

（　　）1.企业自行设计并注册使用的商标权属于无形资产。

（　　）2.企业合并的商誉属于企业的无形资产。

（　　）3.无形资产是指企业拥有的没有实物形态的可辨认非货币性资产。

（　　）4.在开发阶段符合资本化条件的支出，应当计入当期损益。

（　　）5.在开发阶段不符合资本化条件的支出，应当计入当期管理费用。

（　　）6.无形资产达到预定用途以后发生的费用应当计入无形资产初始成本。

（　　）7.对使用寿命有限的无形资产，应当在取得的当月开始摊销，处置当月停止摊销。

（　　）8.企业选择的摊销方法应当反映与该资产有关的经济利益预期实现的方式。

（　　）9.企业对无形资产计提的摊销额一定会对当期损益造成影响。

（　　）10.无形资产的减值准备一经计提，在以后的会计期间内不得转回。

（　　）11.债权投资和无形资产一样，减值准备一经计提，在以后的会计期间内价值又得以恢复的，可以在计提减值准备金额内予以转回。

（　　）12.无形资产、固定资产已经计提减值准备的，在以后的会计期间内可以转回。

（　　）13.企业转让无形资产使用权时，如果合同或协议规定一次性收取使用费，且不提供后续服务的，应视同销售该项无形资产一次性确认收入。

(　　) 14. 无形资产应该在购进的次月开始摊销。

(　　) 15. 企业处置无形资产的净损失应当计入资产处置损益。

(　　) 16. 企业处置无形资产时，应将所得价款扣除该项无形资产的账面价值以及相关税费后的差额，计入当期损益。

四、案例分析题

1. 甲公司为增值税一般纳税人，2020年1月5日，以2 700万元购入一项专利权，支付注册登记费120万元。为推广由该专利权生产的产品，甲公司发生广告宣传费60万元。该专利权预计使用5年，预计净残值为零，采用直线法进行摊销。

要求：根据上述资料，不考虑其他因素，回答下列各小题。

（1）为推广由该专利权生产的产品，甲公司发生的广告宣传费应计入（　　）。

A. 销售费用　　B. 无形资产成本　　C. 管理费用　　D. 累计摊销

（2）2020年年底，甲企业的该专利权账面价值为（　　）万元。

A.2 160　　B.2 256　　C.2 304　　D.2 700

2. 淮河股份有限公司2020年与无形资产业务有关的资料如下：

（1）2020年5月12日，以银行存款450万元购入一项无形资产，其中相关税费6万元，于当日交付使用并达到预定可使用状态，并交付公司管理部门使用。该无形资产的预计使用年限为10年，净残值为零，采用直线法进行摊销。

（2）2020年6月研制一项新技术，开始并无成功把握，该公司在此项研制过程中发生研究费用7万元。研制成功后申请获得专利权，在申请专利的过程中发生专利登记费3万元，律师费0.8万元。

要求：根据上述资料，回答下列各小题。

（1）下列项目，应该确认为无形资产的是（　　）。

A. 企业自创商誉

B. 企业内部产生的品牌

C. 企业内部研究开发项目研究阶段的支出

D. 企业购入的专利权

（2）根据资料（1），企业购入的无形资产的账面价值为（　　）万元。

A.450　　B.444　　C.456　　D.45

（3）根据资料（2），该项无形资产的入账价值为（　　）万元。

A.4.8　　B.12　　C.10.8　　D.3.8

3. A公司发生的有关无形资产的业务如下：

（1）2020年7月28日，A公司从B公司购入一项土地使用权，支付购买价款2 000万元，支付契税80万元，支付过户登记费2万元。A公司预计该土地使用权尚可使用30年，采用直线法摊销。

（2）A公司自行开发一项非专利技术，截至2020年3月共发生研发支出2 000万元。经测试，该非专利技术完成了研究阶段。从2020年4月1日开始进入开发阶段，截至2020年11月9日研发活动结束，非专利技术达到预定用途，共计发生研发支出1 500万元（假定全部符合资本化条件）。A公司预计该非专利技术能够使用8年，采用直线法进行摊销。

要求：根据上述资料，回答下列各小题。

（1）根据资料（1），该项无形资产2020年应该摊销的金额为（　　）万元。

A.28.92　　B.34.70　　C.34.67　　D.28.89

（2）根据资料（2），该无形资产的入账价值为（　　）万元。

A.1 500　　B.2 000　　C.3 500　　D.500

（3）根据资料（2），该项无形资产2020年应该摊销的金额为（　　）万元。

A.15.63　　B31.25　　C.34.46　　D.72.92

4.丙公司为上市公司，2020年1月1日，丙公司以银行存款6 000万元购入一项无形资产。2020年年末，丙公司预计该项无形资产的可收回金额为3 556万元。该项无形资产的预计使用年限为10年，按月摊销。丙公司于每年年末对无形资产计提减值准备；计提减值准备后，原预计使用年限不变。

要求：根据上述资料，回答下列各小题。

（1）2020年年末丙公司该项无形资产应计提的减值准备为（　　）万元。

A.2 444　　B.1 844　　C.3 556　　D.9 556

（2）下列各项关于无形资产会计处理的表述，正确的是（　　）。

A.计算机软件依赖于实物载体，不应确认为无形资产

B.计提的无形资产减值准备在该资产价值恢复时应予转回

C.使用寿命不确定的无形资产账面价值均应按10年平均摊销

D.无形资产属于非货币性资产

5.A公司2017—2020年无形资产业务有关资料如下：

（1）2017年12月3日，以银行存款360万元购入一项无形资产（不考虑相关税费）。该无形资产的预计使用年限为10年，采用直线法进行摊销。

（2）2019年12月31日，对该无形资产进行减值测试时，该无形资产的预计未来现金流量现值是230万元，公允价值减去处置费用后的净额为240万元。减值测试后该资产的使用年限不变。

（3）2020年4月1日，将该无形资产对外出售，取得价款275万元并收存银行（不考虑相关税费）

要求：根据上述资料，回答下列各小题。

（1）关于无形资产的摊销，下列说法中正确的是（　　）。

A.使用寿命有限的无形资产，其应摊销金额应当在使用寿命内系统、合理摊销

B.企业摊销无形资产，应当自无形资产可供使用时起，至不再作为无形资产确认时止

C.无形资产摊销年限不超过10年

D.使用寿命有限的无形资产一定无残值

（2）2019年12月31日，应该计提的无形资产减值准备金额为（　　）万元。

A.240　　B.285　　C.45　　D.36

（3）处置该无形资产后，形成的净损益为（　　）万元。

A.42.58　　B.82.58　　C.7.58　　D.40

任务三　投资性房地产及其他资产核算

一、单项选择题（每题只有一个正确选项，请将正确选项填在括号内）

1.下列各项，属于企业投资性房地产的是（　　）。

A.企业将职工宿舍按市场价格出租给本企业职工

B.房地产开发企业开发的准备增值后转让的商品房

C.企业将办公大楼整体出租给某事业单位

D.公司将用于建造办公楼的土地使用权出售

2.甲公司与乙公司于2020年1月8日签订经营租赁协议，将其一栋办公楼出租给乙公司，租期5年。2020年8月8日，乙公司又将该办公楼经营租赁给丙公司，以赚取租金差价，租期3年，则下列说法不正确的是（　　）。

A.甲公司对该办公楼应作为投资性房地产核算

B.乙公司对该办公楼应作为投资性房地产核算

C.丙公司对该办公楼不应作为投资性房地产核算

D.乙公司对该办公楼不应作为投资性房地产核算

3.下列各项，属于投资性房地产的是（　　）。

A.企业拥有并自行经营的旅馆饭店

B.企业以经营租赁方式租出的办公大楼

C.房地产开发企业正在开发的商品房

D.企业持有拟增值后转让的房屋建筑物

4.企业将自有固定资产转换为采用成本模式进行后续计量的投资性房地产时，下列表述不正确的是（　　）。

A.应将转换日固定资产的原值转入“投资性房地产”科目

B.应将转换日固定资产累计折旧转入“投资性房地产累计折旧”科目

C.应将转换日固定资产减值准备转入“投资性房地产减值准备”科目

D.应将转换日固定资产的账面价值转入“投资性房地产”科目

5.某企业采用成本模式对投资性房地产进行后续计量，将2020年9月20日达到预定可使用状态的自行建造的办公楼对外出租，该办公楼建造成本为5 200万元，预计使用年限为25年，预计净残值为200万元。在采用年限平均法计提折旧的情况下，2020年，该办公楼应计提的折旧额为（　　）万元。

A.0　　B.50　　C.200　　D.100

6.某制造企业采用成本模式计量投资性房地产，下列各项中，其计提的折旧应记入的会计科目是（ ）。

A.“其他业务成本” B.“营业外支出”

C.“投资收益” D.“管理费用”

7.甲公司2020年6月3日将原用于生产经营的办公楼对外出租，该办公楼原值1 890万元，已计提折旧189万元，已提减值准备18.9万元，出租日该办公楼的公允价值为1 500万元。甲公司对投资性房地产采用公允价值模式进行后续计量，下列说法中，正确的是（ ）。

A.转换日应记入“公允价值变动损益”科目的贷方金额为182.1万元

B.转换日应记入“其他综合收益”科目的贷方金额为182.1万元

C.转换日应记入“公允价值变动损益”科目的借方金额为182.1万元

D.转换日应记入“其他综合收益”科目的借方金额为182.1万元

8.企业将房地产存货转换为采用公允价值模式计量的投资性房地产，转换日存货公允价值小于原账面价值的差额应记入的会计科目是（ ）。

A.“营业外支出” B.“公允价值变动损益”

C.“其他综合收益” D.“其他业务成本”

9.某企业采用公允价值模式对投资性房地产进行后续计量，2019年6月30日，企业将自行建造的办公楼对外出租，该办公楼建造成本为2 100万元，预计使用20年，预计净残值为100万元。2020年12月31日，该办公楼的公允价值为2 200万元，则下列说法中，正确的是（ ）。

A.当年该办公楼应当计提的折旧为50万元

B.当年该办公楼应当计提的折旧为0

C.公允价值上升会影响当期损益200万元

D.该办公楼应当在资产负债表日进行减值测试

10.下列各项关于“长期待摊费用”的表述中，不正确的是（ ）。

A.“长期待摊费用”属于资产类科目

B.以融资租赁方式租入的固定资产发生的改良支出记入该科目

C.摊销长期待摊费用，借记“管理费用”“销售费用”等科目，贷记本科目

D.期末借方余额，反映企业尚未摊销完毕的长期待摊费用

11.企业对经营租赁方式租入的办公楼进行装修改造，发生以下支出：领用生产用材料50万元，购进该批原材料支付的增值税进项税额为8.5万元；确认装修人员的薪酬为43.5万元。不考虑其他因素，下列各项关于该企业装修办公楼支出的会计处理结果正确的是（ ）。

A.管理费用增加93.5万元 B.管理费用增加102万元

C.长期待摊费用增加93.5万元 D.长期待摊费用增加102万元

12.下列各项，应计入长期待摊费用的是（ ）。

A.生产车间固定资产日常修理费

B.生产车间固定资产更新改造支出

C.经营租赁方式租入固定资产的改良支出

D.融资租赁方式租入固定资产的改良支出

二、多项选择题（每题有两个或两个以上的正确选项，请将正确选项填在括号内）

1.下列各项关于投资性房地产的说法，不正确的有（　）。

A.同一企业可以同时采用成本模式和公允价值模式进行后续计量

B.企业将投资性房地产由成本模式转换为公允价值模式进行后续计量属于会计估计变更

C.企业可以将公允价值模式计量的投资性房地产转回成本模式计量

D.企业采用公允价值模式对投资性房地产进行后续计量，期末无须进行减值测试

2.下列各项关于投资性房地产的说法，正确的有（　）。

A.外购投资性房地产的成本，包括购买价款、相关税费和可直接归属于该资产的其他支出

B.以经营租赁方式租入后再转租的建筑物，因为承租人对该项资产没有所有权，所以不属于投资性房地产

C.以经营租赁方式出租的土地使用权属于投资性房地产

D.以经营租赁方式出租的商用房属于投资性房地产

3.下列各项属于投资性房地产的有（　）。

A.房地产企业持有的待售商品房

B.以经营租赁方式出租的商用房

C.以经营租赁方式出租的土地使用权

D.以经营租赁方式租入后再转租的建筑物

4.下列各项应计入工业企业其他业务成本的有（　）。

A.生产车间领用低值易耗品的摊销额

B.采用成本模式计量投资性房地产计提的折旧

C.结转销售原材料的成本

D.以经营租赁方式出租大型设备计提的折旧

5.下列各项关于投资性房地产会计处理的表述正确的有（　）。

A.采用公允价值模式计量的投资性房地产，可转换为成本模式计量

B.采用公允价值模式计量的投资性房地产，其公允价值变动应计入资本公积

C.采用成本模式计量的投资性房地产，在满足规定条件的情况下，可转换为公允价值模式计量

D.采用成本模式计量的投资性房地产，发生减值应计提减值准备

6.企业采用成本模式计量投资性房地产，且投资性房地产不属于企业的主营业务，按期计提折旧或进行摊销，会涉及的会计科目有（　）。

A.“其他业务成本”　　B.“管理费用”

C.“投资性房地产累计折旧”　　D.“累计摊销”

7.2019年12月31日，某企业将自用建筑物转为投资性房地产对外出租，采用成本模式计量，转换日该建筑物账面价值为2 100万元，尚可使用25年，预计净残值为100

万元，采用年限平均法计提折旧。按照租赁合同，每年收取租金100万元，不考虑其他因素，对该企业2020年营业利润的影响金额为（　　）万元。

A.80　　B.100　　C.16　　D.20

8.下列各项关于在公允价值计量模式下，投资性房地产的说法，正确的有（　　）。

A.企业有确凿证据表明投资性房地产的公允价值能够持续可靠取得的，可以采用公允价值模式对投资性房地产进行后续计量

B.采用公允价值模式进行后续计量的投资性房地产不折旧，不摊销，不减值

C.成本模式转换为公允价值模式，应该作为会计政策变更处理

D.采用公允价值模式计量的投资性房地产，其公允价值变动应计入资本公积

9.下列各项关于取得投资性房地产的表述正确的有（　　）。

A.外购的投资性房地产入账成本应当包括买价、相关税费和可直接归属于该资产成本的其他支出

B.自行建造的投资性房地产成本应由建造该项房地产达到预定可使用状态前发生的必要支出构成

C.企业将固定资产转为投资性房地产的，应当按照原固定资产的账面价值作为投资性房地产的账面价值

D.企业将存货转换为以公允价值模式进行后续计量的投资性房地产，应当按转换日该资产的公允价值作为投资性房地产的入账金额

10.下列各项关于长期待摊费用的说法，正确的有（　　）。

A.企业以经营租赁方式租入固定资产的改良支出应计入长期待摊费用

B.企业的长期待摊费用如果不能使以后会计期间获得收益，应将其摊余价值全部转入当期损益

C.融资租赁方式租入固定资产的改良支出应计入固定资产成本

D.生产车间固定资产更新改造支出应计入长期待摊费用

11.下列各项说法中，正确的有（　　）。

A.经营租入固定资产的改良支出应当在发生时计入当期损益

B.融资租赁方式租入固定资产的改良支出应计入长期待摊费用

C.生产车间固定资产日常的修理费用应计入管理费用

D.生产车间固定资产的更新改造支出应计入固定资产成本

12.下列各种修理支出可以作为长期待摊费用处理的有（　　）。

A.企业筹办期间的开办费

B.企业发生的固定资产改良支出，改良的固定资产已计提折旧10年，账面上已提足折旧

C.企业租入固定资产的改建支出

D.企业发生的修理费金额达到取得固定资产时的计税基础50%以上且修理后使用年限可以延长3年的支出

三、判断题（正确的在括号内打"√"，错误的打"×"）

（　　）1. 投资性房地产的后续计量有成本和公允价值两种模式。

（　　）2. 企业将办公楼的一部分出租给某公司，该企业应当将该办公楼作为投资性房地产。

（　　）3. 投资性房地产取得的租金应当记入"其他业务收入"科目。

（　　）4. 采用成本模式计量的投资性房地产计提的折旧记入"其他业务成本"科目核算。

（　　）5. 采用成本模式计量的投资性房地产，从购入时开始计提折旧。

（　　）6. 采用成本模式计量的投资性房地产，发生减值应计提减值准备。

（　　）7. 采用公允价值模式进行后续计量的投资性房地产，其后续计量原则与固定资产或无形资产相同。

（　　）8. 投资性房地产采用公允价值模式进行后续计量的，应按资产负债表日该资产的公允价值调整其账面价值。

（　　）9. 企业只要有确凿证据表明投资性房地产的公允价值可以持续、可靠取得，可以对投资性房地产采用公允价值模式进行后续计量。

（　　）10. 企业以经营租赁方式租入的固定资产发生的改良支出，应直接计入当期损益。

（　　）11. 长期待摊费用是指企业已经发生但应由本期和以后各期负担的分摊期限在1年以上的各项费用，如以融资租赁方式租入的固定资产的更新改造支出。

四、案例分析题

1. 甲公司是从事房地产开发业务的企业，2020年3月31日，其董事会决定其开发的一栋写字楼不再出售而用于出租，与乙公司签订了租赁协议，租赁期开始日是2020年3月31日，预计使用年限为50年，预计净残值为零，采用直线法计提折旧。2020年3月31日，该写字楼的账面余额为60 000万元，计提存货跌价准备5 000万元。甲公司采用成本模式计量投资性房地产。

要求：根据上述资料，回答下列各小题。

（1）甲公司的下列会计处理不正确的是（　　）。

A.2020年计提的投资性房地产累计折旧记入"制造费用"科目

B.2020年应计提投资性房地产的折旧费用是825万元

C.2020年3月31日，贷记"投资性房地产减值准备"科目5 000万元

D.2020年3月31日，借记"投资性房地产——成本"科目60 000万元

（2）下列各项表述中正确的是（　　）。

A. 出售投资性房地产的收入计入其他业务收入

B. 投资性房地产的租金收入计入其他业务收入

C. 出售自用房屋的处置收益计入其他业务收入

D. 将持有并准备增值后转让的建筑物转让时所取得的收益计入其他业务收入

2. 2019年6月20日，甲公司购买一项土地使用权，购买价款为3 600万元，支付相关手续费60万元，款项全部以银行存款支付。甲公司购买后用于对外出租。甲公司对该投资性房地产采用公允价值模式进行后续计量。

该项投资性房地产2019年取得租金收入160万元，已存入银行，假定不考虑其他相关税费。经复核，该投资性房地产2019年12月31日的公允价值为3 800万元。2020年5月，甲公司出售了该项投资性房地产，取得价款4 400万元。

要求：根据上述资料，回答下列各小题。

（1）根据上述资料，关于投资性房地产的会计处理，正确的是（　　）。

A. 取得投资性房地产时入账成本是3 600万元

B. 取得投资性房地产时入账成本是3 660万元

C. 2019年的租金收入记入“其他业务收入”科目

D. 2020年年末确认投资性房地产公允价值变动收益140万元

（2）根据上述资料，2020年处置投资性房地产对损益的影响为（　　）万元。

A. 600　　B. 140　　C. 360　　D. 460

3. 2020年1月1日，A公司从B公司以经营租赁方式租入一套生产用设备，租期为5年，根据租赁合同，A公司可以对该设备进行改良，改良费用由A公司承担，在改良过程中，A公司领用原材料14 000元，用银行存款支付相关费用22 000元。

要求：根据上述资料，回答下列各小题。

（1）在改良时，领用原材料应做的会计处理是（　　）。

A. 借记“长期待摊费用”　　B. 借记“原材料”

C. 贷记“长期待摊费用”　　D. 贷记“原材料”

（2）摊销长期待摊费用时，应计入当期损益的是（　　）元。

A. 14 000　　B. 22 000　　C. 36 000　　D. 8 000

（3）下列各项，不应计入长期待摊费用的是（　　）。

A. 生产车间固定资产的日常修理费

B. 生产车间固定资产的更新改造支出

C. 经营租赁方式租入固定资产的改良支出

D. 融资租赁方式租入固定资产的改良支出

项目八

流动负债核算

任务一 短期借款核算

一、单项选择题（每题只有一个正确选项，请将正确选项填在括号内）

1.短期借款账户应该按照（ ）设置明细账。

A.借款种类 B.债权人 C.借款的性质 D.借款的时间

2.假设企业每月月末计提利息，企业每季度末收到银行寄来的短期借款利息付款通知单时，应贷记（ ）科目。

A.“库存现金” B.“银行存款” C.“财务费用” D.“应付利息”

3.若短期借款利息数额不大，可以直接支付，不预提，在实际支付时直接记入（ ）账户。

A.“财务费用” B.“管理费用” C.“应付利息” D.“销售费用”

4.关于短期借款，下列说法不正确的是（ ）。

A.短期借款的期限在1年（含1年）以下

B.“短期借款”账户借方登记归还的短期借款

C.短期借款利息一律记入“财务费用”账户的借方

D.短期借款的利息必须预提

5.企业计提短期借款的利息时，贷方记入的会计科目是（ ）。

A.“财务费用” B.“短期借款” C.“应收利息” D.“应付利息”

6.企业按季计提银行借款利息时，应贷记（ ）账户。

A.“应付利息” B.“预提费用” C.“财务费用” D.“管理费用”

二、多项选择题（每题有两个或两个以上的正确选项，请将正确选项填在括号内）

1.明华股份有限公司2020年1月31日从银行取得期限为3个月，金额为30 000元的短期借款，年利率为4%。下列关于该短期借款账务处理正确的有（ ）。（假设按月计提利息）

A.借：短期借款	30 300	
贷：银行存款		30 300
B.借：财务费用	100	
贷：应付利息		100
C.借：财务费用	100	
贷：短期借款		100
D.借：短期借款	30 000	
应付利息	200	
财务费用	100	
贷：银行存款		30 300

2.明华股份有限公司于2020年1月2日从银行借入期限为半年，年利率为6%的借款1 000 000元，每月月末计提当月应负担的借款利息；假定：合同约定该借款到期还本付息；7月1日期满，如期归还。编制的以下相关会计分录中，正确的有（　　）。

A.借：短期借款　　1 000 000
　　贷：银行存款　　1 000 000

B.借：应付利息　　30 000
　　贷：银行存款　　30 000

C.借：财务费用　　5 000
　　贷：应付利息　　5 000

D.借：银行存款　　1 000 000
　　贷：短期借款　　1 000 000

3.下列各项关于短期借款的表述，不正确的有（　　）。

A.银行借款利息的支付方式一般为利随本清法

B.在信贷额度内，银行需无条件提供贷款

C.补偿性余额属于提前归还的借款

D.如果存在周转信贷协定，则要对已经使用的资金支付承诺费

4.关于短期借款的利息处理方法，下列说法正确的有（　　）。

A.采用预提方法分期计入财务费用

B.一次性计入财务费用

C.一次性计入短期借款

D.采用预提方法分期计入短期借款

5.短期借款是指企业为了满足其生产经营对资金的临时性需要而从银行或其他金融机构等借入的各种借款，其偿还期限不可能的有（　　）。

A.3个月　　B.6个月　　C.1年　　D.2年

三、判断题（正确的在括号内打"√"，错误的打"×"）

（　　）1.企业从工业企业借入的期限在1年（含1年）以下的各种借款通过"短期借款"科目来核算。

（　　）2.短期借款利息在预提或实际支付时均应通过"短期借款"科目核算。

（　　）3.长期借款是为了满足生产经营周期资金的不足的临时需要。

（　　）4.为了及时、如实地反映款项的借入和偿还情况，企业应设置"短期借款"科目。该科目的贷方登记取得借款的本金数额，借方登记偿还借款的本金数额。

（　　）5.为购建固定资产而借入的专门借款的利息应全部计入固定资产的成本。

四、案例分析题

甲公司2020年发生如下交易或事项：

（1）2020年9月1日，从银行借入100万元的短期借款，以满足季节性生产对资金的需求。该借款期限为6个月，年利率为3.6%（与实际利率一致），月末计息，分季

付息。

（2）2020年10月1日，购入一台不需要安装的生产设备，增值税专用发票上注明的价款为600万元，增值税税额为78万元。同时，甲公司开出并经开户银行承兑的商业汇票一张，面值为678万元，期限3个月，交纳银行承兑手续费0.351万元。

（3）2020年12月31日，甲公司于10月1日开出的商业汇票到期无力支付票款。

要求：根据上述资料，不考虑其他因素，回答下列各小题（答案中的金额单位用万元表示）。

（1）根据资料（1），下列各项，甲公司会计处理正确的是（　　）。

A.2020年9月30日，计提利息时：

借：财务费用　0.3

　　贷：短期借款　0.3

B.2020年9月1日，从银行借入短期借款时：

借：银行存款　100

　　贷：短期借款　100

C.2020年9月30日，计提利息时：

借：财务费用　0.3

　　贷：应付利息　0.3

D.2020年9月30日，计提利息时：

借：财务费用　0.9

　　贷：应付利息　0.9

（2）根据资料（1）至（3），下列各项中，2020年12月31日，甲公司资产负债表“短期借款”项目期末余额填列正确的是（　　）万元。

A.778　　B.678　　C.100　　D.101.2

任务二　应付及预收款项核算

一、单项选择题（每题只有一个正确选项，请将正确选项填在括号内）

1.下列各项有关应付票据处理的表述，不正确的是（　　）。

A.企业开出并承兑商业汇票时，应按票据的到期值贷记“应付票据”

B.企业支付的银行承兑手续费，计入当期财务费用

C.应付票据到期支付时，按账面余额结转

D.企业到期无力支付的商业承兑汇票，应按票面金额转入“应付账款”

2.下列各项应通过“其他应付款”科目核算的是（　　）。

A.应付供应商的材料采购款　　B.应付经营租赁固定资产租金

C.应付给投资者的股票股利　　D.应付给投资者的现金股利

3.明华股份有限公司“应付账款”科目月末贷方余额为40 000元，其中：“应付

甲公司账款”明细科目贷方余额为35 000元；“应付乙公司账款”明细科目贷方余额为5 000元。“预付账款”科目月末贷方余额为30 000元，其中：“预付A工厂账款”明细科目贷方余额为50 000元，“预付B工厂账款”明细科目借方余额为20 000元。该公司月末资产负债表中“应付账款”项目的金额为（　　）元。

A.90 000　　B.30 000　　C.40 000　　D.70 000

4.因明华股份有限公司的债权人撤销，明华股份有限公司应该将欠债权人的应付账款转入（　　）科目。

A.“其他业务收入”　　B.“其他应付款”

C.“资本公积”　　D.“营业外收入”

5.明华股份有限公司以一张期限为6个月的商业承兑汇票支付货款，面值为100万元，票面年利率为4%。该票据到期时，该公司应支付的金额为（　　）万元。

A.100　　B.102　　C.104　　D.140

6.某增值税一般纳税企业采用托收承付结算方式从其他企业购入一批原材料，货款为200 000元，增值税税额为26 000元，对方代垫运杂费6 000元，该原材料已经验收入库。该购买业务所发生的应付账款的入账价值为（　　）元。

A.226 000　　B.232 000　　C.206 000　　D.200 000

二、多项选择题（每题有两个或两个以上的正确选项，请将正确选项填在括号内）

1.“预收账款”科目贷方登记（　　）。

A.预收货款的数额

B.企业向购货方发货后冲销的预收货款的数额

C.收到购货方补付货款的数额

D.退回购货方多付货款的数额

2.下列各项应计入其他应付款的有（　　）。

A.应付租入包装物的租金

B.应付融资租入大型设备的租金

C.应付经营租入车辆的租金

D.应付由企业负担的职工社会保险费

3.对于“应付股利”这个科目，下列说法正确的有（　　）。

A.是指企业根据股东大会或类似机构审议批准的利润分配方案确定分配给投资者的现金股利或利润

B.是指企业董事会或类似机构通过的利润分配方案中拟分配的现金股利或利润

C.企业董事会或类似机构通过的利润分配方案中拟分配的现金股利或利润，需要进行账务处理

D.企业董事会或类似机构通过的利润分配方案中拟分配的现金股利或利润，需要在附注中进行披露

4.下列各项关于应付票据的说法，正确的有（　　）。

A.应付票据包括银行汇票和银行本票

B.应付票据到期结清时，应当在备查簿内予以注销

C.应付票据余额在借方，表示企业尚未到期的商业汇票的票面金额和应计未付的利息

D.商业汇票按照是否带息，分为带息票据和不带息票据

5.下列各项关于应付账款的处理，正确的有（　　）。

A.货物与发票账单同时到达，待货物验收入库后，按发票账单登记入账

B.货物已到，但至月末时发票账单还未到达，应在月份终了时暂估入账

C.应付账款一般按到期时应付金额的现值入账

D.企业采购业务中形成的应付账款，在确认其入账价值时不需要考虑将要发生的现金折扣

6.下列各项关于企业预收账款核算的说法，不正确的有（　　）。

A.预收账款属于企业的资产

B.预收账款形成的负债不是以货币清偿的，而是以货物清偿的

C."预收账款"科目借方核算预收款项的增加数额

D.预收货款业务不多的企业，可以不单独设置"预收账款"科目，所发生的预收货款可通过"应收账款"科目核算

三、判断题（正确的在括号内打"√"，错误的打"×"）

（　　）1.企业支付的银行承兑汇票手续费应当计入当期管理费用。

（　　）2.企业商业承兑汇票到期无力支付应转入营业外支出。

（　　）3.如果企业所购的物资已经验收入库，但是没有收到发票账单（包括未收到货物清单及无法按照合同协议确定价格），在会计期末，企业也不应该做任何会计处理。

（　　）4.企业在确定附有现金折扣条件的应付账款时，应按照扣除现金折扣后的应付款总额入账。

（　　）5.应付股利是指企业根据董事会或类似机构审议批准的利润分配方案确定分配给投资者的现金股利或利润。

（　　）6.暂收个人的款项和经营租入固定资产的未付租金应通过"其他应付款"科目核算。

四、案例分析题

明华股份有限公司为增值税一般纳税人，2020年8月18日，从乙公司购入一批生产用原材料，取得货物增值税专用发票，注明的价款为200万元，增值税税额为26万元。按照购买协议的规定，明华股份有限公司可以享受的现金折扣条件为"2/10，1/20，n/30"（现金折扣不考虑增值税）。明华股份有限公司以银行存款支付运费并取得运费增值税专用发票，运费发票注明的运费为1万元，增值税税额为0.09万元。8月27日，明华股份有限公司将扣除现金折扣的货款支付给乙公司。

要求：根据上述资料，不考虑其他因素，回答下列各小题。（答案中会计分录的金

额单位为万元）

（1）购入货物，款项尚未支付，应记入的科目是（ ）。

A.“应付账款” B.“其他应付款” C.“长期待摊费用” D.“预收账款”

（2）明华股份有限公司在购入原材料时的会计处理正确的是（ ）。

A.借：原材料 200
　　应交税费——应交增值税（进项税额） 26
　　贷：应付账款 226

B.借：原材料 200
　　应交税费——应交增值税（进项税额） 26
　　贷：应付账款 222
　　　　财务费用 4

C.借：原材料 226
　　贷：应付账款 226

D.借：原材料 201
　　应交税费——应交增值税（进项税额） 26.09
　　贷：应付账款 226
　　　　银行存款 1.09

（3）明华股份有限公司8月27日支付乙公司购货款的下列会计处理中，表述正确的是（ ）。

A.应付账款冲减226万元　　B.实际支付222万元

C.冲减财务费用4万元　　D.计入销售费用4万元

（4）下列各项关于应付账款的表述正确的是（ ）。

A.应付账款是企业因购买材料、商品或接受劳务供应等经营活动而应付给供应单位的款项

B.购买商品享受商业折扣的，应按扣除商业折扣后的金额作为应付账款的入账金额

C.应付账款附有现金折扣条件的，确认应付账款时不应考虑将来可能会发生的现金折扣金额

D.在实务中，企业外购的电力、燃气等动力一般通过“应付账款”科目核算

（5）下列各项关于现金折扣的表述中，正确的是（ ）。

A.现金折扣又称销售折扣

B.现金折扣是为敦促顾客尽早付清货款而提供的一种价格优惠

C.现金折扣发生在销货之后，是一种融资性质的理财费用，因此销售折扣不得从销售额中减除

D.现金折扣有两方面的积极意义：缩短收款时间，减少坏账损失

任务三　应付职工薪酬核算

一、单项选择题（每题只有一个正确选项，请将正确选项填在括号内）

1. 企业向离职职工支付养老保险金，应借记的会计科目是（　　）。

A. “应付职工薪酬”　　B. “银行存款”

C. “管理费用”　　D. “应付账款”

2. 下列各项不属于短期薪酬的是（　　）。

A. 职工福利费　　B. 短期带薪缺勤　　C. 辞退福利　　D. 医疗保险费

3. 华强股份有限公司为一家家电生产企业，共有职工200名，其中有180名为生产车间工人，20名为管理人员。2020年12月，华强股份有限公司以其生产的洗衣机给每位职工发放春节福利，洗衣机的市场售价每台为1 500元，实际成本每台为1 000元。华强股份有限公司适用的增值税税率为13%。华强股份有限公司应确认的“应付职工薪酬”为（　　）元。

A.239 000　　B.300 000　　C.339 000　　D.200 000

4. 华强股份有限公司从2020年1月1日起，实行累积带薪缺勤制度。该制度规定，每名职工每年可享受5个工作日带薪年休假，未使用的年休假只能向后结转一个公历年度，超过1年未使用的权利作废。在职工离开企业时，也无权获得现金支付；职工休年假时，首先使用当年可享受的权利，再从上年结转的带薪年休假中扣除。2020年年末，华强股份有限公司预计200名职工中有50名将享受8天的年休假，30名职工将享受6天的年休假，剩余120名职工将享受5天的年休假。假设每人每天的工资为120元，则华强股份有限公司2020年年末应确认的累积带薪缺勤的金额为（　　）元。

A.9 000　　B.21 600　　C.76 500　　D.90 000

5. 企业以现金支付行政管理人员生活困难补助2 000元，应做的账务处理是（　　）。

A. 借：管理费用　　2 000
　　贷：库存现金　　2 000

B. 借：其他业务成本　　2 000
　　贷：库存现金　　2 000

C. 借：应付职工薪酬——职工福利费　　2 000
　　贷：库存现金　　2 000

D. 借：营业外支出　　2 000
　　贷：库存现金　　2000

6. 华强股份有限公司为增值税一般纳税人，适用的增值税税率为13%，2020年年末将20台自产的空调作为福利发给本公司职工，该空调的生产成本为1 000元/台，市场售价为2 000元/台（不含增值税）。华强股份有限公司实际发放福利时应记入“应付职工薪酬”科目借方的金额为（　　）元。

A.40 000　　B.22 600　　C.43 400　　D.45 200

二、多项选择题（每题有两个或两个以上的正确选项，请将正确选项填在括号内）

1.下列各项，应通过“应付职工薪酬”科目核算的有（　　）。

A.提取的工会经费　　B.计提的职工住房公积金

C.计提的职工医疗保险费　　D.确认的职工短期带薪缺勤

2.辞退福利通常采取的方式有（　　）。

A.在解除劳动关系时一次性支付

B.提高退休后养老金的标准

C.提高离职后福利的标准

D.将职工工资支付至辞退后未来某一期间

3.企业在作出因解除与职工的劳动关系给予的补偿的会计处理时，通常涉及的会计科目有（　　）。

A.“管理费用”　B.“营业外支出”　C.“应付职工薪酬”　D.“其他应付款”

4.下列各项有关离职后福利的说法，正确的有（　　）。

A.离职后福利是指企业在职工提供相关服务的年度报告期间结束后12个月内需要全部予以支付的职工薪酬

B.离职后福利计划包括设定提存计划、设定受益计划和长期利润分享计划

C.设定提存计划是指向独立的基金缴存固定费用后，企业不再承担进一步支付义务的离职后福利计划

D.设定受益计划是指除设定提存计划以外的离职后福利计划

5.企业将租赁住房无偿供管理部门职工使用，该业务应做的会计分录有（　　）。

A.借：管理费用

　　贷：应付职工薪酬

B.借：应付职工薪酬

　　贷：银行存款

C.借：销售费用

　　贷：应付职工薪酬

D.借：生产成本

　　贷：应付职工薪酬

6.下列各项，属于“应付职工薪酬”科目中所指“职工”的有（　　）。

A.与企业订立劳动合同的全职职工　　B.企业通过中介公司雇佣的保洁员

C.与企业订立劳动合同的临时职工　　D.企业正式任命并聘请的独立董事

三、判断题（正确的在括号内打“√”，错误的打“×”）

（　　）1.住房公积金不属于职工薪酬核算的范围。

（　　）2.企业为职工支付的短期薪酬，以及为职工购买的商业养老保险，均属于企业提供的职工薪酬。

（　　）3.企业向职工食堂、职工医院、生活困难职工等支付职工福利费时，应借记“应付福利费”科目，贷记“应付职工薪酬”科目。

（　　）4.企业将租赁的房屋无偿提供给职工使用的，每期应付的租金应作为应付职工薪酬计入相关资产成本或者当期损益。

（　　）5.企业应付给因解除与职工的劳务关系给予的补偿不应通过“应付职工薪酬”科目核算。

（　　）6.计量应付职工薪酬时，国家规定了计提基础和计提比例的，应当按照国家规定的标准计提；没有规定计提基础和计提比例的，企业不得预计当期应付职工薪酬。

四、案例分析题

1.华强股份有限公司为增值税一般纳税人，适用的增值税税率为13%。2020年7月1日，“应付职工薪酬”科目贷方余额为516 000元（全部为职工工资）。该公司2020年7月份发生的有关职工薪酬业务如下：

（1）1日，租入房屋4套，供管理人员免费使用，月租金共计12 000元。每月月末支付租金，于7月31日以银行存款支付本月租金12 000元。

（2）5日，从月初应付职工薪酬中扣除企业代扣应由职工承担的个人所得税8 900元（尚未缴纳），为职工代垫的家庭医药费5 000元，通过银行转账实际发放工资502 100元。

（3）24日，以其生产的毛巾被作为福利发放给直接从事生产活动的职工，该批毛巾被市场售价总额为45 000元（不含税价），成本总额为30 000元。

（4）31日，本月各部门工资计算结果见表8-1。

表8-1　　2020年7月份各部门工资计算结果　　单位：元

部门	车间生产部门	车间管理部门	行政管理部门	销售部门	施工部门	合　计
金额	258 000	297 000	63 400	74 100	59 800	752 300

假定该公司社会保险费的计提比例为工资总额的20%，住房公积金的计提比例为工资总额的15%。

要求：根据上述资料，不考虑其他因素，回答下列各小题。

（1）根据资料（1），下列各项会计处理正确的是（　　）。

A.借：管理费用　　12 000
　　贷：银行存款　　12 000

B.借：管理费用　　12 000
　　贷：应付职工薪酬——非货币性福利　　12 000

C.借：应付职工薪酬——非货币性福利　　12 000
　　贷：银行存款　　12 000

D.借：应付职工薪酬——非货币性福利　　12 000

贷：管理费用　　12 000

（2）根据资料（3），下列各项会计处理结果正确的是（　　）。

A.库存商品减少45 000元　　B.应付职工薪酬增加52 200元

C.制造费用增加37 650元　　D.主营业务成本增加30 000元

（3）根据资料（2）至（4），下列项目，应通过“应付职工薪酬”科目核算的是（　　）。

A.公司为职工缴纳的社会保险费

B.公司为职工家属代垫的医药费

C.公司为职工缴纳的住房公积金

D.公司将自产毛巾被作为福利发放给职工

（4）根据资料（4），该公司分配职工薪酬的会计处理结果正确的是（　　）。

A.制造费用增加40 095元　　B.管理费用增加85 590元

C.销售费用增加100 035元　　D.管理费用增加125 685元

（5）根据资料（4），该公司7月份分配职工薪酬直接影响利润表“营业利润”项目的金额为（　　）元。

A.125 685　　B.140 130　　C.185 625　　D.225 720

2.华强股份有限公司为家电生产企业（增值税一般纳税人），2020年8月发生的与职工薪酬有关的业务如下：

（1）8月8日，将自产的一批液晶电视机作为福利发放给公司管理人员。该批液晶电视机的成本为80万元，已计提存货跌价准备5万元，市场售价为78万元。此项业务按税法的规定应代扣职工个人所得税1万元。

（2）8月10日，支付上月工资共计326万元，其中包括代扣的个人所得税12.6万元。

（3）8月15日，公司董事会做出决定，将为每一位中层以上管理人员配备一辆小汽车无偿使用。已知小汽车的月折旧额合计为22.55万元。

（4）8月20日，公司为新任总经理租赁一套公寓供其免费使用，该公寓的月租金为1万元，公司以银行存款支付了当月租金。

（5）8月22日，向公司困难职工支付生活补助金20万元，当日以现金支付。

（6）8月31日，人力资源部向财务部门提交当月工资清单，注明的工资总额为355.33万元（管理部门82万元，销售部门55万元，生产车间管理人员28.33万元，生产车间工人工资190万元）。公司财务人员按规定计提了工会经费（计提比例为2%）和职工教育经费（计提比例为8%）。同时，公司实际发生了32万元的福利费支出（管理部门12万元，销售部门5万元，生产车间管理人员5万元，生产车间工人10万元）。

（7）8月，自2020年1月1日起实行累积带薪缺勤制度，公司规定每名职工每年有权享受12个工作日的带薪休假，休假权利可以向后结转2个日历年度。在第2年年末，公司将对职工未使用的带薪休假权利支付现金。某生产车间职工每月工资2 000元，每月工作20天，前几个月未休假，本月休假1天。

要求：根据上述资料，不考虑其他因素，回答下列各小题。（答案中金额单位用万

元表示）

（1）华强股份有限公司将液晶电视机发放给公司职工，应编制的会计分录为（　　）。

A.借：应付职工薪酬　　88.14
　　贷：主营业务收入　　78
　　　　应交税费——应交增值税（销项税额）　　10.14

B.借：主营业务成本　　80
　　贷：库存商品　　80

C.借：存货跌价准备　　5
　　贷：主营业务成本　　5

D.借：其他应收款　　1
　　贷：应交税费——应交个人所得税　　1

（2）根据资料（3）和（4），下列关于公司将小汽车配备给管理人员及为新任总经理租赁公寓的表述，正确的是（　　）。

A.公司当期计入管理费用的金额为22.55万元

B.公司当期计入应付职工薪酬的金额为23.55万元

C.公司当期计入累计折旧的金额为22.55万元

D.公司当期计入管理费用的金额为23.55万元

（3）根据资料（2）和（5），下列关于华强股份有限公司支付工资及困难补助的账务处理正确的是（　　）。

A.借：应付职工薪酬　　326
　　贷：银行存款　　326

B.借：应付职工薪酬　　326
　　贷：银行存款　　313.4
　　　　应交税费——应交个人所得税　　12.6

C.借：管理费用　　20
　　贷：库存现金　　20

D.借：应付职工薪酬　　20
　　贷：库存现金　　20

（4）根据资料（6），下列关于该公司8月31日的账务处理正确的是（　　）。

A.借：生产成本　　190
　　　制造费用　　28.33
　　　管理费用　　82
　　　销售费用　　55
　　贷：应付职工薪酬——工资、奖金、津贴和补贴　　355.33

B.借：生产成本　　3.8
　　　制造费用　　0.57
　　　管理费用　　1.64

借：销售费用　1.1

　　贷：应付职工薪酬——工会经费和职工教育经费（工会经费）　7.11

C.借：生产成本　15.2

　　制造费用　2.27

　　管理费用　6.56

　　销售费用　4.4

　　贷：应付职工薪酬——工会经费和职工教育经费（职工教育经费）　28.43

D.借：生产成本　10

　　制造费用　5

　　管理费用　12

　　销售费用　5

　　贷：应付职工薪酬——职工福利费　32

（5）本月反映职工使用累积带薪休假权利，正确的处理是（　　）。

A.借：生产成本　0.21

　　贷：应付职工薪酬——累积带薪缺勤　0.21

B.借：生产成本　0.21

　　贷：应付职工薪酬——工资、奖金、津贴和补贴　0.2

　　　　　　　　　——累积带薪缺勤　0.01

C.借：应付职工薪酬——累积带薪缺勤　0.01

　　贷：生产成本　0.01

D.借：应付职工薪酬——工资、奖金、津贴和补贴　0.01

　　贷：生产成本　0.01

3.华强股份有限公司为增值税一般纳税人，适用的增值税税率为13%。2020年12月1日“应付职工薪酬”科目的贷方余额为258万元（其中工资122万元、工会经费2.5万元、职工教育经费12万元、设定提存计划121.5万元）。该公司2020年12月份发生的有关职工薪酬业务如下：

（1）12月5日，以银行转账方式支付上月工资120万元（已扣除代扣代缴个人所得税2万元），工会经费2.5万元及会计继续教育培训费9.6万元。

（2）12月10日，从奥通公司购入2辆小汽车，购买价款合计为120万元，增值税税额为15.6万元，支付的相关税费为12万元，以上款项通过银行转账方式支付。华强股份有限公司购入的2辆小汽车供总裁及财务总监免费使用。

（3）12月15日，以现金为职工家属代垫医药费1.2万元。

（4）12月22日，外购一批商品，取得增值税专用发票，注明的价款为10万元，增值税税额为1.3万元，华强股份有限公司以银行承兑汇票支付上述款项。该批商品作为元旦福利发放给生产车间工人。

（5）12月30日，以自产的30件产品作为企业行政管理人员的元旦福利，该产品成本为1万元/件，市场售价为1.5万元/件（假定不考虑个人所得税）。

（6）12月31日，本月各部门工资计算统计表见表8-2。

表8-2 **本月各部门工资计算统计表** 单位：万元

部门	生产车间	车间管理部门	行政管理部门	销售部门	研发部门	合　计
金额	55.2	10.8	33.8	22.3	55.5	177.6

华强股份有限公司按工资总额的8%计提职工教育经费。

（7）12月31日，根据设定提存计划，当月行政管理部门人员需计提的金额为22万元。

要求：根据上述资料，假定不考虑其他因素，回答下列各小题。（答案中的金额单位用万元表示）

（1）根据资料（1），下列会计处理正确的是（　　）。

A.借：应付职工薪酬——工资、奖金、津贴和补贴　122
　　贷：银行存款　120
　　　　应交税费——应交个人所得税　2

B借：应付职工薪酬——工会经费和职工教育经费（工会经费）　2.5
　　贷：银行存款　2.5

C.借：应付职工薪酬——工会经费和职工教育经费（职工教育经费）　9.6
　　贷：银行存款　9.6

D.借：管理费用　9.6
　　贷：应付职工薪酬——工会经费和职工教育经费（职工教育经费）　9.6

（2）根据资料（1）至（7），下列各项属于职工薪酬的是（　　）。

A.代职工家属垫付医药费　B.外购商品用于职工福利

C.自产产品用于职工福利　D.设定提存计划

（3）根据资料（4）和（5），下列各项会计处理正确的是（　　）。

A.借：应付职工薪酬——非货币性福利　11.3
　　贷：应付票据　11.3

B.借：生产成本　11.3
　　贷：应付职工薪酬——非货币性福利　11.3

C.借：管理费用　30
　　贷：应付职工薪酬——非货币性福利　30

D.借：应付职工薪酬——非货币性福利　30
　　贷：库存商品　30

（4）华强股份有限公司12月31日“应付职工薪酬”科目的贷方余额为（　　）万元。

A.275.74　B.272.8　C.337.71　D.253.74

（5）下列各项关于“职工薪酬”的表述不正确的是（　　）。

A.公司支付的工资、职工福利费及社会保险费属于短期薪酬

B.公司计提的设定受益计划属于离职后福利

C.公司以外购商品作为职工福利的，应当以外购商品的实际成本与增值税进项税额之和作为应付职工薪酬的确认金额

D.企业将自有资产无偿提供给企业职工使用属于非货币性职工福利

4.某棉纺企业为增值税一般纳税人，适用的增值税税率为13%，2020年12月该企业发生有关交易或事项如下：

（1）5日，计提供专设销售机构职工免费使用的10辆小汽车的折旧，每辆小汽车每月折旧费为1 000元。

（2）14日，以自产的毛巾作为非货币性福利发放给生产工人，该批毛巾的市场售价总额为80 000元（不含增值税），成本总额为55 000元。

（3）31日，预计由于职工累积未使用的带薪休假权利而导致的支付金额为15 000元。假定该企业实行累积带薪缺勤制度，使用范围仅限于中层以上管理人员。

（4）31日，除上述职工薪酬外，本月确认的工资如下：生产车间人员工资750 000元，车间管理人员工资400 000元，行政管理人员工资125 000元，销售人员工资150 000元。该企业职工基本医疗保险费和基本养老保险费计提的比例分别为工资总额的10%和12%。

要求：根据上述资料，不考虑其他因素，回答下列各小题。

（1）根据资料（1），对小汽车计提折旧的账务处理正确的是（　　）。

A.借：管理费用　　10 000
　　贷：累计折旧　　10 000

B.借：销售费用　　10 000
　　贷：应付职工薪酬——非货币性福利　　10 000

C.借：应付职工薪酬——非货币性福利　　10 000
　　贷：累计折旧　　10 000

D.借：管理费用　　10 000
　　贷：应付职工薪酬——非货币性福利　　10 000

（2）根据资料（2），下列各项，该企业关于职工非货币性福利的处理正确的是（　　）。

A.主营业务收入增加80 000元　　B.生产成本增加92 800元

C.主营业务成本增加55 000元　　D.库存商品减少80 000元

（3）根据资料（2）至（4），下列各项，该企业关于“应付职工薪酬”的处理结果正确的是（　　）。

A.确认“应付职工薪酬——非货币性福利”90 400元

B.确认“应付职工薪酬——社会保险费”313 500元

C.确认“应付职工薪酬——设定提存计划”171 000元

D.确认“应付职工薪酬——累积带薪缺勤”15 000元

（4）根据资料（4），判断下列正确的是（　　）。

A.生产成本确认金额165 000元　　B.制造费用确认金额488 000元

C.管理费用确认金额152 500元　　D.销售费用确认金额183 000元

5.甲企业为增值税一般纳税人，适用的增值税税率为13%。发出商品成本按月末一

次加权平均法计算确定，原材料采用计划成本法核算。2020年12月，该企业发生如下经济业务：

（1）1日，库存商品结存数量为1 000件，单位生产成本为21元；本月生产完工验收入库商品2 000件，单位生产成本为24元；本月发出商品2 800件，其中2 000件符合收入确认条件并已确认收入，其余部分未满足收入确认条件。

（2）15日，将仓库积压的一批原材料出售，开具的增值税专用发票上注明的售价为20 000元，增值税税额为2 600元，款项已存入银行。该批原材料的计划成本为18 000元，材料成本差异率为-2%。

（3）20日，将自产的空气净化器作为福利发放给专设销售机构的30名职工，每人1台，每台不含增值税的市场售价为15 000元，生产成本为10 000元。

（4）31日，确认劳务收入，本月月初与乙企业签订一项安装工程合同，合同总价款为160 000元，合同签订时预收劳务款50 000元，至月末，累计发生劳务支出60 000元，工程尚未完工，预计至完工还需要发生劳务支出40 000元，当年年末，乙企业发生财务困难，余款能否支付难以确定。

要求：根据上述资料，不考虑其他因素，回答下列各小题。

（1）根据资料（1），甲企业会计处理结果正确的是（　　）。

A.月末结转的商品销售成本为64 400元

B.本月发出商品的单位成本为23元

C.本月发出商品的单位成本为21元

D.月末结转的商品销售成本为46 000元

（2）根据资料（2），甲企业应结转的原材料实际成本是（　　）元。

A.18 000　　B.17 640　　C.18 360　　D.20 000

（3）根据资料（3），甲企业会计处理正确的是（　　）。

A.确认空气净化器产品作为福利时：

借：销售费用　358 500

　贷：应付职工薪酬——非货币性福利　358 500

B.发放空气净化器产品时：

借：应付职工薪酬——非货币性福利　358 500

　贷：库存商品　300 000

　　应交税费——应交增值税（销项税额）　58 500

C.发放空气净化器产品时：

借：应付职工薪酬——非货币性福利　508 500

　贷：主营业务收入　450 000

　　应交税费——应交增值税（销项税额）　58 500

借：主营业务成本　300 000

　贷：库存商品　300 000

D.确认空气净化器产品作为福利时：

借：销售费用　508 500

贷：应付职工薪酬——非货币性福利　508 500

（4）根据资料（4），甲企业安装工程业务的会计处理正确的是（　　）。

A.结转劳务成本60 000元　B.确认劳务收入50 000元

C.确认劳务收入96 000元　D.结转劳务成本31 250元

任务四　应交税费核算

一、单项选择题（每题只有一个正确选项，请将正确选项填在括号内）

1.增值税一般纳税人提供适用简易计税方法的应税服务，发生视同提供应税服务应缴纳的增值税税额，借记“营业外支出”等科目，应贷记的科目是（　　）。

A.“应交税费——应交增值税”　B.“应交税费——已交增值税”

C.“应交税费——待抵扣进项税额”　D.“应交税费——未交增值税”

2.企业销售商品时发生的增值税应通过（　　）科目进行核算。

A.“应交税费——应交增值税（销项税额）”

B.“应交税费——应交增值税（进项税额）”

C.“应交税费——应交增值税（已交税金）”

D.“应交税费——应交增值税（进项税额转出）”

3.某企业用银行存款缴纳本月增值税5 600元，则该企业应该做的会计处理是（　　）。

A.借：应交税费——应交增值税（进项税额）　5 600

　贷：银行存款　5 600

B.借：应交税费——应交增值税（进项税额转出）　5 600

　贷：银行存款　5 600

C.借：应交税费——应交增值税（已交税金）　5 600

　贷：银行存款　5 600

D.借：应交税费——应交增值税（已交税金）　5 600

　贷：库存现金　5 600

4.A公司建造办公楼领用外购原材料10 000元，原材料购入时支付的增值税税额为1 300元；因火灾毁损一批原材料，其实际成本为20 000元，经确认损失材料的增值税税额为2 600元。A公司记入“应交税费——应交增值税（进项税额转出）”科目的金额为（　　）元。

A.520　B.780　C.1 300　D.3 900

5.甲企业销售A产品，每件500元，若客户购买100件（含100件）以上可得到10%的商业折扣。乙公司于2020年7月10日向甲企业购买A产品200件，款项尚未支付，按规定，现金折扣条件为“2/10，1/20，n/30”（假定不考虑增值税）。甲企业于7月28日收到该笔款项。甲企业该项业务应确认的增值税税额为（　　）元。

A.13 000　B.11 700　C.11 466　D.12 870

6.山河股份有限公司为增值税一般纳税人，2020年8月2日购入一批产品，货款为1 000万元（不含税），增值税税率为13%，运费为20万元，保险费为50万元，山河股份有限公司应交税费中增值税进项税额应为（　　）万元。

A.131.69　　B.133.4　　C.138.5　　D.141.9

二、多项选择题（每题有两个或两个以上的正确选项，请将正确选项填在括号内）

1.2020年5月14日，山河股份有限公司购进的一批原材料已验收入库，但尚未收到增值税扣税凭证，款项也未支付。随货同行的材料清单列明的原材料销售价格为260 000元，估计未来可抵扣的增值税为33 800元。6月10日，取得相关增值税专用发票，注明的价款为260 000元，增值税税额为33 800元，增值税专用发票已认证。全部款项以银行存款支付，则下列处理中正确的有（　　）。

A.5月14日：

借：原材料　　260 000
　　应交税费——待认证进项税额　　33 800
　　贷：应付账款　　293 800

B.5月14日：

借：原材料　　260 000
　　应交税费——应交增值税（进项税额）　　33 800
　　贷：应付账款　　293 800

C.6月10日：

借：应付账款　　293 800
　　应交税费——应交增值税（进项税额）　　33 800
　　贷：应交税费——待认证进项税额　　33 800
　　　　银行存款　　293 800

D.6月10日：无账务处理

2.山河股份有限公司为增值税一般纳税人，适用的增值税税率为13%。2020年5月，发生如下事项：①10日，库存材料因管理不善发生意外火灾损失，有关增值税专用发票注明的材料成本为20 000元，增值税税额为2 600元。②18日，领用一批外购原材料用于集体福利，该批原材料的成本为60 000元，购入时支付的增值税进项税额为7 800元。下列说法正确的有（　　）。

A.管理不善造成的材料毁损，进项税额应留待继续抵扣

B.转入“待处理财产损溢”科目的金额为22 600元

C.借记“应付职工薪酬”67 800元

D.应记入“应交税费——应交增值税（进项税额转出）”科目的金额为10 400元

3.下列行业中，属于“营改增”应税服务的有（　　）。

A.陆路运输服务　　B.铁路运输服务　　C.航空运输服务　　D.房屋租赁服务

4.下列各项关于消费税的会计处理，正确的有（　　）。

A.企业销售应税消费品应缴纳消费税时，借记“税金及附加”科目，贷记“应交

税费——应交消费税”科目

B.企业销售应税消费品应缴纳消费税时，借记“财务费用”科目，贷记“应交税费——应交消费税”科目

C.企业将生产的应税消费品用于在建工程等非生产机构时，按规定应缴纳的消费税，借记“在建工程”等科目，贷记“应交税费——应交消费税”科目

D.企业将生产的应税消费品用于在建工程等非生产机构时，按规定应缴纳的消费税，借记“固定资产”等科目，贷记“应交税费——应交消费税”科目

5.企业缴纳的下列税费，应通过“应交税费”科目核算的有（ ）。

A.教育费附加 B.印花税 C.耕地占用税 D.土地增值税

6.增值税一般纳税企业应交增值税明细账应该设置的专栏有（ ）。

A.销项税额 B.进项税额 C.出口退税 D.进项税额转出

三、判断题（正确的在括号内打“√”，错误的打“×”）

（ ）1.增值税一般纳税人购进货物、接受应税劳务或应税行为，用于简易计税方法计税项目、免征增值税项目、集体福利或个人消费等，其进项税额不得从销项税额中抵扣的，应将进项税额计入相关资产成本或当期损益。

（ ）2.乙企业购进的材料已到达并验收入库，但尚未收到增值税扣税凭证，相关处理如下：按应计入相关成本费用的金额，借记“原材料”科目，按未来可抵扣的增值税税额，借记“应交税费——待认证进项税额”科目，按应付金额，贷记“应付账款”科目。待取得相关增值税扣税凭证并经认证后，借记“应付账款”“应交税费——应交增值税（进项税额）”科目，贷记“应交税费——待认证进项税额”“银行存款”科目。

（ ）3.企业转让的土地使用权连同地上建筑物及其附着物一并在“固定资产”科目核算的，转让时应缴纳的土地增值税，借记“税金及附加”科目，贷记“应交税费——应交土地增值税”科目。

（ ）4.企业以自产的产品对外捐赠，由于会计核算时不作销售处理，因此不需缴纳增值税。

（ ）5.公司向职工发放自产产品作为福利，同时要根据相关税收规定，视同销售计算增值税销项税额。

（ ）6.印花税的处理通过“应交税费”科目核算。

四、案例分析题

山河股份有限公司为增值税一般纳税人，材料按实际成本核算，存货适用的增值税税率为13%，2020年8月发生下列经济业务：

（1）8月1日，建造仓库领用自产产品6万元，该批产品的计税价格为8万元。

（2）8月3日，购入一批原材料，增值税专用发票上注明的材料价款为300万元（不含增值税），增值税税额为39万元。货款已付，材料已验收入库。

（3）8月9日，出售一项无形资产，价税合计53万元，已存入银行，该项无形资产的账面余额为60万元，已累计摊销40万元，适用的增值税税率为6%。

（4）8月13日，购入一栋办公楼，价款为3 000万元，增值税税额为270万元，款项已由银行支付。

（5）8月16日，出售一台机器，该机器原价为100万元，已提折旧40万元，出售价款为120万元（不含增值税），增值税销项税额为15.6万元，收到款项135.6万元，已存入银行。

（6）8月18日，销售产品一批，销售收入为200万元（不含税），货款尚未收到，该批产品成本为170万元。

（7）8月20日，销售应交增值税的一批产品给小规模纳税企业，收取款项（价税合计）为56.5万元，已存入银行，该批产品成本为30万元。

（8）8月25日，购入一批免税农产品作为原材料，价款100万元，规定的扣除率为9%，货物尚未到达，货款已用银行存款支付。

要求：根据上述资料，不考虑其他因素，回答下列各小题（答案中金额单位用万元表示）。

（1）根据资料（1），下列说法中不正确的是（　　）。

A.建造仓库领用自产产品应确认增值税销项税额

B.建造仓库领用自产产品应确认销售收入

C.建造仓库领用自产产品应将产品成本和增值税销项税额转入在建工程

D.建造仓库领用自产产品应将产品售价和增值税销项税额转入在建工程

（2）根据资料（2）至（4），下列各项，会计处理正确的是（　　）。

A.8月3日：

借：原材料　300

　应交税费——应交增值税（进项税额）　39

　贷：银行存款　339

B.8月9日：

借：银行存款　53

　累计摊销　40

　贷：无形资产　60

　　应交税费——应交增值税（销项税额）　3

　　营业外收入　30

C.8月13日：

借：税金及附加　3

　贷：应交税费——应交增值税（销项税额）　3

借：银行存款　50

　累计摊销　40

　贷：无形资产　60

　　营业外收入　30

D.8月13日：

借：固定资产　3 000

借：应交税费——应交增值税（进项税额） 270

贷：银行存款 3 270

（3）根据资料（5），下列说法正确的是（　　）。

A.出售固定资产收取的增值税销项税额不影响当期损益

B.出售固定资产收取的增值税销项税额影响营业外收支

C.出售固定资产不属于日常活动

D.出售固定资产净收益计入营业外收入

（4）根据资料（6）至（8），下列各项，会计处理正确的是（　　）。

A.8月18日：

借：应收账款 226

贷：主营业务收入 200

应交税费——应交增值税（销项税额） 26

借：主营业务成本 170

贷：库存商品 170

B.8月20日：

借：银行存款 56.5

贷：主营业务收入 50

应交税费——应交增值税（销项税额） 6.5

借：主营业务成本 30

贷：库存商品 30

C.8月20日：

借：银行存款 56.5

贷：主营业务收入 56.5

借：主营业务成本 30

贷：库存商品 30

D.8月25日：

借：在途物资 91

应交税费——应交增值税（进项税额） 9

贷：银行存款 100

（5）根据资料（1）至（8），下列各项关于山河股份有限公司增值税的表述，正确的有（　　）。

A.进项税额合计为309万元　　B.销项税额合计为60.1万元

C.进项税额合计为347万元　　D.销项税额合计为71万元

项目九

非流动负债核算

任务一　长期借款核算

一、单项选择题（每题只有一个正确选项，请将正确选项填在括号内）

1. 下列各项对长期借款利息费用的会计处理，错误的是（　　）。

A. 筹建期间的借款利息计入管理费用

B. 筹建期间的借款利息计入长期待摊费用

C. 日常生产经营活动的借款利息计入财务费用

D. 符合资本化条件的借款利息计入相关资产成本

2.2018年4月1日从银行借入期限为3年的长期借款400万元，编制2020年12月31日资产负债表时，此项借款应填入报表的项目是（　　）。

A. “短期借款”　　B. “长期借款”

C. “其他非流动负债”　　D. “一年内到期的非流动负债”

3. 某企业2020年7月1日取得期限为5年的到期一次还本付息长期借款800 000元，年利率为7%。2021年12月31日，该长期借款的账面价值为（　　）元。

A.884 000　　B.856 000　　C.828 000　　D.800 000

4. 甲公司于2021年1月1日向B银行借款1 000 000元，为期3年，一次还本付息，合同利率为3%，实际利率为4%，为取得借款发生手续费27 747元，2021年年末“长期借款”科目余额为（　　）元。

A.1 011 143.12　　B.1 002 253　　C.981 143.12　　D.972 253

5. 下列各项，属于非流动负债的是（　　）。

A. 短期借款　　B. 长期应付款　　C. 预付账款　　D. 应付票据

6. 一年内将要到期的应付债券在报表中填列时，应列示在（　　）项下。

A. “应付债券”　　B. “长期借款”

C. “长期应付款”　　D. “一年内到期的非流动负债”

二、多项选择题（每题有两个或两个以上的正确选项，请将正确选项填在括号内）

1. 下列各项，关于长期借款利息费用的会计处理表述正确的有（　　）。

A. 企业筹建期间发生的不符合资本化条件的利息费用计入管理费用

B. 实际利率与合同利率差异较大的，采用合同利率计算确定利息费用

C. 经营期间建造固定资产发生的符合资本化条件的利息费用计入在建工程

D. 经营期间在建工程达到预定可使用状态后发生的利息费用计入财务费用

2. 下列各项关于长期借款利息的核算，判断正确的有（　　）。

A. 分期付息的长期借款，利息记入“应付利息”科目

B. 分期付息的长期借款，利息记入“长期借款——应计利息”科目

C. 到期一次还本付息的长期借款，利息记入“长期借款——应计利息”科目

D.到期一次还本付息的长期借款，利息记入“应付利息”科目

3.企业在发生长期借款利息的情况下，借方可能涉及的科目有（　　）。

A.“在建工程”　　B.“销售费用”　　C.“管理费用”　　D.“财务费用”

4.下列各项关于长期借款利息的表述正确的有（　　）。

A.到期一次还本付息的长期借款计提的利息应增加长期借款的账面余额

B.分次付息的长期借款计提的利息应增加应付利息的账面余额

C.支付的利息符合资本化条件的应计入相关资产成本

D.支付的利息不符合资本化条件的应计入管理费用

5.从投资者角度来看，与增加投入资本相比，举借非流动负债的优点有（　　）。

A.可以维持原资本（或股权）结构，保持投资者控制企业的权利

B.可以起到抵税的作用

C.可以增加投资者的净收益

D.可以降低企业的财务风险

6.下列各项关于长期借款利息费用的表述正确的有（　　）。

A.企业取得长期借款的利息费用属于筹建期间的应计入管理费用

B.分次付息到期还本的长期借款每次计提的利息应计入应付利息

C.取得长期借款用于不动产建设，其利息费用在满足资本化条件时应计入工程成本

D.企业为生产产品借款的利息费用应计入产品成本

三、判断题（正确的在括号内打“√”，错误的打“×”）

（　　）1.企业的借款通常按照其流动性或偿还时间的长短，划分为短期借款和长期借款。

（　　）2.“长期借款”账户的月末余额，反映企业尚未支付的各种长期借款的本金。

（　　）3.企业在计算长期借款利息时，应按照合同利率确认应该支付的利息。

（　　）4.企业借入的分次付息到期还本的长期借款，对于核算的应支付利息，增加长期借款的账面价值。

（　　）5.在实务中，非流动负债与流动负债的计量截然不同，需要考虑货币时间价值。

（　　）6.在资产负债表日，企业应按长期借款的摊余成本和实际利率计算确定利息费用。

四、案例分析题

1.明华股份有限公司为增值税一般纳税人，适用的增值税税率为13%。

（1）2021年6月1日，明华股份有限公司准备新建一条生产线，经评估预计需投资8 000万元。明华股份有限公司自有可使用的流动资金为5 000万元，剩余3 000万元需进行筹集。

（2）2021年6月2日，明华股份有限公司从工商银行取得贷款3 000万元，贷款年利率为7%，贷款期限为3年，利息每季度支付，到期归还本金。同日，生产线开始建造。

（3）2021年6月15日，明华股份有限公司购入一批工程物资，取得货款增值税专用发票，注明的价款为5 200万元，增值税税额为676万元。当日工程物资全部被领用。

（4）2021年6月8日，以银行存款支付工程款200万元。

（5）2021年7月1日，领用公司自产的一批A产品，用于工程建设，该批A产品的成本为500万元，市场售价为750万元。

（6）2021年10月9日，领用一批外购的原材料，取得增值税专用发票，注明的价款为200万元，增值税税额为26万元，该批原材料目前市场售价为220万元。截至2021年12月31日，生产线工程尚未完工。

（7）2022年1月30日，生产线工程经过检测达到预定可使用状态，于3月3日正式投入使用，4月15日，办理竣工决算。

要求：根据上述资料，回答下列各小题。（假定在建工程建造期间的借款利息支出均满足资本化条件）（答案中金额单位为万元）

（1）明华股份有限公司向银行借款时应编制的会计分录是（　　）。

A.借：银行存款　　3 000
　　贷：短期借款　　3 000

B.借：银行存款　　3 000
　　贷：长期借款——本金　　3 000

C.借：银行存款　　3 000
　　贷：长期应付款　　3 000

D.借：银行存款　　3 000
　　贷：其他应付款　　3 000

（2）下列各项有关银行贷款利息的计算及会计处理的表述正确的是（　　）。

A.第二季度的利息资本化金额为52.5万元

B.第二季度的利息支出应当计入在建工程

C.计提利息费用时应增加"长期借款——应计利息"科目余额

D.计提利息费用时应增加"应付利息"科目余额

（3）下列各项关于工程领用自产产品及外购原材料的会计处理正确的是（　　）。

A.借：在建工程　　500
　　贷：库存商品　　500

B.借：在建工程　　597.5
　　贷：库存商品　　500
　　　　应交税费——应交增值税（销项税额）　　97.5

C.借：在建工程　　200
　　贷：原材料　　200

D.借：在建工程　　226

贷：原材料 200

应交税费——应交增值税（进项税额转出） 26

（4）下列各项关于生产线工程结转固定资产的表述正确的是（　　）。

A.明华股份有限公司应于2022年1月30日将在建工程结转至固定资产

B.明华股份有限公司应于2022年4月15日将在建工程结转至固定资产

C.固定资产的入账金额为6 257.5万元

D.固定资产的入账金额为6 240万元

（5）工程达到预定可使用状态时将在建工程结转至固定资产，未到期的长期借款利息计提分录表述正确的是（　　）。

A.借：财务费用

贷：长期借款——应计利息

B.借：在建工程

贷：长期借款——应计利息

C.借：长期借款——本金

贷：长期借款——应计利息

D.借：财务费用

贷：应付利息

2.某企业2020年发生的长期借款和仓库建造业务如下：

（1）2020年1月1日，为建造一幢仓库从银行取得长期借款800万元，期限为3年，合同年利率为6%（合同利率等于实际利率），不计复利，每年年末计提并支付利息一次，到期一次还本。

（2）2020年1月1日，企业开始建造仓库，当日用该借款购买工程物资500万元（不考虑增值税），全部用于工程建设，同时支付工程款300万元。

（3）2020年12月31日，仓库工程完工并验收合格，达到预定可使用状态。仓库达到预定可使用状态前发生的借款利息全部予以资本化。该仓库预计使用年限为20年，预计净残值为8万元，采用年限平均法计提折旧。假定未发生其他建造支出。

要求：

（1）编制取得长期借款的会计分录。

（2）编制2020年12月31日计提长期借款利息的会计分录。

（3）计算仓库完工交付使用时的入账价值。

（4）编制结转仓库成本的会计分录。

（5）编制2021年12月31日计提长期借款利息的会计分录。

3.为适应市场需求和扩大产能，2020年12月，明华公司拟淘汰一条旧生产线，同时购入并建造两条新生产线，经测算，需资金500万元。明华公司决定采取两种方式筹措资金：一是于2021年1月1日向银行借入3年期长期借款200万元，年利率8%，用于改造扩建生产线，该生产线于同年年初开始改扩建，并于2021年6月完工，达到预定可使用状态；二是向财务租赁公司租入一条新生产线，用于新产品的生产，租赁期10年，按年支付租金30万元，租赁期满，明华公司可选择购买该生产线。

要求：根据上述资料，回答下列各小题。

（1）明华公司向银行借入3年期借款，属于（　）。

A.短期借款　B.长期应付款　C.长期借款　D.应付债券

（2）明华公司借入的3年期借款，在改扩建生产线达到预定可使用状态前后，其所发生的借款利息应分别计入（　　）。

A.在建工程成本　B.固定资产成本　C.管理费用　D.财务费用

（3）明华公司向财务租赁公司租入生产线，属于（　　）业务。

A.经营租赁　B.融资租赁　C.自行购建　D.以上都不是

（4）明华公司举借非流动负债的目的是（　　）。

A.解决短期经营资金的不足　B.解决长期资金的不足

C.调整资本结构，规避财务风险　D.减轻企业财务负担

任务二　应付债券核算

一、单项选择题（每题只有一个正确选项，请将正确选项填在括号内）

1.2020年7月1日，某公司按面值发行5年期到期一次还本付息的公司债券，该债券的面值为10万元，票面利率为4%（不计复利）。假定不考虑相关税费，2021年12月31日，该应付债券的账面价值为（　）万元。

A.10.4　B.10.6　C.10.2　D.10

2.2021年7月1日，甲公司为扩大生产按面值发行3年期，到期一次还本付息，票面利率为5%（不计复利）的债券，该债券已于当日全部售出，其面值为1 000万元，票面利率等于实际利率，2021年12月31日，应付债券的账面余额为（　　）万元。

A.1 000　B.975　C.1 050　D.1 025

3.2020年7月1日，某公司按面值发行总额6 000万元，5年期，票面年利率5%，到期一次还本付息的债券，2021年12月31日，该债券的账面金额为（　　）万元。

A.6 150　B.6 600　C.6 000　D.6 450

4.某企业发行分次付息，到期一次还本的债券，按其票面利率计算确定的应付未付利息，应该记入的科目是（　　）。

A.“应付债券——应计利息”　B.“应付利息”

C.“应付债券——利息调整”　D.“应付债券——面值”

5.明华股份有限公司2021年7月1日按面值发行5年期债券300万元。该债券到期一次还本付息，票面利率4%，实际利率也是4%。明华股份有限公司2021年应确认的财务费用为（　）万元。

A.0　B.6　C.5　D.25

6.2021年7月1日，甲股份有限公司同意其可转换公司债券持有人将其持有的6 000万元甲公司可转换公司债券转换为300万股普通股（每股面值1元）。该可转换公司债券

系2020年7月1日按面值发行的3年期，到期一次还本付息的债券，面值总额为6 000万元，票面利率为10%（假定不考虑可转换公司债券的分拆）。甲公司对此可转换公司债券转换时，应确认的“资本公积——股本溢价”的金额为（　　）万元。

A.6 600　　B.6 300　　C.6 000　　D.5 700

二、多项选择题（每题有两个或两个以上的正确选项，请将正确选项填在括号内）

1.企业的下列筹资方式，属于非流动负债的包括（　　）。

A.发行3年期公司债券　　B.发行9个月的公司债券

C.向银行借入2年期的借款　　D.融资租入固定资产的融资租赁费

2.企业发行的应付债券的利息调整金额，每期摊销时可能记入的账户有（　　）。

A.“在建工程”　　B.“长期待摊费用”

C.“财务费用”　　D.“待摊费用”

3.影响债券发行价格高低的因素有（　　）。

A.票面金额　　B.票面利率　　C.市场利率　　D.期限长短

4.下列各项关于企业发行一般公司债券的会计处理，正确的有（　　）。

A.无论是按面值发行，还是溢价发行或折价发行，均应按债券面值记入“应付债券”科目的“面值”明细科目

B.实际收到的款项与面值的差额，应记入“利息调整”明细科目

C.对于利息调整，企业应在债券存续期间选用实际利率法或直线法进行摊销

D.资产负债表日，企业应按应付债券的面值和实际利率计算确定当期的债券利息费用

5.就发行债券的企业而言，关于所获债券溢价收入实质的表述错误的有（　　）。

A.为以后少付利息而付出的代价　　B.为以后多付利息而得到的补偿

C.本期利息收入　　D.以后期间的利息收入

6.“应付债券”的明细科目有（　　）。

A.“面值”　　B.“应计利息”　　C.“应付利息”　　D.“利息调整”

三、判断题（正确的在括号内打“√”，错误的打“×”）

（　　）1.分次付息债券，计提利息不增加应付债券的账面余额。

（　　）2.一次到期还本付息的债券，计提利息不增加应付债券的账面余额。

（　　）3.企业发行分次付息的债券，实际收到的款项大于债券票面价值的差额采用实际利率法进行摊销时，各期确认的实际利息费用会逐期减少。

（　　）4.企业发行的应付债券的利息，均应通过“应付债券——应计利息”科目核算。

（　　）5.发行债券中如果涉及“应付债券——利息调整”科目，只能发生在贷方。

（　　）6.企业在生产经营期间按面值发行到期一次还本付息的债券，按期计提利息，不可能涉及“长期待摊费用”科目。

四、案例分析题

明华股份有限公司为建造专用生产线发行公司债券筹集资金，该公司为增值税一般纳税企业，适用的增值税税率为13%，有关资料如下：

（1）2020年12月31日，委托证券公司以9 500万元的价格发行3年期分次付息的公司债券，该债券面值为9 500万元，票面利率为4.5%，等于实际年利率。每年付息一次，到期后按面值偿还，不考虑发行债券支付的发行费用。

（2）生产线建造工程采用自营方式，于2021年1月1日开始动工，当日购入需要安装的机器设备，取得增值税专用发票，价款为8 000万元，增值税税额为1 040万元，款项已用银行存款支付；2021年12月31日，所建造的生产线达到预定可使用状态，并支付安装费用100万元。

（3）假定各年度利息的实际支付日期均为下年度的1月10日，2024年1月10日支付2023年度利息，一并偿还面值。

要求：根据上述资料，回答下列各小题。

（1）下列各项关于公司发行债券，说法正确的是（　　）。

A.债券可以平价发行，也可以溢价发行、折价发行

B.债券是一种金融契约，是政府、金融机构、工商企业等直接向社会借债筹措资金时，向投资者发行，同时承诺按一定利率支付利息并按约定条件偿还本金的债权债务凭证

C.债券利息收入属于免税收入

D.债券购买者与发行者之间是一种债权、债务关系，债券发行人即债务人，投资者（或债券持有人）即债权人

（2）关于资料（1）和资料（2），下列说法正确的是（　　）。

A.2020年12月31日应确认的应付债券为9 500万元

B.2021年1月1日购入设备的增值税税额应计入在建工程

C.安装费用应计入当期损益

D.2021年12月31日应确认的债券利息是427.5万元

（3）该生产线的入账价值为（　　）万元。

A.7 100　　B.7 360　　C.8 527.5　　D.8 190

（4）支付利息以及最后还本的分录，正确的是（　　）。

A.2024年1月10日支付利息：

借：应付利息	427.5	
贷：银行存款		427.5

B.2024年1月10日支付利息：

借：应付债券——应计利息	427.5	
贷：银行存款		427.5

C.2024年1月10日付息还本：

借：应付债券——面值	9 500	

借：长期借款——应计利息　　855
　　应付利息　　427.5
　　贷：银行存款　　10 782.5
D.2024年1月10日付息还本：
借：应付债券——面值　　9 500
　　应付利息　　427.5
　　贷：银行存款　　9 927.5

（5）对于自营方式建造，下列说法正确的是（　）。

A.自营是指建设单位自行组织劳动力、筹集材料、配备机具完成施工任务直至竣工验收交付使用的经营方式

B.由建设单位成立临时机构负责施工管理，或由业务机构兼管

C.自营方式下建造的厂房、流水线等，应记入“自营建造工程”

D.自营方式比外包方式建造，利润更高

任务三　长期应付款核算

一、单项选择题（每题只有一个正确选项，请将正确选项填在括号内）

1.明华股份有限公司于2020年12月31日融资租入甲公司的一条生产线，合同约定2年内付清800万元的租赁费。该生产线于2020年12月达到预定可使用状态，入账成本为600万元，预计使用年限为10年，预计净残值为10万元，采用直线法计提折旧。2021年年末，关于该生产线计提折旧的说法中，正确的是（　　）。

A.明华股份有限公司计提折旧59万元

B.甲公司计提折旧59万元

C.明华股份有限公司计提折旧54.08万元

D.甲公司计提折旧54.08万元

2.明华股份有限公司融资租入一台大型机器设备，租赁期开始日机器设备的公允价值为3 000万元，最低租赁付款额为4 200万元，最低租赁付款额现值为3 120万元，承租人发生的初始直接费用为60万元。下列会计处理中，正确的是（　　）。

A.机器设备的入账价值为3 170万元

B.记入“未确认融资费用”1 200万元

C.记入“长期应付款”3 120万元

D.记入“银行存款”100万元

3.下列各项说法不正确的是（　　）。

A.坏账准备影响应收账款的账面价值

B.未确认融资费用不影响长期应付款的账面价值

C.存货跌价准备影响存货账面价值

D.固定资产减值准备影响固定资产账面价值

4.“长期应付款”科目主要核算的内容是（ ）。

A.应付补偿贸易引进设备款

B.长期应付货款

C.应付融资租赁款

D.从非金融机构借入的期限在1年以上的借款

5.明华股份有限公司融资租入一台生产用大型机器设备，租赁期开始日机器设备的公允价值为5 000万元，最低租赁付款额现值为4 300万元，承租人发生的初始直接费用为300万元。承租人于租赁期开始日的融资租入的机器设备的入账价值为（ ）万元。

A.4 850　　B.4 600　　C.5 050　　D.4 800

6.下列各项固定资产，不应计提折旧的是（ ）。

A.融资租入的固定资产　　B.经营租入的固定资产

C.季节性停用的固定资产　　D.未使用的机器设备

二、多项选择题（每题有两个或两个以上的正确选项，请将正确选项填在括号内）

1.下列各项，应该通过“长期应付款”科目核算的有（ ）。

A.从银行借入的5年期贷款

B.应付融资租入固定资产的租赁费

C.应付经营租入固定资产的更新改造费用

D.以分期付款方式购入固定资产发生的应付款项

2.下列各项，应通过“长期应付款”科目核算的有（ ）。

A.超过正常信用条件，实际上具有融资性质的超期支付的应付款项

B.应付融资租入固定资产的租赁费

C.计提到期一次还本付息的长期借款利息

D.应付职工长期带薪缺勤

3.下列各项，应计入长期应付款的有（ ）。

A.应付融资租入固定资产的租赁费

B.因债权人单位撤销而长期无法支付的应付账款

C.具有融资性质的分期付款方式购入固定资产的应付款项

D.应付租入包装物租金

4.下列各项应通过“长期应付款”科目核算的经济业务有（ ）。

A.以分期付款方式购入固定资产发生的应付款项

B.以分期付款方式购入无形资产发生的应付款项

C.应付经营租入固定资产的租赁费

D.应付融资租入固定资产的租赁费

5.下列各项属于长期应付款核算内容的有（ ）。

A.应付融资租入固定资产的租赁费

B.以分期付款方式购入固定资产发生的应付款项

C.应付职工薪酬

D.应付经营租赁租金

三、判断题（正确的在括号内打“√”，错误的打“×”）

（　）1.租赁合同利率，是指在租赁期开始日，使最低租赁收款额的现值与未担保余值的现值之和等于租赁资产公允价值与出租人的初始直接费用之和的折现率。

（　）2.对以经营租赁方式租入的生产线进行改良，应付的企业内部改良工程人员工资，应借记的会计科目是“在建工程”。

（　）3.“未确认融资费用”属于资产类账户。

（　）4.企业在计算最低租赁付款额的现值时，能够取得出租人租赁内含利率的，应当将租赁内含利率作为折现率。

（　）5.资产负债表中的“长期应付款”项目直接按照“长期应付款”科目的期末余额填列。

项目十

所有者权益核算

任务一 实收资本核算

一、单项选择题（每题只有一个正确选项，请将正确选项填在括号内）

1.某上市公司公开发行普通股1 000万股，每股面值1元，每股发行价格为5元，支付券商发行费用120万元。该公司发行普通股计入股本的金额为（　　）万元。

A.1 000　　B.3 880　　C.4 880　　D.5 000

2.甲、乙公司均为增值税一般纳税人，适用的增值税税率为13%，甲公司接受乙公司投资转入的一批原材料，账面价值为100 000元，投资协议约定价值为120 000元，假定投资协议约定的价值与公允价值相符，该项投资没有产生资本溢价。甲公司实收资本应增加（　　）元。

A.100 000　　B.113 000　　C.120 000　　D.135 600

3.甲股份有限公司委托乙证券公司发行普通股，股票面值总额为4 000万元，发行总额为16 000万元，发行费按发行总额的2%计算（不考虑其他因素），股票发行净收入全部收到。甲股份有限公司该笔业务记入“资本公积”科目的金额为（　　）万元。

A.4 000　　B.11 680　　C.11 760　　D.12 000

4.某股份有限公司采用溢价发行股票方式筹集资本，其“股本”科目所登记的金额是（　　）。

A.实际收到的款项

B.股票面值与发行股票总数的乘积

C.发行总收入减去支付给证券商的费用

D.发行总收入加上支付给证券商的费用

5.关于投入资本的核算，下列说法不正确的是（　　）。

A.企业可以用固定资产、股权、土地使用权进行投资

B.投资者投入的外币，按合同约定的汇率折算为人民币入账

C.收到股东以货币资金出资时，若投入的金额超过所占注册资本的比例，超过的部分应计入资本公积

D.境外上市公司以及在境内发行外资股的公司，交易日即期汇率折算的人民币金额与按人民币计算的股票面值总额的差额，应作为资本公积处理

6.甲股份有限公司委托证券公司发行股票1 000万股，每股面值1元，每股发行价格为8元，向证券公司支付佣金500万元。该公司应记入“股本”科目的金额为（　　）万元。

A.7 500　　B.1 000　　C.8 000　　D.6 500

二、多项选择题（每题有两个或两个以上的正确选项，请将正确选项填在括号内）

1.企业减少实收资本应按法定程序报经批准，一般发生在企业（　　）而需要减资

的情况下。

A.资本过剩　　B.发生重大亏损　　C.投资者要求　　D.盈利

2.甲公司为增值税一般纳税人，2020年6月，收到乙公司投入的一台设备，合同约定设备的价款为120万元（假定为公允价值），取得的增值税专用发票上注明增值税为15.6万元。甲公司收到乙公司投资后注册资金为1 000万元，乙公司占10%的股权。下列会计处理正确的有（　　）。

A.实收资本入账金额为100万元　　B.接受投资产生的溢价为20万元

C.实收资本增加120万元　　D.准予抵扣的进项税额为15.6万元

3.下列各项，会导致企业实收资本增加的有（　　）。

A.以资本公积转增资本　　B.接受投资者追加投资

C.以盈余公积转增资本　　D.接受非流动资产捐赠

4.企业吸收投资者投资时，下列会计科目的余额可能发生变化的有（　　）。

A.“盈余公积”　　B.“资本公积”

C.“实收资本”　　D.“利润分配”

5.A有限责任公司收到B企业出资的机器设备，该设备的原价为100万元，已提折旧为60万元，投资合同约定该设备价值为50万元（与公允价值相同且不考虑增值税），占注册资本40万元，不考虑其他因素，则关于A有限责任公司会计处理的表述正确的有（　　）。

A.A公司固定资产的入账价值为40万元

B.A公司固定资产的入账价值为50万元

C.A公司应当确认的资本公积为10万元

D.A公司应当确认的资本公积为20万元

6.企业实收资本或股本增加的途径有（　　）。

A.接受固定资产捐赠　　B.经批准用盈余公积转增

C.发放股票股利　　D.经批准用资本公积转增

三、判断题（正确的在括号内打“√”，错误的打“×”）

（　　）1.企业清算时应先返还企业的所有者权益，再清偿企业的负债。

（　　）2.企业以非现金资产投入的，应以合同约定价值入账，不公允的除外。

（　　）3.所有者权益是指企业资产扣除负债后由所有者享有的剩余权益，公司所有者权益又称股东权益。

（　　）4.企业接受投资者作价投入的材料物资时，当投资合同约定的价值与公允价值不相等时，应按投资合同约定的价值确定材料物资的价值和在注册资本中应享有份额。

（　　）5.企业转让库存股，应按实际收到的金额，借记“银行存款”等科目，按转让库存股的账面余额，贷记“库存股”科目，按其差额，借记或贷记“投资收益”科目。

（　　）6.企业接受投资者以原材料投资，其增值税税额不能计入实收资本。

四、案例分析题

1.甲上市公司2019—2020年发生与其股票有关的业务如下：

（1）2019年1月4日，经股东大会决议，并报有关部门核准，增发普通股40 000万股，每股面值1元，每股发行价格5元，款项已全部收到并存入银行。假定不考虑相关税费。

（2）2019年6月20日，经股东大会决议，并报有关部门核准，以资本公积4 000万元转增股本。

（3）2020年6月20日，经股东大会决议，并报有关部门核准，以银行存款回购本公司股票100万股，每股回购价格为3元。

（4）2020年6月26日，经股东大会决议，并报有关部门核准，将回购的本公司股票100万股注销。

2021—2022年发生与其股票有关的业务如下：

（1）2021年3月5日，经股东大会决议，并报有关部门核准，增发普通股50 000万股，每股面值为1元，每股发行价格为4元，按发行收入的3%支付手续费，款项已全部收到并存入银行。假定不考虑相关税费。

（2）2021年5月30日，经股东大会决议，并报有关部门核准，以盈余公积3 500万元转增股本。

（3）2022年6月30日，经股东大会决议，并报有关部门核准，以银行存款回购本公司股票150万股，每股回购价格为0.8元。

（4）2022年7月20日，经股东大会决议，并报有关部门核准，将回购的本公司股票150万股注销。

要求：根据上述资料，不考虑其他因素，回答下列各小题（会计分录单位为万元）。

（1）关于2019—2020年的业务（2）和业务（3），下列会计处理错误的是（　　）。

A.用资本公积转增资本：

借：资本公积　　4 000

　　贷：股本　　4 000

B.用资本公积转增资本：

借：资本公积　　4 000

　　贷：实收资本　　4 000

C.回购股份：

借：库存股　　300

　　贷：银行存款　　300

D.回购股份：

借：股本　　300

　　贷：库存股　　300

（2）2020年6月26日，注销股票的下列处理，正确的是（　　）。

A.借：股本　　300

　　贷：库存股　　300

B.借：库存股　　300

　　贷：股本　　300

C.借：股本　　100

　　营业外支出　　200

　　贷：库存股　　300

D.借：股本　　100

　　资本公积　　200

　　贷：库存股　　300

（3）2021年3月5日，关于甲上市公司增发普通股的处理，下列说法不正确的是（　　）。

A.因发行股票使银行存款增加200 000万元

B.因发行股票使银行存款增加194 000万元

C.发行股票的手续费应计入财务费用

D.发行股票的手续费应冲减股本的金额

（4）2021年5月30日，下列关于以盈余公积转增资本的说法正确的是（　　）。

A.“盈余公积”科目增加3 500万元

B.“盈余公积”科目减少3 500万元

C.“股本”科目减少3 500万元

D.“未分配利润”科目增加3 500万元

（5）2022年，关于回购和注销股份的处理，下列分录中正确的是（　　）。

A.借：库存股　　120

　　贷：银行存款　　120

B.借：股本　　120

　　贷：库存股　　120

C.借：股本　　150

　　贷：库存股　　120

　　　　营业外收入　　30

D.借：股本　　150

　　贷：库存股　　120

　　　　资本公积　　30

2.资料一：A有限责任公司吸收甲、乙两个投资者的投资，甲投资者投入一批自产产品，双方确认价值为170万元，公允价值为180万元，税务部门认定的增值税税额为23.4万元，并开具了增值税专用发票。A公司收到该产品后作为库存商品核算。乙投资者投入货币资金9万元和一项固定资产，货币资金已经存入开户银行，该固定资产原账面价值为160万元，预计使用寿命为16年，已计提折旧50万元，计提减值准备10万元，双方确认的价值为90万元（假设是公允的）。假定甲、乙两个投资者投资时均不产生资本公积。两年后，丙投资者向A公司追加投资，其缴付A公司的出资额为200万元，协议约定丙投资者享有的注册资本金额为140万元。

资料二：丁有限责任公司原由投资者M和投资者N共同出资成立，每人出资200 000元，各占50%的份额。经营两年后，投资者M和投资者N决定增加公司资本，此时投资者C要求加入该公司。经有关部门批准后，丁公司实施增资，将实收资本增加到900 000元。经三方协商，并一致同意，完成下述投资后，三方投资者均拥有该公司300 000元实收资本，各占丁公司1/3的份额。各投资者的出资情况如下：

（1）投资者C以银行存款390 000元投入丁公司。

（2）投资者M将一批原材料投入丁公司作为增资，该批材料账面价值为95 000元，合同约定价值为105 000元，税务部门认定的增值税税额为13 650元。投资者M已开具增值税专用发票。

（3）投资者N将一项专利权投入丁公司作为增资，投资合同中约定该专利权价值为125 000元。

假定以上合同约定的价值都是公允的。

要求：根据上述资料，不考虑其他因素，回答下列各小题。

（1）资料一，A公司接受甲投资者投资时应确认的库存商品金额为（　　）万元。

A.203.4　　B.180　　C.193.4　　D.170

（2）资料一，丙投资者追加投资时，A公司的会计处理，不正确的是（　　）。

A.借：银行存款　2 000 000
　　贷：实收资本——丙　2 000 000

B.借：银行存款　2 000 000
　　贷：实收资本——丙　1 400 000
　　　　资本公积——资本溢价　600 000

C.借：银行存款　2 000 000
　　贷：股本——丙　2 000 000

D.借：银行存款　2 000 000
　　贷：股本——丙　1 400 000
　　　　资本公积——股本溢价　600 000

（3）根据资料二，下列关于丁公司的说法不正确的是（　　）。

A.增加资本后，投资者M、N占注册资本的份额不变

B.增加资本后，其资本溢价的金额为133 650元

C.投资者M以原材料投资应确认的进项税额为13 650元

D.因接受投资者M的增资而计入原材料的金额是95 000元

（4）根据资料二，投资者M增资时，产生的资本溢价金额为（　　）元。

A.18 650　　B.0　　C.13 650　　D.8 650

（5）根据资料二，丁公司接受投资者C投资时，应做的会计处理为（　　）。

A.借：银行存款　300 000
　　贷：实收资本——C　300 000

B.借：银行存款　390 000
　　贷：股本——C　200 000

贷：资本公积——股本溢价　　190 000

C.借：银行存款　　390 000

贷：实收资本——C　　390 000

D.借：银行存款　　390 000

贷：实收资本——C　　300 000

资本公积——资本溢价　　90 000

任务二　资本公积及其他综合收益核算

一、单项选择题（每题只有一个正确选项，请将正确选项填在括号内）

1.某企业首次公开发行普通股600万股，每股面值为1元，每股发行价为6元，支付佣金72万元，手续费为18万元，应当计入企业资本公积的金额为（　　）万元。

A.2 910　B.2 928　C.3 000　D.2 982

2.甲股份有限公司委托证券公司发行股票1 000万股，每股面值为1元，每股发行价格为8元，向证券公司支付佣金500万元。该公司应记入“资本公积——股本溢价”科目的金额为（　　）万元。

A.6 450　B.6 500　C.6 550　D.6 600

3.下列各项应记入“资本公积——其他资本公积”科目的是（　　）。

A.权益法核算的长期股权投资被投资单位除净损益、其他综合收益和利润分配以外所有者权益的其他变动

B.其他权益工具投资期末公允价值上升

C.自有资产转换为采用公允价值模式进行后续计量的投资性房地产，转换日自有资产的公允价值大于其账面价值的差额

D.回购股票价格低于其面值的差额

4.某股份制公司委托证券公司代理发行普通股2 000股，每股股价为1元，发行价格每股为4元。证券公司按发行收入的2%收取手续费，该公司这项业务应记入“资本公积”科目的金额为（　　）元。

A.5 840　B.5 880　C.5 960　D.6 000

二、多项选择题（每题有两个或两个以上的正确选项，请将正确选项填在括号内）

1.下列各项，应记入“资本公积”科目贷方的有（　　）。

A.无法支付的应付账款

B.以资本公积转增资本

C.接受投资者以现金投资200万元，其中属于资本溢价的部分是80万元

D.接受投资者投入一批材料，投资双方确认的价值超过该投资者在注册资本中所占的份额

2.下列各项，属于资本公积来源的有（ ）。

A.盈余公积转入　　B.股本溢价

C.资本溢价　　D.从企业实现的净利润中提取

3.下列各项属于资本公积来源的有（ ）。

A.直接计入所有者权益的利得和损失

B.直接计入当期损益的利得和损失

C.所有者投入的超过注册资本所占份额的部分

D.未分配利润

4.下列各项，可能引起资本公积变动的有（ ）。

A.用资本公积转增资本

B.发行股票实际收到的金额超过股本总额（不考虑发行的手续费）

C.接受外部捐赠

D.处置采用权益法核算的长期股权投资

5.下列各项，可能引起资本公积变动的有（ ）。

A.与发行权益性证券直接相关的手续费、佣金等交易费用

B.企业接受投资者投入的资本

C.用资本公积转增资本

D.处置采用权益法核算的长期股权投资

6.下列各项，不会使资本公积发生增减变动的有（ ）。

A.企业实现净利润

B.其他权益工具投资公允价值变动

C.用资本公积转增资本

D.投资者超过注册资本额的投入资本

三、判断题（正确的在括号内打“√”，错误的打“×”）

（ ）1.非公司制企业法定盈余公积的提取比例可超过净利润的10%，法定盈余公积累计额已达注册资本的50%时可以不再提取。

（ ）2.所有的公司都应该设置“实收资本”科目，用来核算投资者投入资本的增减变动情况。

（ ）3.资本公积是企业从历年实现的利润中提取或形成的留存于企业的，来源于企业生产经营活动实现的利润。

（ ）4.股份有限公司发行股票发生的手续费和佣金等费用，先从发行股票的溢价收入中抵销，发行股票的溢价不足冲减或无溢价的，计入财务费用。

（ ）5.企业当年实现的税后利润（或净亏损）加上年初未分配利润（或减去年初未弥补亏损），再加上其他转入等于未分配利润的年末余额。

（ ）6.当资本公积达到注册资本的50%后，应将资本公积转增为注册资本。

四、案例分析题

A有限责任公司2021年发生的有关经济业务如下：

资料一：（1）按照规定办理增资手续后，将资本公积90 000元转增注册资本。该公司原有注册资本为2 910 000元，其中甲、乙、丙三家公司各占1/3。

（2）用盈余公积50 000元弥补以前年度亏损。

（3）从税后利润中提取法定盈余公积153 000元。

（4）接受B公司投资，经投资各方协议，B公司实际出资额中的1 000 000元作为新增注册资本，使投资各方在注册资本总额中均占1/4。B公司以银行存款1 200 000元缴付出资额。

资料二：甲企业是2021年1月1日由投资者A和投资者B共同出资成立的，每人出资600 000元，各占50%的股份。该企业2021年10月31日“资本公积”贷方余额为6 000元。11月份发生如下与资本公积有关的业务（所涉及款项全部以银行存款收支）：

（1）11月1日投资者A和投资者B决定吸收C、D两位新投资者加入甲企业。经有关部门批准后，甲企业实施增资，将实收资本增加到2 400 000元。经四方协商一致同意，完成下述投入后，各占甲企业1/4的股份。投资者C、D的出资情况如下：①投资者C以900 000元投入甲企业作为增资，11月11日收到此款项并存入银行。②投资者D以一台生产用设备投入甲企业作为增资，双方确认的价值为600 000元，税务部门认定应交增值税税额为78 000元，甲企业收到后作为固定资产核算。投资者D已开具增值税专用发票。

（2）甲企业于11月1日取得乙企业30%的股权，作为长期股权投资核算，乙企业11月30日其他资本公积增加15 000元。假定：以上合同约定的价值均和公允价值相等。

要求：根据上述资料，不考虑其他因素，回答下列各小题。

（1）资料一，根据业务（1），下列各项正确的是（　　）。

A.“资本公积”减少90 000元　　B.“实收资本”增加90 000元

C.“股本”增加90 000元　　D.对所有者权益的影响金额为0

（2）资料一，根据业务（2）和（3），下列说法错误的是（　　）。

A.盈余公积补亏导致“盈余公积”减少50 000元

B.盈余公积补亏不影响所有者权益总额

C.提取法定盈余公积会使“未分配利润”减少

D.提取法定盈余公积会使留存收益减少

（3）资料一，根据业务（4），B公司投资后，A公司的注册资本总额为（　　）元。

A.4 000 000　　B.4 090 000　　C.4 800 000　　D.4 890 000

（4）资料二，关于投资者C、D的增资，甲企业的处理错误的是（　　）。

A.增加“实收资本”1 200 000元

B.对“资本公积”的影响金额是0

C.固定资产的入账价值为678 000元

D.资本公积的入账金额为378 000元

（5）资料二，对于乙企业的其他资本公积变动，甲企业的处理正确的是（　　）。

A.确认“资本公积”4 500元　　B.确认“投资收益”4 500元

C.确认“营业外收入”4 500元　　D.不需要做会计处理

（6）资料二，2021年11月末，甲企业的“资本公积”余额为（　　）元。

A.10 500　　B.408 000　　C.6 000　　D.384 000

任务三　留存收益核算

一、单项选择题（每题只有一个正确选项，请将正确选项填在括号内）

1.下列各项，引起企业留存收益总额发生变化的是（　　）。

A.提取法定盈余公积　　B.宣告分配现金股利

C.提取任意盈余公积　　D.用盈余公积弥补亏损

2.2021年年初某企业“利润分配——未分配利润”科目借方余额为20万元，2021年度该企业实现净利润160万元，根据净利润的10%提取盈余公积，2021年年末该企业可供分配利润的金额为（　　）万元。

A.126　　B.124　　C.140　　D.160

3.某企业2021年1月1日所有者权益构成情况如下：实收资本为1 000万元，资本公积为600万元，盈余公积为300万元，未分配利润为200万元。本年净利润为1 000万元，按10%计提法定盈余公积，按5%计提任意盈余公积，宣告发放现金股利80万元。用资本公积转增资本100万元。下列有关所有者权益的表述正确的是（　　）。

A.2021年12月31日，可供分配利润为1 000万元

B.2021年12月31日，资本公积为700万元

C.2021年12月31日，未分配利润为970万元

D.2021年12月31日，留存收益总额为970万元

4.某公司“盈余公积”科目的年初余额为2 000万元，本期提取的法定盈余公积为1 850万元，任意盈余公积为900万元，用盈余公积转增资本1 000万元。该公司“盈余公积”科目的年末余额为（　　）万元。

A.3 750　　B.2 850　　C.1 900　　D.3 850

5.XM公司年初未分配利润借方余额为50万元，本年实现净利润200万元，按净利润的10%提取法定盈余公积，按5%提取任意盈余公积，向投资者分配利润80万元。年末未分配利润为（　　）万元。

A.140　　B.47.5　　C.120　　D.30

6.下列各项，能使所有者权益总额发生增减变动的是（　　）。

A.支付已宣告发放的现金股利　　B.用盈余公积补亏

C.实际发放股票股利　　D.宣告派发现金股利

二、多项选择题（每题有两个或两个以上的正确选项，请将正确选项填在括号内）

1.股份公司发行股票时，下列会计科目的余额可能发生变化的有（　　）。

A.“盈余公积”　　B.“资本公积”　　C.“股本”　　D.“利润分配”

2.下列各项，最终能引起资产和所有者权益同时减少的业务有（　　）。

A.计提短期借款利息　　B.计提行政管理部门固定资产折旧

C.计提坏账准备　　D.管理用无形资产摊销

3.下列各项，关于留存收益的表述正确的有（　　）。

A.法定盈余公积经批准可用于转增资本

B.“未分配利润”明细科目年末借方余额表示累积的亏损额

C.留存收益包括盈余公积和未分配利润

D.任意盈余公积可用于发放现金股利

4.下列各项，属于企业留存收益的有（　　）。

A.按规定从净利润中提取的法定盈余公积

B.累积未分配的利润

C.按股东大会决议从净利润中提取的任意盈余公积

D.发行股票的溢价收入

5.下列各项，能引起盈余公积发生增减变动的有（　　）。

A.提取任意盈余公积　　B.以盈余公积转增资本

C.用任意盈余公积弥补亏损　　D.用盈余公积派发新股

6.下列对未分配利润的各项表述，正确的有（　　）。

A.当年的净利润是企业未指定特定用途的利润

B.未分配利润是企业历年实现的净利润经过弥补亏损、提取盈余公积和向投资者分配利润后留存在企业的利润

C.“利润分配——未分配利润”科目如为贷方余额，表示累积未分配的利润数额；如为借方余额，则表示累积未弥补的亏损数额

D.对于未分配利润的使用企业有严格的限制

三、判断题（正确的在括号内打“√”，错误的打“×”）

（　　）1.企业溢价发行股票发生的手续费、佣金应从溢价中抵扣，溢价金额不足抵扣的调整留存收益。

（　　）2.企业以盈余公积向投资者分配现金股利，不会引起留存收益总额的变动。

（　　）3.在计算盈余公积的时候，计算的基数不应包括年初未分配利润的贷方余额。

（　　）4.年度终了，除“未分配利润”明细科目外，“利润分配”科目下的其他明细科目应当无余额。

（　　）5.企业计提法定盈余公积的基数是当年实现的净利润和企业年初未分配利润之和。

（ ）6.股份有限公司以收购本企业股票的方式减资的，按注销股票的面值总额减少股本，购回股票支付的价款小于面值总额的部分，依次冲减“资本公积”、“盈余公积”和“利润分配——未分配利润”。

四、案例分析题

某公司适用的所得税税率为25%，2021年有关交易或事项如下：

（1）2021年1月初，该公司股东权益总额为20 500万元，其中股本为10 000万元（股数10 000万股，每股1元），资本公积为3 000万元，盈余公积为6 000万元，未分配利润为1 500万元。

（2）经股东大会决议并报有关部门核准，2021年6月28日，该公司以银行存款回购本公司股票100万股，每股回购的价格为5元，每股原发行价格为3元，7月3日将回购的股票100万股注销。

（3）2021年实现利润总额1 800万元，其中相关会计处理与税法规定存在差异的事项为：支付的税收滞纳金300万元已计入营业外支出；本年取得的国债利息收入100万元已经计入投资收益，不考虑递延所得税。

（4）根据股东大会批准的2021年利润分配方案，该公司按实现净利润的10%提取法定盈余公积；按实现净利润的10%提取任意盈余公积；向股东分配现金股利400万元。

要求：根据上述资料，不考虑其他因素，回答下列各小题。（答案中的金额单位用万元表示）

（1）根据资料（1），2021年1月初，该公司留存收益的金额为（ ）万元。

A.10 500　　B.9 000　　C.4 500　　D.7 500

（2）根据资料（2），下列各项，关于回购与注销本公司股票的会计处理结果正确的是（ ）。

A.7月3日，注销库存股冲减股本100万元

B.6月28日，回购股票确认库存股增加100万元

C.6月28日，回购股票确认库存股增加500万元

D.7月3日，注销库存股冲减资本公积200万元

（3）根据资料（3），下列各项，该公司的会计处理正确的是（ ）。

A.缴纳所得税时：

借：所得税费用　　500

　　贷：应交税费——应交所得税　　500

B.缴纳所得税时：

借：所得税费用　　450

　　贷：应交税费——应交所得税　　450

C.将本年利润结转至未分配利润时：

借：本年利润　　1 300

　　贷：利润分配——未分配利润　　1 300

D.将本年利润结转至未分配利润时：

借：本年利润 1 350

贷：利润分配——未分配利润 1 350

（4）根据资料（1）至资料（4），下列各项，该公司2021年年末未分配利润的余额为（ ）万元。

A.640 B.2 140 C.670 D.2 170

（5）根据资料（1）至（4），2021年12月31日，该公司资产负债表“股东权益”期末余额填列正确的是（ ）。

A.库存股无余额 B.资本公积2 600万元

C.股本9 900万元 D.盈余公积6 260万元

项目十一

收入核算

任务一 销售商品收入核算

一、单项选择题（每题只有一个正确选项，请将正确选项填在括号内）

1. 某企业2021年2月1日销售一批商品，售价为20 000元，在销售过程中发生运费200元、装卸费1 200元。该企业应确认的收入为（　　）元。

A.20 000　　B.22 600　　C.19 600　　D.22 932

2. 用银行存款支付销售商品广告费500元，该业务的正确会计分录是（　　）。

A. 借：管理费用　　500
　　贷：银行存款　　500

B. 借：财务费用　　500
　　贷：银行存款　　500

C. 借：银行存款　　500
　　贷：财务费用　　500

D. 借：销售费用　　500
　　贷：银行存款　　500

3. 某商业企业的库存商品采用售价金额核算法进行核算。2021年4月初库存商品成本为10 000元，售价总额为20 000元；本月购入库存商品成本为50 000元，售价总额为60 000元；4月销售收入为75 000元。不考虑其他因素，该企业4月份销售成本为（　　）元。

A.62 500　　B.60 000　　C.56 250　　D.37 500

4. 明华股份有限公司销售A产品每件500元，若客户购买100件（含100件）以上可得到10%的商业折扣。乙公司于2021年11月5日购买明华股份有限公司A产品200件，款项尚未支付，按规定现金折扣条件为“2/10，1/20，n/30”，适用的增值税税率为13%。明华股份有限公司于11月23日收到该笔款项，则应给予乙公司的现金折扣的金额为（　　）元（假定计算现金折扣时考虑增值税）。

A.1 017　　B.1 000　　C.1 130　　D.2 260

5. 企业2021年5月售出的已确认销售收入的产品于2021年8月被退回时，其冲减的销售收入应在退回当期记入（　　）科目的借方。

A. “以前年度损益调整”　　B. “待处理财产损溢”

C. “本年利润”　　D. “主营业务收入”

6. 对于在合同中规定了买方有权退货条款的销售，如无法合理确定退货的可能性，则符合商品销售收入确认条件的时点是（　　）。

A. 发出商品时　　B. 收到货款时

C. 签订合同时　　D. 买方正式接受商品或退货期满时

二、多项选择题（每题有两个或两个以上的正确选项，请将正确选项填在括号内）

1.下列各项，关于普通商品销售收入表述正确的有（　　）。

A.在符合收入确认的条件时，根据已收或应收合同价款的公允价值确认销售商品的收入金额

B.确认收入金额应借记“银行存款”，贷记“其他业务收入”

C.根据增值税专用发票上注明的增值税税额贷记“应交税费——应交增值税（销项税额）”

D.在确认收入之后，结转对应的销售成本

2.下列各项，在一般销售商品账务处理中，可能会涉及的会计科目有（　　）。

A.“银行存款”　　B.“应收账款”

C.“预收账款”　　D.“应收票据”

3.关于商业折扣的处理，下列表述不正确的有（　　）。

A.销售企业应当将实际发生的商业折扣计入销售费用

B.销售企业应当按照扣除商业折扣后的金额确定销售商品收入金额

C.购买企业应按扣除商业折扣后的含税价款计入应付账款

D.购买企业应当将享受的商业折扣冲减财务费用

4.下列各项，表述正确的有（　　）。

A.收入是指企业在日常活动中形成的

B.收入是与所有者投入资本有关的经济利益的总流入

C.其他业务收入是指企业为完成其经营目标所从事的与经常性活动相关的活动实现的收入

D.收入会导致所有者权益增加

5.甲公司是增值税一般纳税人，2021年7月，甲公司向乙公司售出商品600件，单价（不含增值税）为50元，适用的增值税税率13%，单位成本为30元，货已发出，并向乙公司开具增值税专用发票，且收取了对方开具的转账支票，符合收入确认条件。2021年9月，在上述售出的商品中有600件因商品质量问题乙公司要求退货，双方就此达成一致意见，甲公司将退还的货物暂时入库等待处理，同时向乙公司开具相应的红字专用发票，并开具支票退还相应部分的款项。在发生销售退回时，甲公司正确的会计处理包括（　　）。

A.借：主营业务收入　30 000
　　应交税费——应交增值税（销项税额）　3 900
　　贷：银行存款　33 900

B.借：库存商品　18 000
　　贷：主营业务成本　18 000

C.借：资产减值损失　30 000
　　应交税费——应交增值税（进项税额）　3 900
　　贷：银行存款　33 900

D.借：主营业务收入　　30 000
　　应交税费——应交增值税（进项税额）　　3 900
　　贷：应付票据　　33 900

6.长城公司于2021年9月10日销售甲产品200件，单价1 000元，单位成本800元，增值税专用发票上注明售价200 000元，增值税税额26 000元，购货方尚未付款，销售成立。当月25日，因产品质量问题购货方退货。下列说法正确的有（　　）。

A.公司销售商品时计入应交税费26 000元

B.销售退回时，借记“主营业务收入”200 000元

C.销售退回时，增值税专用发票已开则不可退

D.销售退回时，冲减主营业务成本

三、判断题（正确的在括号内打“√”，错误的打“×”）

（　　）1.普通销售商品业务发生时，结转对应的销售成本，应该借记“其他业务成本”，贷记“库存商品”。

（　　）2.企业销售商品后实际发生销售退回时，如果已经发生现金折扣，则应同时调整相关财务费用的金额。

（　　）3.企业出售原材料取得的款项扣除成本及相关税费后，应当确认为营业外收支。

（　　）4.采用交款提货方式销售商品的，应该在货物到达购买方时确认收入。

（　　）5.企业2020年5月售出的已确认销售收入的产品于2021年8月被退回，其冲减的销售收入应在退回当期记入“以前年度损益调整”科目的借方。

（　　）6.企业发生的销售退回，均应在发生时冲减发生当期的销售商品收入，同时冲减当期销售商品成本以及税金。

四、案例分析题

1.甲公司为增值税一般纳税人，2021年9月5日，向乙公司销售一批商品，开出的增值税专用发票上注明的价款为60万元，增值税税额为7.8万元，销售商品实际成本为45万元。提货单和增值税专用发票已交购货方，并收到购货方开出的商业承兑汇票。

要求：根据上述资料，回答下列各小题。

（1）甲公司收到购货方开出的商业承兑汇票，应该记入的科目是（　　）。

A.“应收账款”　B.“应收票据”　C.“主营业务收入”　D.“银行存款”

（2）结转所销售商品的实际成本应该做的会计处理是（　　）。

A.借记“主营业务收入”　B.借记“主营业务成本”

C.贷记“主营业务成本”　D.贷记“库存商品”

2.甲公司采用托收承付结算方式销售一批商品，开出的增值税专用发票上注明货款为20 000元，增值税税额为2 600元，该批商品已发出并已向银行办妥托收承付手续，该批商品的成本为12 000元。

要求：根据上述资料，回答下列各小题。

（1）甲公司应当确认收入（　　）元。

A.22 600　　B.20 000　　C.8 000　　D.15 400

（2）甲公司结转成本时，应做的会计处理是（　　）。

A.借记"库存商品"　　B.借记"主营业务收入"

C.借记"主营业务成本"　　D.贷记"库存商品"

3.甲公司为增值税一般纳税人，12月5日，向乙公司销售一批商品，开出的增值税专用发票上注明的价款为50万元，增值税税额为6.5万元，销售商品实际成本为23万元。提货单和增值税专用发票已交购货方，并收到购货方开出的商业承兑汇票。

要求：根据上述资料，回答下列各小题。

（1）甲公司在销售商品时，应该记入"主营业务收入"科目的金额为（　　）万元。

A.50　　B.6.5　　C.56.5　　D.23

（2）甲公司在销售商品时，可以作为借方科目的有（　　）。

A."应收账款"　B."银行存款"　C."应收票据"　D."主营业务成本"

4.安东公司为增值税一般纳税人，2020年6月发生如下经济业务：

8日，上月销售给乙公司的一批商品由于质量问题被全部退回。安东公司根据乙公司提供的销货退回证明单开具了红字增值税专用发票，发票上注明价款200万元，增值税税额26万元，该批商品的成本为150万元。安东公司以银行存款支付了上述款项。

要求：根据上述资料，分析回答下列小题。（答案中金额单位为万元）

（1）下列关于安东公司销货退回的表述中正确的是（　　）。

A.收到销货退回时应当冲减5月的主营业务收入

B.收到销货退回时应当冲减6月的主营业务收入

C.退回商品验收入库后会增加企业库存商品150万元

D.收到销货退回时应当冲减退回当月的主营业务收入

（2）下列各项，关于安东公司在收到退回的货物时，应该做的会计处理是（　　）。

A.借：主营业务收入　200
　　应交税费——应交增值税（销项税额）　26
　　贷：银行存款　226

B.借：主营业务成本　150
　　贷：库存商品　150

C.借：库存商品　150
　　贷：主营业务成本　150

D.借：其他业务收入　200
　　应交税费——应交增值税（销项税额）　26
　　贷：银行存款　226

任务二　提供劳务收入核算

一、单项选择题（每题只有一个正确选项，请将正确选项填在括号内）

1.某制造企业下属一运输部门，主要为企业存货物资提供运输服务，如果在完成企业规定的相关运输业务之外尚有剩余运输能力，则可以对外签订合同，对外承揽零星运输业务。其对外承揽零星运输业务所带来的合同收入属于（　　）。

A.主营业务收入　B.其他业务收入　C.营业外收入　D.劳务成本的减项

2.下列关于提供合同劳务收入，说法正确的是（　　）。

A.企业对外提供合同劳务，属于主营业务收入

B.企业对外提供合同劳务，属于其他业务收入

C.企业对外提供合同劳务发生的支出一般通过“劳务成本”科目核算

D.对于在同一会计期间内开始并完成的合同，应在开始提供合同劳务时确认收入

3. 2021年11月1日，甲公司与乙公司签订合同，乙公司委托甲公司为其安装一项大型设备，安装期限为3个月，合同约定乙公司应支付的安装费总额为60 000元。当日收到乙公司20 000元预付款，其余款项于安装结束验收合格后一次性付清。截至2021年12月31日，甲公司实际发生安装费15 000元，预计至安装完成还将发生安装费用25 000元；该公司按投入法确定收入。不考虑其他因素，甲公司2021年应确认的收入为（　　）元。

A.20 000　B.22 500　C.15 000　D.60 000

二、多项选择题（每题有两个或两个以上的正确选项，请将正确选项填在括号内）

1.企业对外提供合同劳务待确认为费用时应该（　　）。

A.借记“主营业务成本”或“其他业务成本”

B.借记“劳务成本”

C.贷记“劳务成本”

D.贷记“主营业务成本”或“其他业务成本”

2.下列方法不能用于确认合同交易的完工进度的有（　　）。

A.技术人员测量的完工进度

B.已经提供的劳务收入占总收入的比例

C.已经发生的成本占总成本的比例

D.提供的劳务占应提供劳务总量的比例

三、判断题（正确的在括号内打“√”，错误的打“×”）

（　　）1.企业对外提供合同劳务如果属于主营业务以外的其他经营活动，所实现的收入应当作为其他业务收入处理。

（　　）2. 企业履行合同收入的确认和会计处理，首先根据合同完成时间是否跨期，其次判断履行合同结果是否能够可靠计量。

（　　）3. 企业对外提供合同劳务发生的支出，应该借记“银行存款”，贷记“劳务成本”。

四、案例分析题

1. 甲公司为增值税一般纳税人，适用的增值税税率为13%，商品售价均不含增值税。销售商品和提供合同劳务均符合收入确认条件，其成本在确认收入时逐笔结转。

要求：根据上述资料，不考虑其他因素，回答下列各小题。

（1）下列关于提供合同劳务收入，说法不正确的是（　　）。

A. 企业对外提供合同劳务，属于主营业务收入

B. 企业对外提供合同劳务，属于其他业务收入

C. 企业对外提供合同劳务发生的支出一般通过“劳务成本”科目核算

D. 对于在同一会计期间内开始并完成的劳务合同，应在开始履行劳务合同时确认收入

（2）下列各项，说法不正确的是（　　）。

A. 企业提供合同劳务收入的确认和会计处理，首先根据合同劳务完成时间是否跨期，其次要判断提供合同劳务交易结果是否能够可靠计量

B. 企业对外提供合同劳务可能属于主营业务，也有可能属于非主营业务

C. 企业对外提供合同劳务发生的支出一般在“主营业务成本”或“其他业务成本”科目予以归集

D. 企业对外提供合同劳务如果属于主营业务以外的其他经营活动，所实现的收入应当作为其他业务收入处理

2. 甲公司为增值税一般纳税人，适用的增值税税率为13%，商品售价中均不含增值税。销售商品和提供合同劳务均符合收入确认条件，其成本在确认收入时逐笔结转。2021年12月，甲公司发生以下交易或事项：

（1）4日，甲公司向丙公司销售G产品，销售价格总额为100万元，产品的实际成本总额是65万元，因是成批销售，甲公司给丙公司10%的商业折扣，丙公司于15日付款，该笔销售符合收入确认条件。

（2）10日，甲公司与乙公司签订合同，约定甲公司为乙公司提供工程安装劳务，合同总价50 000元，安装工程于18日完工，24日收到合同劳务款，发生安装成本13 000元，以银行存款支付。

要求：根据上述资料，回答下列各小题。

（1）根据资料（1），下列各项，甲公司向丙公司销售产品的会计处理结果正确的是（　　）。

A. 主营业务收入增加90万元　　B. 主营业务成本增加65万元

C. 应交税费增加11.7万元　　D. 销售费用增加10万元

（2）根据资料（2），发生合同安装成本时，应做的会计处理是（　　）。

A.借记“劳务成本”13 000　　B.贷记“主营业务成本”50 000
C.借记“劳务成本”50 000　　D.贷记“银行存款”13 000

（3）根据资料（2），结转发生的合同安装成本时应做的会计处理是（　　）。
A.借记“劳务成本”13 000　　B.贷记“劳务成本”13 000
C.借记“主营业务成本”13 000　　D.贷记“主营业务成本”13 000

任务三　让渡资产使用权收入核算

一、单项选择题（每题只有一个正确选项，请将正确选项填在括号内）

1.明华股份有限公司于2021年10月向乙公司提供某专利权的使用权，合同规定的使用期为20年，一次性收取使用费600 000元，且不提供后续服务，款项已经收到。明华股份有限公司当年应确认的使用费收入为（　　）元。

A.0　　B.6 250　　C.600 000　　D.250 000

2.下列各项，应确认为其他业务收入的是（　　）。

A.银行存款利息收入　　B.转让商标使用权收入
C.接受现金捐赠利得　　D.现金股利收入

二、多项选择题（每题有两个或两个以上的正确选项，请将正确选项填在括号内）

1.根据收入的定义，某工商企业发生的下列交易或事项取得的收益，属于收入的有（　　）。

A.销售多余原材料所获得的经济利益　　B.提供代销服务所获得的经济利益
C.处置办公设备所获得的经济利益　　D.出租专利技术所获得的经济利益

2.下列各项，属于让渡资产使用权收入的有（　　）。

A.出租包装物收取的租金
B.出售原材料取得的收入
C.转让无形资产使用权的收入
D.以经营方式出租固定资产取得的租金收入

三、判断题（正确的在括号内打“√”，错误的打“×”）

（　　）1.债权投资取得的利息应属于让渡资产使用权收入。

（　　）2.某制造企业以经营租赁方式出租一台大型设备，租赁期为2年，每年年末收取租金，按月计提折旧。租赁期满时一次性确认收入。

项目十二

成本费用核算

任务一 生产成本核算

一、单项选择题（每题只有一个正确选项，请将正确选项填在括号内）

1.某企业采用约当产量比例法分配甲产品的生产费用。2021年12月初甲在产品成本中的直接人工费用为48 000元，本月发生的直接人工费用为100 000元；本月甲产品完工680件，月末在产品640件，其平均完工程度为50%。假定不考虑其他因素，2021年12月份甲完工产品应分配的直接人工费用为（　　）元。

A.64 000　　B.100 640　　C.76 242　　D.68 000

2.甲公司有供电和供水两个辅助生产车间，2021年1月供电车间供电80 000度，费用为120 000元，供水车间供水5 000吨，费用为36 000元，供电车间耗用水200吨，供水车间耗用电600度，甲公司采用直接分配法进行核算，则2021年1月供水车间的分配率是（　　）元/吨。

A.7.375　　B.7.625　　C.7.2　　D.7.5

3.下列关于“生产成本”账户的表述，正确的是（　　）。

A.“生产成本”账户期末肯定无余额

B.“生产成本”账户期末若有余额，肯定在借方

C.“生产成本”账户的余额表示已完工产品的成本

D.“生产成本”账户的余额表示本期发生的生产费用总额

4.下列各项不应计入产品成本的是（　　）。

A.产品生产用材料　　B.生产单位管理人员薪酬

C.从事自制设备工程的人员薪酬　　D.车间生产设备的折旧费

5.甲企业采用移动加权平均法计算发出甲材料的成本，2021年4月1日，甲材料结存300千克，每千克实际成本为3元；4月3日，发出甲材料100千克；4月12日，购入甲材料200千克，每千克实际成本为10元；4月27日，发出甲材料350千克，4月末该企业甲材料的期末结存成本为（　　）元。

A.450　　B.440　　C.500　　D.325

6.某企业生产的甲产品完工后发现10件废品，其中4件为不可修复废品，6件为可修复废品，不可修复废品按定额成本计价，每件250元，回收材料价值300元；修复6件可修复废品，共发生直接材料100元，直接人工120元，制造费用50元，假定不可修复废品净损失由同种产品负担，应转入“生产成本——基本生产成本——甲产品”废品净损失为（　　）元。

A.700　　B.1 000　　C.970　　D.570

二、多项选择题（每题有两个或两个以上的正确选项，请将正确选项填在括号内）

1.产品成本计算的分批法，不适用的生产组织形式有（　　）。

A.大量成批生产　B.大量小批生产　C.单件成批生产　D.小批单件生产

2.下列各项关于成本计算分步法的表述，正确的有（　）。

A.逐步结转分步法有利于各步骤在产品的实物管理和成本管理

B.当企业经常对外销售半成品时，不宜采用平行结转分步法

C.采用逐步分项结转分步法时，无须计算每步骤产品成本

D.采用平行结转分步法时，无须将产品生产费用在完工产品和在产品之间进行分配

3.下列各项应计入产品成本的有（　）。

A.直接材料　B.直接燃料

C.直接动力　D.生产车间管理人员的工资

4.下列各项，属于企业在确定生产成本在完工产品与在产品之间的分配方法时，应考虑的具体条件有（　）。

A.在产品数量的多少　B.定额管理基础的好坏

C.各项成本比重的大小　D.各月在产品数量变化的大小

5.下列各种方法，适用于生产成本在完工产品和在产品之间分配的有（　）。

A.交互分配法　B.定额比例法

C.在产品按固定成本计价法　D.在产品按定额成本计价法

6.逐步结转分步法的优点有（　）。

A.能提供各个步骤的半成品成本资料

B.能为各生产步骤在产品的实物管理和资金管理提供资料

C.能全面反映各个步骤产品的生产耗用水平

D.能直接提供按原始成本项目反映的产成品成本资料

三、判断题（正确的在括号内打“√”，错误的打“×”）

（　）1.生产人员、车间管理人员的工资及福利费，根据工资费用分配表，应直接计入产品成本。

（　）2.企业在按照客户订单组织产品生产的情况下，应当采用品种法计算产品成本。

（　）3.分批法的成本计算期是固定的，与产品生产周期不一致。

（　）4.平行结转分步法的成本核算对象是各种产成品及其经过的各个生产步骤中的成本份额。

（　）5.制造费用与管理费用不同，本期发生的管理费用直接影响本期的损益，而本期发生的制造费用不一定影响本期的损益。

（　）6.在采用平行结转分步法计算成本时，上一步骤的生产费用不进入下一步骤的成本计算单。

四、案例分析题

1.甲公司为增值税一般纳税人，2021年5月有关资料如下：

（1）当月实现销售收入160万元，应交增值税销项税额20.8万元，款项已全部收到并存入银行。本月预收货款50万元已存入银行。该企业未单独设置“预收账款”科目。

（2）4日，购买一批原材料，其价款为30万元，增值税税额为3.9万元，以相应金额的银行汇票结算款项。12日，用银行存款支付购进建造仓库的工程物资款50万元，增值税税额为6.5万元。20日，按照合同用银行存款预付购买原材料款15万元。

（3）25日，从证券交易所购入乙公司股票10万股，每股面值1元，购买价格为每股10元，另支付相关税费0.3万元，甲公司将其划分为交易性金融资产。

（4）当月分配职工薪酬26万元。其中，生产工人工资12万元，奖金、津贴等薪酬3万元；在建工程人员工资5万元，奖金、津贴等薪酬1万元；行政管理人员工资4万元，奖金、津贴等薪酬1万元，当月职工工资21万元已发放。

要求：根据上述资料，回答下列各小题。

（1）根据资料（1），下列各项，关于甲公司的会计处理结果正确的是（　　）。

A.“应收账款”科目贷方增加50万元

B.资产负债表“预收款项”项目增加50万元

C.“银行存款”科目借方增加210万元

D.“主营业务收入”科目贷方增加210万元

（2）根据资料（2），下列各项，关于甲公司的会计处理结果正确的是（　　）。

A.预付账款增加15万元　　B.购进工程物资成本56.5万元

C.其他货币资金减少33.9万元　　D.应收票据减少30万元

（3）根据资料（3），下列各项，甲公司支付购买股票的相关税费应记入的会计科目是（　　）。

A.“管理费用”　　B.“投资收益”

C.“财务费用”　　D.“交易性金融资产”

（4）根据资料（4），下列各项，关于甲公司职工薪酬的会计处理结果正确的是（　　）。

A.计入生产成本的职工薪酬总额为12万元

B.计入在建工程的职工薪酬总额为6万元

C.计入生产成本的职工薪酬总额为15万元

D.计入管理费用的职工薪酬总额为5万元

（5）根据资料（1）至（4），下列各项，甲公司2021年5月现金流量表项目计算结果正确的是（　　）。

A.销售商品、提供劳务收到的现金为230.8万元

B.投资支付的现金为100.3万元

C.支付给职工以及为职工支付的现金为16万元

D.购买商品、接受劳务支付的现金为48.9万元

2.华成公司有两个基本生产车间，分别生产甲、乙两种产品。为简化核算，在进行产品成本核算的过程中，只将为生产产品发生的直接材料费用、直接人工费用，按其发生的地点和用途分别计入各相关产品生产成本，对于发生的其他各项生产费用和经营管理费用全部记入“管理费用”账户。相关业务如下：

（1）共发生机器折旧费49 000元，其中：第一基本生产车间20 000元，第二基本生产车间24 000元；办公设备折旧费5 000元。

（2）支付各生产车间管理人员工资8 000元，其中：第一基本生产车间和第二基本生产车间分别为3 000元和5 000元；支付厂部管理人员工资12 000元。

（3）第一基本生产车间经营性租入固定资产发生修理费用4 000元；本期支付水电费8 600元，其中第一基本生产车间和第二基本生产车间分别为4 600元和3 000元，其余1 000元为厂部耗用。

（4）本期为推销产品支付广告宣传费34 000元；支付办公用品费5 200元；计提坏账准备3 000元；专设销售机构发生经费支出15 000元。

要求：根据上述资料，回答下列各小题。

（1）根据资料（1），下列各项，关于华成公司的会计处理结果正确的是（　　）。

A.“管理费用”科目借方增加49 000元

B.“制造费用”科目借方增加49 000元

C.“生产成本”科目借方增加44 000元

D.“制造费用”科目借方增加44 000元

（2）根据资料（2），下列各项，关于华成公司的会计处理结果正确的是（　　）。

A.生产成本增加20 000元　　B.管理费用增加20 000元

C.销售费用增加12 000元　　D.制造费用增加8 000元

（3）根据资料（3），下列各项，华成公司的会计处理结果正确的是（　　）。

A.发生制造费用4 000元　　B.发生管理费用1 000元

C.发生制造费用12 600元　　D.发生管理费用5 000元

（4）根据资料（4），下列各项，华成公司的会计处理结果正确的是（　　）。

A.计入管理费用的金额为57 200元　　B.计入销售费用的金额为57 200元

C.计入销售费用的金额为49 000元　　D.计入管理费用的金额为39 200元

（5）根据资料（1）至（4），下列各项，华成公司有关科目计算结果不正确的是（　　）。

A.“生产成本”金额为108 600元　　B.“管理费用”金额为75 200元

C.“制造费用”金额为59 600元　　D.“销售费用”金额为49 000元

任务二　营业成本核算

一、单项选择题（每题只有一个正确选项，请将正确选项填在括号内）

1.2021年6月1日，明华股份有限公司经营租出管理用设备一台，每月该设备折旧金额10万元，租期为两年，租金在每季季末收取。2021年6月末，针对计提的折旧金额应编制的会计分录为（　　）（分录中的金额单位为万元）。

A.借：其他业务成本　　10

　　贷：预付账款　　10

B.借：其他业务成本　　10

　　贷：银行存款　　10

C.借：其他业务成本　　10

　　贷：累计折旧　　10

D.借：管理费用　　10

　　贷：累计折旧　　10

2.甲公司拥有乙公司80%的有表决权股份，能够控制乙公司的财务和经营决策。2021年6月1日，甲公司将本公司生产的一批产品出售给乙公司，售价为800万元，成本为500万元。至2021年12月31日，乙公司已对外售出该批产品的40%。2021年合并财务报表中应确认的营业成本为（　　）万元。

A.300　　B.200　　C.320　　D.480

3.明华股份有限公司3月销售生产的商品确认销售成本150万元，销售原材料确认销售成本50万元，本月发生现金折扣12.5万元。不考虑其他因素，该公司该月计入其他业务成本的金额为（　　）万元。

A.100　　B.110　　C.50　　D.11.5

4.下列各项，不应计入其他业务成本的是（　　）。

A.库存商品盘亏净损失

B.出租无形资产计提的摊销额

C.出售原材料结转的成本

D.成本模式下投资性房地产计提的折旧额

5.2021年5月，明华股份有限公司销售一批原材料，开具的增值税专用发票上注明的售价为3 000元，增值税税额为390元，材料成本为2 000元，则该企业编制会计分录时，应借记的“其他业务成本”科目的金额为（　　）元。

A.2 000　　B.3 000　　C.3 390　　D.5 000

6.企业在对随同商品出售且单独计价的包装物进行会计处理时，该包装物的实际成本应结转的会计科目是（　　）。

A.“制造费用”　　B.“管理费用”　　C.“销售费用”　　D.“其他业务成本”

二、多项选择题（每题有两个或两个以上的正确选项，请将正确选项填在括号内）

1.企业的营业成本包括（　　）。

A.主营业务成本　　B.其他业务成本　　C.营业外支出　　D.生产成本

2.下列各项，应列入利润表“营业成本”项目的有（　　）。

A.出售商品的成本

B.销售材料的成本

C.出租非专利技术的摊销额

D.以经营租赁方式出租设备计提的折旧额

3.下列各项业务，不会影响主营业务成本金额的有（　　）。

A.工业企业计提经营出租固定资产折旧
B.销售原材料成本
C.用于对外投资的自产产品成本
D.发生的销售折让

4.下列各项属于“其他业务成本”科目核算的内容有（　　）。
A.出租的无形资产的摊销额　　B.出租无形资产支付的服务费
C.销售材料结转的材料成本　　D.出售固定资产发生的处置净损失

5.下列各项，属于“其他业务成本”科目核算的内容有（　　）。
A.经营出租固定资产计提的折旧
B.经营出租无形资产的服务费
C.销售材料结转的材料成本
D.出售无形资产结转的无形资产的摊余价值

6.下列各项，应列入利润表“营业成本”项目的有（　　）。
A.销售材料成本　　B.无形资产处置净损失
C.固定资产盘亏净损失　　D.经营出租固定资产折旧费

三、判断题（正确的在括号内打“√”，错误的打“×”）

（　　）1.随同产品出售不单独计价的包装物，应该在包装物发出时，结转成本并计入其他业务成本。

（　　）2.“其他业务成本”账户属于成本类账户。

（　　）3.出租固定资产的折旧和出租无形资产的折旧均应记入“其他业务成本”科目。

（　　）4.“其他业务成本”科目于年末时应转入“资本公积”科目，结转后本科目无余额。

（　　）5.企业将自产产品作为职工福利进行发放，应按照产品成本确认收入，并缴纳增值税。

（　　）6.在产品包括对外销售的自制半成品。

四、案例分析题

1.甲公司为增值税一般纳税人，适用的增值税税率为13%。商品销售价格不含增值税，在确认销售收入时逐笔结转销售成本，2021年该公司发生如下交易或事项：

（1）5月21日，向乙公司销售一批E产品，开出的增值税专用发票上注明的销售价格为600万元，增值税税额为78万元，款项尚未收到；该批产品成本为350万元，甲公司已将商品发出，纳税义务已经发生，但该笔销售不符合收入确认条件。

（2）7月6日，甲公司承接了一项安装劳务，安装期为9个月，安装劳务完工进度按已发生成本占预计总成本的比例确定，合同总价款为40万元，当年实际发生成本12万元，预计还将发生成本18万元。假定不考虑相关税费。

（3）9月1日，甲公司将部分F产品作为福利发给本公司职工，其中生产工人400

件、车间管理人员100件、专设销售机构人员50件，该产品每件销售价格为0.6万元，每件实际成本为0.4万元。

（4）12月4日，甲公司向丙公司销售G产品，销售价格为100万元，产品的实际成本总额为65万元，因是成批销售，甲公司给予丙公司10%的商业折扣，丙公司于12月15日付款，该笔销售符合收入确认条件。

要求：根据上述资料，假定不考虑其他因素，回答下列各小题。（答案中的金额单位用万元表示）

（1）根据资料（1），下列各项，甲公司向乙公司销售产品的会计处理结果正确的是（　　）。

A.应收账款增加678万元　　B.库存商品减少350万元

C.应收账款增加78万元　　D.应交税费增加78万元

（2）根据资料（2），2021年度甲公司应确认的劳务收入是（　　）万元。

A.12　　B.30　　C.40　　D.16

（3）根据资料（3），下列各项，甲公司向职工发放福利的会计处理正确的是（　　）。

A.借：主营业务成本　220
　　贷：库存商品　220

B.借：生产成本　271.2
　　制造费用　67.8
　　销售费用　33.9
　　贷：应付职工薪酬　372.9

C.借：应付职工薪酬　372.9
　　贷：主营业务收入　330
　　　　应交税费——应交增值税（销项税额）　42.9

D.借：发出商品　220
　　贷：库存商品　220

（4）根据资料（4），下列各项，甲公司向丙公司销售产品的会计处理结果正确的是（　　）。

A.主营业务收入增加90万元　　B.主营业务成本增加65万元

C.应交税费增加11.7万元　　D.销售费用增加10万元

（5）资料（1）至（4）对甲公司2021年营业利润的影响金额是（　　）万元。

A.369　　B.353.6　　C.104.2　　D.139

2.甲公司是一家工业企业，属于增值税一般纳税人，适用的增值税税率为13%。2021年甲公司发生如下经济事项：

（1）5月，甲公司销售一批商品并开具增值税专用发票，商品售价为100万元，增值税税额为13万元，该批商品的成本为70万元，当月收到货款并存入银行。

（2）6月，甲公司因资金周转不畅，急需资金一笔，故将购买成本为30万元的原材料出售，当月收到销售原材料款。

（3）7月，甲公司销售一批商品，售价为120万元，增值税税额为15.6万元，该批商品成本为90万元，因客户没有相关商品的包装物，需要租用甲公司的包装物1个月，包装物的当月摊销额为0.5万元。

（4）9月，甲公司销售商品领用单独计价的包装物成本为2万元，增值税专用发票上注明的销售收入为4万元、增值税税额为0.52万元，款项已存入银行。

（5）11月，甲公司实际应交增值税22万元、消费税10万元，其适用的城市维护建设税税率为7%、教育费附加征收率为3%。

（6）12月，甲公司为了拓展市场发生业务招待费5万元，销售机构发生业务费6万元，用于本公司生产车间的固定资产修理费支出为3万元，当月发生汇兑损益0.5万元。

要求：根据上述资料，回答下列各小题。（答案中的金额单位为万元）

（1）根据资料（1），下列各项，甲公司编制的会计分录正确的是（　　）。

A.借：应收账款　113
　贷：其他业务收入　100
　　应交税费——应交增值税（销项税额）　13

B.借：银行存款　113
　贷：主营业务收入　100
　　应交税费——应交增值税（销项税额）　13

C.借：主营业务成本　70
　贷：库存商品　70

D.借：其他业务成本　70
　贷：库存商品　70

（2）根据资料（2），甲公司应将原材料30万元的成本计入（　　）。

A.主营业务成本　B.其他业务成本　C.营业外支出　D.长期待摊费用

（3）根据资料（3），下列各项，甲公司的做法错误的是（　　）。

A.甲公司当月应确认主营业务成本90.5万元

B.甲公司当月应确认主营业务成本90万元

C.甲公司当月应确认其他业务成本0.5万元

D.甲公司当月应确认其他业务成本20.9万元

（4）根据资料（4），下列各项，甲公司会计处理正确的是（　　）。

A.出售包装物时，贷方确认其他业务收入4万元

B.出售包装物时，贷方确认营业外收入4万元

C.在结转出售包装物成本时，借方确认其他业务成本2.52万元

D.在结转出售包装物成本时，借方确认其他业务成本2万元

（5）根据资料（5），甲公司的会计处理正确的是（　　）。

A.确认城市维护建设税的金额为2.24万元

B.确认教育费附加的金额为0.96万元

C.确认税金及附加的金额为35.2万元

D.确认税金及附加的金额为3.2万元

（6）根据资料（6），甲公司应确认的期间费用为（　　）万元。

A.11　　B.14　　C.14.5　　D.11.5

任务三　期间费用核算

一、单项选择题（每题只有一个正确选项，请将正确选项填在括号内）

1.某企业产品入库后发现一批可修复废品，其生产成本为3 500元。修复废品耗用直接材料1 000元，直接人工500元，制造费用800元，回收残料计价100元，应收过失人赔款100元。不考虑其他因素，该批废品净损失为（　　）元。

A.2 100　　B.5 600　　C.3 600　　D.2 300

2.明华股份有限公司为董事长租赁公寓免费使用，按月以银行存款支付租金。应编制的会计分录是（　　）。

A.借记“管理费用”科目，贷记“银行存款”科目

B.借记“管理费用”科目，贷记“应付职工薪酬”科目

C.借记“管理费用”科目，贷记“应付职工薪酬”科目；同时借记“应付职工薪酬”科目，贷记“银行存款”科目

D.借记“资本公积”科目，贷记“银行存款”科目；同时借记“应付职工薪酬”科目，贷记“资本公积”科目

3.明华股份有限公司2021年12月发生以下经济业务：车间管理部门应分摊的固定资产折旧为48万元；因收发差错造成的存货短缺净损失为50万元；管理部门报销差旅费60万元；写字楼应摊销的土地使用权为100万元。该公司12月份应计入管理费用的金额是（　　）万元。

A.380　　B.220　　C.310　　D.50

4.企业发生的下列各项不符合资本化条件的利息支出，不应该计入财务费用的是（　　）。

A.应付债券的利息　　B.短期借款的利息

C.带息应付票据的利息　　D.筹建期间的长期借款利息

5.下列各项，不通过“财务费用”核算的是（　　）。

A.企业发行股票支付的手续费　　B.企业支付的银行承兑汇票手续费

C.企业购买商品时取得的现金折扣　　D.企业销售商品时发生的现金折扣

6.下列各项，应计入管理费用的是（　　）。

A.筹建期间的开办费

B.预计产品质量保证损失

C.生产车间管理人员工资

D.专设销售机构的固定资产修理费

二、多项选择题（每题有两个或两个以上的正确选项，请将正确选项填在括号内）

1. 下列各项，关于费用的特点，说法正确的有（　　）。

A. 费用是企业在日常活动中发生的经济利益流出

B. 费用会导致所有者权益的减少

C. 费用与向所有者分配利润无关

D. 成本费用包括主营业务成本、其他业务成本和期间费用

2. 明华股份有限公司2021年8月份发生的费用有：外设销售机构办公费用40万元，销售人员工资30万元，计提车间用固定资产折旧20万元，发生车间管理人员工资60万元，支付广告费用60万元，计提短期借款利息40万元，支付业务招待费20万元，行政管理人员工资10万元。下列说法正确的有（　　）。

A. 该公司8月发生财务费用100万元　　B. 该公司8月发生销售费用130万元

C. 该公司8月发生制造费用20万元　　D. 该公司8月发生管理费用30万元

3. 下列各项，应计入财务费用的有（　　）。

A. 银行承兑汇票手续费　　B. 购买交易性金融资产手续费

C. 外币应收账款汇兑损失　　D. 商业汇票贴现发生的贴现息

4. 下列各项，关于管理费用会计处理表述正确的有（　　）。

A. 无法查明原因的现金短缺应计入管理费用

B. 转销确实无法支付的应付账款应冲减管理费用

C. 行政管理部门负担的工会经费应计入管理费用

D. 企业在筹建期间内发生的开办费应计入管理费用

5. 下列各项，属于企业期间费用的有（　　）。

A. 管理费用　　B. 财务费用　　C. 制造费用　　D. 销售费用

6. 下列各项，不应在发生时确认为销售费用的有（　　）。

A. 车间管理人员的工资　　B. 投资性房地产的折旧额

C. 专设销售机构固定资产的维修费　　D. 预计产品质量保证损失

三、判断题（正确的在括号内打“√”，错误的打“×”）

（　　）1. 企业生产经营期间的长期借款利息支出应该全部计入财务费用。

（　　）2. 费用是指企业在日常活动中发生的、会导致资产减少的、与向所有者分配利润无关的经济利益的总流出。

（　　）3. 企业在确认商品销售收入后发生的销售折让（不考虑日后事项），应在实际发生时计入财务费用。

（　　）4. 企业在生产经营期间计提的短期借款的利息费用均计入财务费用。

（　　）5. 企业出售固定资产发生的处置净损失属于企业的费用。

（　　）6. 企业发生的工会经费应通过“税金及附加”科目核算。

四、案例分析题

1.某企业为增值税一般纳税人，适用的增值税税率为13%，2021年1月至11月“利润表”部分相关项目的累计发生额为：税金及附加600万元，销售费用500万元，管理费用1 000万元，财务费用200万元。2021年12月该企业发生如下经济业务：

（1）10日，将50台自产产品作为福利发放给本企业行政管理人员，该产品每台生产成本为1.2万元，每台市场售价为1.5万元（不含增值税）。

（2）31日，计提所属销售机构上月购入并投入使用的设备折旧费，该设备价款为360万元，增值税税额为46.8万元，预计使用寿命为5年，预计净残值为0，采用年数总和法计提折旧。

（3）31日，确认2021年发行债券利息费用。2021年7月1日，该企业为筹集生产经营所需资金，按面值8 000万元发行5年期、到期一次还本付息的企业债券，该债券的票面年利率为4%（与实际利率一致），自发行日起计息，发行债券所得款项已全部存入银行。

（4）31日，计算确定本月应交城市维护建设税35万元（不考虑教育费附加），车船税5万元，印花税3万元，确认短期借款利息费用15万元，取得银行存款利息收入3万元。

要求：根据上述资料，回答下列各小题。（答案中的金额单位用万元表示）

（1）根据资料（1），该企业下列各项会计处理，正确的是（　　）。

A.主营业务成本增加60万元　　B.应交税费增加9.75万元

C.管理费用增加84.75万元　　D.确认应付职工薪酬60万元

（2）根据资料（2），该企业12月31日对所属销售机构设备计提折旧费的会计处理结果正确的是（　　）。

A.计入管理费用11.3万元　　B.计入管理费用10万元

C.计入销售费用10万元　　D.计入销售费用11.3万元

（3）根据资料（3），12月31日该企业确认发行债券利息费用的会计处理正确的是（　　）。

A.借：财务费用　320
　　贷：应付债券——应计利息　320

B.借：财务费用　160
　　贷：应付利息　160

C.借：财务费用　320
　　贷：应付利息　320

D.借：财务费用　160
　　贷：应付债券——应计利息　160

（4）根据资料（4），该企业的会计处理的结果正确的是（　　）。

A.应交税费增加43万元　　B.财务费用增加12万元

C.管理费用增加3万元　　D.税金及附加增加43万元

（5）根据资料（4），该企业应记入“税金及附加”科目的金额是（　　）万元。

A.40　　B.43　　C.35　　D.45

2. 某企业为增值税一般纳税人，适用的增值税税率为13%，该企业只生产甲产品，采用实际成本法核算。2021年12月初在产品资料见表12-1。该产品于当月末全部完工，当月未投产新产品，该企业单独核算制造费用。

表12-1　　产品成本计算单

2021年12月　　金额单位：元

月	日	摘要	产量（件）	直接材料	直接人工	制造费用	合　计
12	1	在产品费用	100	500 000	300 000	100 000	900 000

2021年12月，该企业发生的与甲产品有关的业务资料如下：

（1）本月发出材料100 000元，其中：甲产品耗用60 000元，车间管理耗用15 000元，翻建仓库耗用25 000元（尚未完工）。

（2）根据上月“职工薪酬结算分配汇总表”，以银行存款发放职工薪酬400 000元，代扣垫付的职工房租20 000元，代扣代缴个人所得税35 000元。分配本月职工薪酬460 000元，其中：生产工人的薪酬为320 000元；车间管理人员的薪酬为40 000元；行政管理人员的薪酬为100 000元。

（3）因职工操作失误，在生产甲产品过程中发生5件不可修复废品，废品实际生产成本为67 550元，残料估价10 000元，已经验收入库，由责任者赔偿30 000元。

（4）计提生产设备折旧12 000元，行政管理办公楼折旧15 000元，销售部门运输车辆折旧6 000元，车间管理用设备折旧4 000元。

要求：根据上述资料，不考虑其他因素，回答下列各小题。

（1）根据资料（1），下列各项，关于该企业发出材料会计处理结果正确的是（　　）。

A. 在建工程增加25 000元　　B. 制造费用增加15 000元

C. 生产成本增加60 000元　　D. 制造费用增加25 000元

（2）根据资料（2），下列各项，关于该企业职工薪酬会计处理正确的是（　　）。

A. 发放上月职工薪酬：

借：应付职工薪酬　　455 000

　　贷：银行存款　　400 000

　　　　其他应收款　　20 000

　　　　应交税费　　35 000

B. 分配生产工人薪酬：

借：生产成本　　320 000

　　贷：应付职工薪酬　　320 000

C. 分配车间管理人员薪酬：

借：管理费用　　40 000

　　贷：应付职工薪酬　　40 000

D. 分配行政管理人员薪酬：

借：管理费用　　100 000

贷：应付职工薪酬 100 000

（3）根据资料（3），下列各项，关于不可修复废品会计处理正确的是（ ）。

A.结转废品净损失：

借：生产成本 27 550

贷：废品损失 27 550

B.结转废品生产成本：

借：废品损失 67 550

贷：生产成本 67 550

C.收回废品残料：

借：原材料 10 000

贷：废品损失 10 000

D.确认应收的赔款：

借：其他应收款 30 000

贷：废品损失 30 000

（4）根据资料（4），下列各项，关于该企业计提固定资产折旧表述正确的是（ ）。

A.计提的生产车间设备折旧费12 000元计入制造费用

B.计提的专设销售部门运输车辆折旧费6 000元计入销售费用

C.计提的车间管理用设备折旧费4 000元计入管理费用

D.计提的行政管理办公楼折旧费15 000元计入管理费用

（5）根据期初资料，资料（1）至（4），下列各项，甲产品生产成本计算结果正确的是（ ）。

A.完工甲产品总成本为1 311 000元

B.完工甲产品的单位产品成本为13 800元

C.完工甲产品总成本为1 271 000元

D.完工甲产品的单位成本为13 110元

项目十三

利润核算

任务一　营业外收支核算

一、单项选择题（每题只有一个正确选项，请将正确选项填在括号内）

1.下列资产的盘盈，应该计入营业外收入的是（　　）。

A.现金的盘盈　　B.库存商品的盘盈　C.原材料的盘盈　　D.固定资产的盘盈

2.2021年7月1日，明华股份有限公司与银行签订贷款合同，取得银行贷款100万元，年利率为9%，实际借款利率为3%，按月计提利息，按季度向银行支付贷款利息。以付息凭证向财政申请贴息资金，财政部门按年与明华股份公司结算贴现资金。明华股份有限公司实际应承担的月利息支出为（　　）元。

A.7 500　　B.2 500　　C.5 000　　D.6 000

3.下列各项，应计入营业外收入的是（　　）。

A.银行存款利息收入　　B.存货盘盈

C.债务重组利得　　D.确实无法收回的应收账款

4.企业因债权人撤销而转销无法支付的应付账款时，应将所转销的应付账款计入（　　）。

A.资本公积　　B.其他应付款　　C.营业外收入　　D.其他业务收入

5.在利润表中，计入其他综合收益项目的是（　　）。

A.收入减去费用后的净额

B.直接计入当期利润的利得和损失

C.未计入当期利润的利得和损失

D.未计入当期利润的利得和损失扣除所得税影响后的净额

二、多项选择题（每题有两个或两个以上的正确选项，请将正确选项填在括号内）

1.下列各项，需要计入营业外支出的有（　　）。

A.行政罚款　　B.税务罚款　　C.违约金　　D.赔偿金

2.下列各项，应该计入利得的有（　　）。

A.其他权益工具投资公允价值上升的金额

B.处置交易性金融资产所获得的收益

C.自用房地产转换为采用公允价值模式计量的投资性房地产，在转换当日的公允价值大于原账面价值的差额

D.生产企业销售商品的所得

3.下列各项，应计入营业外收入的有（　　）。

A.原材料盘盈

B.无法查明原因的现金溢余

C.转让长期股权投资取得的净收益

D.转让固定资产所有权取得的净收益

4.下列各项，应该确认为营业外支出的有（　　）。

A.因管理不善造成的原材料损失

B.向慈善机构支付的捐赠款

C.因自然灾害造成的原材料损失扣除保险公司赔偿的部分

D.企业的非货币性资产交换损失

三、判断题（正确的在括号内打“√”，错误的打“×”）

（　　）1.公益性捐赠支出、盘亏损失、出租包装物的成本、罚款支出等都计入营业外支出。

（　　）2.利得是指企业非日常活动形成的、会导致所有者权益增加的、与所有者投入资本有关的经济利益的流入。

（　　）3.在不单独核算停工损失的企业中，属于自然灾害造成的停工损失直接反映在“营业外支出”科目中。

（　　）4.对于企业支付的行政罚款，应该计入营业外支出，对于因违反合同协议而支付的违约金，应该计入销售费用。

（　　）5.企业按照权益法核算的长期股权投资，初始投资成本小于投资时应享有的被投资单位所有者权益公允价值的份额的差额，应该记入“营业外收入”科目。

任务二　政府补助核算

一、单项选择题（每题只有一个正确选项，请将正确选项填在括号内）

1.下列各项，关于政府补助表述正确的是（　　）。

A.企业取得与资产相关的政府补助应计入递延收益

B.企业取得与收益相关的政府补助一律计入递延收益

C.企业取得与资产相关的政府补助应计入营业外收入

D.无法区分政府补助是与资产相关还是与收益相关的统一按与资产相关的政府补助处理

2.下列各项，关于政府补助表述错误的是（　　）。

A.企业取得与资产相关的政府补助应确认为递延收益

B.企业取得与收益相关的政府补助应计入当期收益或递延收益

C.企业取得与资产相关的政府补助应一次性计入营业外收入

D.政府补助包括与资产相关的政府补助和与收益相关的政府补助

3.下列各项，关于政府补助的说法不正确的是（　　）。

A.根据配比原则，企业取得与资产相关的政府补助不能全额确认为当期收益

B.企业取得政府补助属于弥补以前发生事项的应当直接计入营业外收入

C.无法区分是与资产相关的政府补助还是与收益相关的政府补助一律作为与收益相关的政府补助

D.企业取得政府补助一定会影响当期损益

4.某企业当期取得1 000万元政府扶持基金，根据规定企业将此项基金用于购入某项科研设备，购入设备价款为1 000万元，预计使用5年。下列说法错误的是（　　）。

A.企业取得1 000万元政府扶持基金属于与收益相关的政府补助

B.取得政府补助时应确认递延收益的增加

C.1 000万元政府补助应按资产的预计使用年限平均分摊到各期营业外收入中

D.如果设备提前处置应将剩余的递延收益一次性结转到营业外收入

5.企业收到与资产相关的政府补助时，下列各项，会计处理正确的是（　　）。

A.借记“递延收益”科目，贷记“主营业务收入”科目

B.借记“银行存款”科目，贷记“预收账款”科目

C.借记“银行存款”科目，贷记“递延收益”科目

D.借记“递延收益”科目，贷记“其他业务收入”科目

6.甲公司是一家生产环保设备的龙头企业，按照规定从2021年第二季度开始享受地方财政贴息补助，2021年6月底，收到财政部门拨付的第二季度贴息款30万元，7月初又收到第三季度的贴息款30万元，截至2021年7月底，甲公司应该计入营业外收入的政府补助为（　　）万元。

A.30　　B.40　　C.50　　D.60

二、多项选择题（每题有两个或两个以上的正确选项，请将正确选项填在括号内）

1.关于政府补助，下列说法正确的有（　　）。

A.政府补助是无偿的、无条件的

B.企业只有符合政府补助政策的规定，才有资格申请政府补助

C.符合政策规定不一定都能够取得政府补助

D.不符合政策规定、不具备申请政府补助资格的，不能取得政府补助

2.下列有关政府补助的表述，正确的有（　　）。

A.增值税的出口退税不属于“政府补助”准则规范的内容

B.政府补助就是政府向企业无偿提供的货币性资产

C.政府的资本性投入不属于政府补助

D.直接减免税款等税收优惠不属于“政府补助”准则规范的内容

3.依据企业会计准则的规定，下列有关政府补助的表述，正确的有（　　）。

A.政府补助为非货币性资产且公允价值不能可靠取得的，不进行账务处理

B.对不能合理确定价值的政府补助，应当在附注中进行披露

C.政府补助为非货币性资产且公允价值能够可靠取得的，应当按照公允价值计量

D.企业在日常活动中按照固定的定额标准取得的政府补助，应当按照应收金额计量

4.下列有关政府补助确认的表述方法，处理不正确的有（　　）。

A.企业取得的与资产相关的政府补助，不能直接确认为当期损益，应当确认为递延收益

B.企业取得的与资产相关的政府补助，已确认为递延收益后，相关资产在使用寿命结束前被出售、转让、报废或发生毁损的，其剩余递延收益应照常进行分期摊销

C.与收益相关的政府补助，用于补偿企业以后期间发生的相关费用或损失的，在取得时确认为递延收益，在确认相关费用的期间计入当期营业外收入

D.与收益相关的政府补助，用于补偿企业已发生的相关费用或损失的，在取得时确认为递延收益

5.下列各项，关于政府补助的说法错误的有（　　）。

A.企业取得政府补助一定会影响当期损益

B.企业取得的与收益相关的政府补助，如果是补偿以后各期发生的费用，则需要记入“递延收益”科目，在费用发生时再将其转入“营业外收入”科目核算

C.企业取得的与收益相关的政府补助，直接记入“营业外收入”科目

D.企业取得的与资产相关的政府补助记入“递延收益”科目，随着资产的使用年限分期计入当期损益

6.某市为招商引资，向大地公司无偿划拨一处土地使用权供其免费使用50年。由于位置较偏僻，尚不存在活跃的房地产交易市场，其公允价值无法可靠计量，则大地公司下列处理不正确的有（　　）。

A.无偿取得，不需要确认

B.按照名义金额1元计量

C.按照甲公司估计的公允价值计量

D.按照该市活跃的交易市场中同类土地使用权同期的市场价格计量

三、判断题（正确的在括号内打“√”，错误的打“×”）

（　　）1.企业取得的与收益相关的政府补助，如果是补偿以后各期发生的费用则要记入“递延收益”科目，在费用发生时再将其转入“营业外收入”科目核算。

（　　）2.政府鼓励企业安置职工就业而给予的奖励款项不属于政府补助。

（　　）3.企业取得与资产相关的政府补助记入“递延收益”科目，随着资产的使用年限分期计入当期损益。

（　　）4.企业取得的与收益相关的政府补助，在取得时直接记入“营业外收入”科目。

（　　）5.企业取得的政府补助属于弥补以前发生事项的应当直接计入营业外收入。

（　　）6.企业取得政府补助一定会影响当期损益。

四、案例分析题

1.某企业于2021年1月10日，完成政府下达的技能培训任务，收到政府补助资金

20万元；5月1日，收到财政部门拨付的用于购买环保设备的补助款400万元；7月1日收到财政部门拨付的经营借款贴息补助15万元。假定不考虑其他因素。

要求：根据上述资料，回答下列各小题。

（1）2021年企业获得的与收益相关的政府补助金额为（　　）万元。

A.20　　B.415　　C.435　　D.35

（2）当企业收到与资产相关的政府补助时，正确的会计处理是（　　）。

A.借记“银行存款”　　B.借记“递延收益”

C.贷记“递延收益”　　D.贷记“主营业务收入”

2.甲公司是一家环保行业龙头企业，2021年度，当地政府为了鼓励环保企业的发展以及弥补未来企业节能减排所带来的损失和费用，给予甲公司一定的政府补助。

要求：根据上述资料，回答下列各小题。

（1）企业取得与收益相关的政府补助，用于补偿已发生的相关费用，直接计入补偿当期的（　　）。

A.资本公积　　B.营业外收入　　C.其他业务收入　　D.主营业务收入

（2）企业取得与资产相关的政府补助，在实际收到款项时，借记“银行存款”科目，贷记的科目是（　　）。

A.“资本公积”　　B.“营业外收入”　　C.“其他业务收入”　　D.“递延收益”

任务三　所得税费用核算

一、单项选择题（每题只有一个正确选项，请将正确选项填在括号内）

1.明华股份有限公司2020年发生亏损300万元，2021年实现税前会计利润600万元，其中包括国债利息收入50万元；在营业外支出中有税收滞纳金20万元；所得税税率为25%。该公司2021年的所得税费用为（　　）万元。

A.112.5　　B.130　　C.150　　D.67.5

2.明华股份有限公司2021年度的利润总额为800万元，本年的国债利息收入为50万元，业务招待费实际发生额为70万元，可扣除业务招待费为50万元。企业所得税税率为25%，不考虑其他事项，明华股份有限公司2021年应纳税所得额为（　　）万元。

A.242.5　　B.770　　C.700　　D.1 000

3.下列各项关于应纳税所得额的计算公式，正确的是（　　）。

A.应纳税所得额=税前会计利润

B.应纳税所得额=税前会计利润+纳税调整增加额-纳税调整减少额

C.应纳税所得额=税后会计利润+纳税调整增加额-纳税调整减少额

D.应纳税所得额=税后会计利润

4.根据税法的规定，下列各项，应予纳税调减的项目是（　　）。

A.股票转让净收益　　B.国债利息收入

C.公司债券的利息收入　　D.公司债券转让净收益

5.明华股份有限公司2021年全年税前会计利润为988万元，经查明华股份有限公司当年的营业外支出中有12万元为税收滞纳金。明华股份有限公司递延所得税负债年初数为60万元，年末数为70万元，递延所得税资产年初数为55万元，年末数为50万元。明华股份有限公司适用的所得税税率为25%，假定不考虑其他因素，2021年的所得税费用为（　　）万元。

A.260　　B.250　　C.265　　D.255

6.明华股份有限公司2021年度利润总额为800万元，所得税税率为25%，当年实际分配并发放给职工的工资为300万元，拨付的工会经费为6万元，递延所得税资产年初余额为35万元，年末余额为45万元，递延所得税负债年初余额为70万元，年末余额为100万元，假定明华股份有限公司无其他纳税调整项目，并且递延所得税资产和递延所得税负债均与所得税费用相关，2021年所得税费用为（　　）万元。

A.200　　B.250　　C.220　　D.280

二、多项选择题（每题有两个或两个以上的正确选项，请将正确选项填在括号内）

1.下列各项，可能引起当期所得税费用发生增减变动的有（　　）。

A.当期应交所得税　　B.递延所得税

C.应交税费——应交个人所得税　　D.营业外支出

2.在计算企业所得税应纳税所得额时，下列各项正确的有（　　）。

A.企业可以先弥补5年内的未弥补亏损

B.国债利息收入准予免税

C.工会经费按照工资、薪金总额的2%扣除

D.行政罚款、税收滞纳金不允许扣除

3.下列各项，在计算应纳税所得额时不需要做纳税调减的有（　　）。

A.超标的广告费支出　　B.超过税法规定标准的职工薪酬

C.国库券利息收入　　D.税收滞纳金支出

4.下列各项，会计上和税法上核算不一致，需要进行纳税调整的有（　　）。

A.行政性罚款支出　　B.国债利息收入

C.公司债券的利息收入　　D.公司债券转让净收益

5.根据税法的规定，下列应该进行纳税调增的项目有（　　）。

A.国债利息收入

B.企业发生的职工福利费支出没有超过工资总额10%的部分

C.企业拨缴的工会经费超过工资总额2%的部分

D.税收滞纳金

6.下列与所得税相关的计算公式正确的有（　　）。

A.所得税费用=当期所得税+递延所得税

B.应交所得税=应纳税所得额×所得税税率

C.递延所得税=（期末递延所得税负债-期初递延所得税负债）+（期末递延所得

税资产-期初递延所得税资产）

D.递延所得税=（期末递延所得税负债-期初递延所得税负债）-（期末递延所得税资产-期初递延所得税资产）

三、判断题（正确的在括号内打“√”，错误的打“×”）

（　　）1.递延所得税资产是指以未来期间很可能取得用来抵扣可抵扣暂时性差异的应纳税所得额为限确认的一项资产。

（　　）2.递延所得税负债是指根据应纳税暂时性差异计算出来的未来期间应付所得税的金额。

（　　）3.明华股份有限公司2021年年初有上年形成的亏损25万元，当年实现利润总额15万元，所得税税率为25%，则公司2021年不需要缴纳企业所得税。

（　　）4.税收滞纳金和非公益性捐赠支出均会增加应纳税所得额。

（　　）5.企业当期的所得税费用就等于当期的应交所得税。

（　　）6.明华股份有限公司2021年年初有2020年形成的亏损30万元，税法规定该亏损可以在未来5年内用税前利润弥补，2021年实现利润总额10万元，不存在其他纳税调整事项，所得税税率为25%，则该企业2021年需要缴纳企业所得税5万元。

四、案例分析题

明华股份有限公司为增值税一般纳税人，销售商品为其主营业务，提供安装劳务为其辅助业务，增值税税率为13%，产品销售价款中均不含增值税，适用的企业所得税税率为25%。产品销售成本按经济业务逐项结转。2021年1—11月末实现会计利润总额750万元，递延所得税负债年初数为10万元，递延所得税资产年初数为7万元。12月份发生的业务资料如下：

（1）12月1日，向B公司销售C商品一批，开出的增值税专用发票上注明的售价为60万元，增值税税额为7.8万元；商品已发出，货款尚未收到；该批商品成本为30万元。

（2）12月7日，开出支票支付企业本月应负担的广告宣传费1.5万元。

（3）12月31日，确认安装设备的劳务收入。该设备安装劳务合同总价款为100万元，预计合同总成本为70万元，合同价款在2021年签订合同时已收取。采用完工百分比法确认劳务收入。截至本年年末，该劳务的累计完工进度为80%，前期已累计确认劳务收入50万元、劳务成本35万元。

（4）12月31日，进行财产清查，发现因管理不善造成原材料毁损一批，该批原材料的成本为10万元，应负担的增值税进项税额为1.3万元。收到保险公司赔偿6.6万元，经批准做账务处理。

（5）12月31日，企业当期应交城市维护建设税3.5万元，应交教育费附加1.5万元，于月末计提。

（6）12月31日，本年递延所得税负债的年末数为15万元，递延所得税资产的年末数为10万元。

假定本期的递延所得税均影响利润表中的递延所得税费用，不考虑其他因素。

要求：根据上述资料，不考虑其他因素，回答下列各小题。

（1）根据资料（2）至（4），明华股份有限公司12月份的会计处理正确的是（　　）。

A.资料（2）支付本月应负担的广告宣传费应当计入财务费用

B.资料（3）确认的劳务收入，计入其他业务收入

C.资料（4）应当进行进项税额转出

D.资料（4）不应进行进项税额转出

（2）明华股份有限公司2021年利润总额为（　　）万元。

A.778.8　　B.799　　C.777　　D.777.8

（3）根据上述资料计算2021年度递延所得税负债（贷方发生额用正数表示，借方发生额用负数表示）以及递延所得税资产的发生额（借方发生额用正数表示，贷方发生额用负数表示）分别为（　　）万元。

A.-3，5　　B.5，3　　C.3，5　　D.-5，-3

（4）明华股份有限公司2021年应交所得税金额为（　　）万元。

A.196.75　　B.193.75　　C.196.5　　D.196.7

（5）明华股份有限公司2021年净利润金额为（　　）万元。

A.585.5　　B.582.1　　C.581.125　　D.590.5

任务四　本年利润核算

一、单项选择题（每题只有一个正确选项，请将正确选项填在括号内）

1.下列错误的会计事项，只影响“营业利润”而不影响“利润总额”的是（　　）。

A.将投资收益错登为“其他业务收入”

B.将罚款支出错登为“其他业务成本”

C.将定额内损耗的存货盘亏错登为“销售费用”

D.将出售原材料的成本错登为“主营业务成本”

2.明华股份有限公司2021年5月20日购入一台设备供办公室使用，设备的购入价款是60万元，采用直线法摊销，摊销年限是5年，假定不考虑其他因素，该业务使得明华股份有限公司2021年度利润总额减少（　　）万元。

A.7　　B.60　　C.12　　D.15

3.明华股份有限公司2021年5月主营业务收入为30万元，主营业务成本为10万元，管理费用为2万元，公允价值变动收益为3万元，投资收益为2万元。假定不考虑其他因素，该公司本月的营业利润为（　　）万元。

A.23　　B.11　　C.16　　D.10

4.明华股份有限公司2021年度税前会计利润为5 000万元，所得税税率为25%。明华股份有限公司全年实发工资、薪金总额为300万元，职工福利费为52万元。经查，明

华股份有限公司当年营业外支出中有6万元为税收滞纳金。假定明华股份有限公司全年无其他纳税调整因素，则该公司2021年的净利润为（　　）万元。

A.3 764　　B.3 750　　C.3 746　　D.3 700

5.每月月末均需编制转账凭证，将在账上结计出的各损益类科目的余额转入“本年利润”的方法是（　　）。

A.表结法　　B.账结法　　C.月结法　　D.日结法

6.下列各项，影响当期利润表中营业利润的是（　　）。

A.固定资产盘盈　　B.无形资产出售损失

C.无形资产减值损失　　D.转销确实无法支付的应付账款

二、多项选择题（每题有两个或两个以上的正确选项，请将正确选项填在括号内）

1.下列各项，影响当期利润表中利润总额的有（　　）。

A.缴纳税收滞纳金　　B.固定资产盘盈

C.因长期股权投资取得的投资收益　　D.无形资产出售利得

2.下列科目，期末余额应转入本年利润的有（　　）。

A.“财务费用”　　B.“主营业务收入”

C.“营业外收入”　　D.“递延收益”

3.企业发生的下列事项，影响“投资收益”科目金额的有（　　）。

A.交易性金融资产在持有期间确认的现金股利

B.持有期间，按债权投资的摊余成本和实际利率确定的利息

C.当处置权益法核算的长期股权投资时，结转持有期间确认的其他权益变动金额

D.取得债权投资发生的交易费用

4.下列各项，关于期末结转本年利润“账结法”的表述正确的有（　　）。

A.每月月末将各损益类科目的余额转入“本年利润”科目

B.每月月末需要编制结转损益凭证

C.与“表结法”相比，减少了转账环节和相应的工作量

D.“本年利润”科目可以提供当月及本年累计的利润（或亏损）额

5.下列各项，不会导致净利润变动的有（　　）。

A.以银行存款购入专利权　　B.计算结转当期应交的城市维护建设税

C.购入原材料，未付款　　D.结转当期应交未交的增值税

6.下列各项，关于结转本年利润的方法表述正确的有（　　）。

A.表结法减少了月末转账环节的工作量，且不影响利润表的编制

B.账结法下无须每月编制转账凭证，仅在年末一次性编制

C.表结法下每月月末需将损益类科目本月发生额合计数填入利润表的本月数栏内

D.期末结转本年利润的方法有表结法和账结法两种

三、判断题（正确的在括号内打“√”，错误的打“×”）

（　　）1.年度终了，“利润分配”科目下的明细科目均应当没有余额。

(　　) 2. 对采用成本模式进行后续计量的投资性房地产计提折旧，影响营业利润的金额。

(　　) 3. 固定资产出售和出租均影响营业利润的金额。

(　　) 4. “以前年度损益调整”科目余额在期末应该转到“本年利润”科目。

项目十四

财务报表编制

任务一 资产负债表编制

一、单项选择题（每题只有一个正确选项，请将正确选项填在括号内）

1. 根据我国统一会计制度的规定，企业资产负债表的格式是（ ）。

A. 报告式 B. 账户式 C. 多步式 D. 单步式

2. 下列各项，属于资产负债表中流动负债项目的是（ ）。

A. 长期借款 B. 长期应付款

C. 应付职工薪酬 D. 应付债券

3. 某企业2021年12月31日无形资产账户余额为500万元，累计摊销账户余额为200万元，无形资产减值准备账户余额为100万元。该企业2021年12月31日资产负债表中无形资产项目的金额为（ ）万元。

A.500 B.300 C.400 D.200

4. 下列各项在资产负债表中只需要根据某一个总分类账户就能填列的是（ ）。

A. 应收账款 B. 短期借款

C. 预付款项 D. 预收款项

5. 资产负债表中货币资金项目中包含的项目是（ ）。

A. 银行本票存款 B. 银行承兑汇票 C. 商业承兑汇票 D. 交易性金融资产

6. 资产负债表中的“未分配利润”项目，应根据（ ）填列。

A. “利润分配”科目余额

B. “本年利润”科目余额

C. “本年利润”和“利润分配”科目的余额计算后

D. “盈余公积”科目余额

二、多项选择题（每题有两个或两个以上的正确选项，请将正确选项填在括号内）

1. 下列各项，列在资产负债表左方的有（ ）。

A. 固定资产 B. 无形资产 C. 预计负债 D. 实收资本

2. 下列各项不属于资产负债表中的负债、所有者权益项目排列原理的有（ ）。

A. 流动性 B. 重要性 C. 求偿权 D. 盈利性

3. 下列各项，应包括在资产负债表“存货”项目的有（ ）。

A. 委托代销商品 B. 委托加工物资

C. 正在加工中的在产品 D. 发出商品

4. 下列资产负债表项目，根据总账科目余额直接填列的有（ ）。

A. 短期借款 B. 实收资本

C. 应收账款 D. 应交税费

5. 资产负债表“应收账款”项目应根据（ ）计算填列。

A.应收账款所属明细账借方余额合计
B.预收账款所属明细账借方余额合计
C.应付账款所属明细账借方余额合计
D.预付账款所属明细账借方余额合计

6.下列账户，可能影响资产负债表“应付账款”项目金额的有（　　）。

A.应收账款　　B.预收账款
C.应付账款　　D.预付账款

三、判断题（正确的在括号内打“√”，错误的打“×”）

（　　）1.我国企业的资产负债表采用报告式结构。

（　　）2.账户式资产负债表分左右两方，左方为资产项目，按资产的流动性大小排列，右方为负债及所有者权益项目，一般按要求清偿时间的先后顺序排列。

（　　）3.资产负债表应根据有关账户余额编制，利润表应根据有关账户发生额编制。

（　　）4.编制资产负债表时，以公允价值计量且其变动计入当期损益的金融资产可以直接填列。

（　　）5.“利润分配”总账的年末余额不一定与相应的资产负债表“未分配利润”项目的数额一致。

四、案例分析题

1.某公司2021年期末有关账户的余额见表14-1。

要求：根据上述资料，回答下列各小题。

（1）2021年12月31日资产负债表上应填列的“货币资金”金额为（　　）元。

A.20 000　　B.600 000　　C.580 000　　D.620 000

（2）2021年12月31日资产负债表上应填列的“应收账款”金额为（　　）元。

A.100 000　　B.-100 000　　C.200 000　　D.-200 000

（3）2021年12月31日资产负债表上应填列的“预付款项”金额为（　　）元。

A.36 000　　B.60 000　　C.96 000　　D.-96 000

（4）2021年12月31日资产负债表上应填列的“其他应收款”金额为（　　）元。

A.10 000　　B.-10 000　　C.30 000　　D.-30 000

（5）2021年12月31日资产负债表上应填列的“存货”金额为（　　）元。

A.215 000　　B.715 000　　C.700 000　　D.723 000

2.2021年6月1日，龙达有限责任公司“应收账款”账户借方余额为560 000元，两个所属明细账户的余额分别为：“W企业”借方余额300 000元，“M企业”借方余额260 000元。6月10日，龙达有限责任公司收到W企业归还的账款200 000元，存入银行；6月16日，龙达有限责任公司向M企业销售一批商品，开出的增值税专用发票上标明价款100 000元，增值税税额13 000元，商品已发出，款项尚未收到。

表14-1　　2021年期末有关账户的余额　　单位：元

账户	借方余额	贷方余额
库存现金	20 000	
银行存款	600 000	
材料采购	15 000	
原材料	200 000	
库存商品	500 000	
生产成本	8 000	
预付账款	6 000	
其中：A公司	36 000	
B公司		30 000
其他应收款	30 000	
应收账款	50 000	
其中：C公司	100 000	
D公司		50 000
预收账款		150 000
其中：E公司		250 000
F公司	100 000	
应付账款		30 000
其中：H公司	60 000	
G公司		90 000

要求：根据上述资料，回答下列各小题。

（1）关于2021年6月10日龙达有限责任公司的应收账款，下列表述正确的是（　　）。

A.“应收账款——W企业”明细账借方余额为100 000元

B.“应收账款——W企业”明细账借方余额为300 000元

C.“应收账款”总账借方余额为360 000元

D.应收账款所有明细账借方余额之和为360 000元

（2）关于2021年6月份龙达有限责任公司“应收账款”明细账发生额，下列表述正确的是（　　）。

A.“应收账款——W企业”明细账户借方发生额为200 000元

B.“应收账款——W企业”明细账户贷方发生额为200 000元

C.“应收账款——M企业”明细账户借方发生额为100 000元

D.“应收账款——M企业”明细账户借方发生额为113 000元

（3）关于2021年6月份龙达有限责任公司“应收账款”总账，下列表述正确的是（　　）。

A.“应收账款”总账本月借方发生额为313 000元

B.“应收账款”总账本月借方发生额为113 000元

C.“应收账款”总账本月贷方发生额为200 000元

D.“应收账款”总账6月月末借方余额为473 000元

（4）下列各项，应在资产负债表“应收账款”项目列示的是（　　）。

A.“预付账款”科目所属明细科目的借方余额

B.“应收账款”科目所属明细科目的借方余额

C.“应收账款”科目所属明细科目的贷方余额

D.“预付账款”科目所属明细科目的贷方余额

（5）M企业应记入“应收账款”明细账户借方的金额是（　　）元。

A.100 000　　B.113 000　　C.300 000　　D.213 000

任务二　利润表编制

一、单项选择题（每题只有一个正确选项，请将正确选项填在括号内）

1.下列各项，不影响营业利润的项目是（　　）。

A.提供主营业务收入

B.随商品出售单独计价的包装物收入

C.固定资产报废

D.交易性金融资产公允价值上升形成的收益

2.某企业2021年发生的营业收入为1 000万元，营业成本为600万元，销售费用为20万元，管理费用为50万元，财务费用为10万元，投资收益为40万元，资产减值损失为70万元，公允价值变动收益为80万元，资产处置收益为10万元，其他收益为5万元，营业外收入为25万元，营业外支出为15万元。该企业2021年的营业利润为（　　）万元。

A.385　　B.330　　C.320　　D.380

3.能够反映企业一定期间经营成果，分析企业获利能力的报表是（　　）。

A.资产负债表　　B.利润表

C.现金流量表　　D.所有者权益变动表

4.下列各项，不影响企业营业利润的是（　　）。

A.营业外收入　　B.投资收益　　C.资产减值损失　　D.管理费用

5.某企业2021年2月主营业务收入为100万元，主营业务成本为80万元，管理费用为5万元，资产减值损失为2万元，投资收益为10万元。假定不考虑其他因素，该企业当月的营业利润为（　　）万元。

A.13　　B.15　　C.18　　D.23

6.下列各项，不会引起利润总额发生增减变动的是（　　）。

A.计提存货跌价准备　　B.确认劳务收入

C.确认所得税费用　　D.取得持有国债的利息收入

二、多项选择题（每题有两个或两个以上的正确选项，请将正确选项填在括号内）

1.下列各项，影响营业利润项目的有（　　）。

A.计提的坏账准备　　B.转让无形资产所有权的收入

C.已销商品成本　　D.转让股票所得收益

2.下列各项不是我国现行的利润表所采用结构的有（　　）。

A.账户式　　B.报告式　　C.单步式　　D.多步式

3.下列各项，会影响企业利润表中“营业利润”项目填列金额的有（　　）。

A.对外投资取得的投资收益　　B.出租无形资产取得的租金收入

C.计提固定资产减值准备　　D.缴纳所得税

4.下列各项，属于利润表项目的有（　　）。

A.未分配利润　　B.营业外收入　　C.净利润　　D.营业收入

5.下列各项，影响企业营业利润的有（　　）。

A.营业外收入　　B.投资收益　　C.资产减值损失　　D.管理费用

三、判断题（正确的在括号内打“√”，错误的打“×”）

（　　）1.如果不存在纳税调整事项，利润表中的“所得税费用”项目金额可以直接根据“利润总额”项目金额乘以所得税税率计算得到。

（　　）2.在利润表中，“税金及附加”项目应根据其科目的当期发生额填列。

（　　）3.利润总额等于营业利润加上营业外收入减去营业外支出再减去所得税。

（　　）4.利润表中的营业成本根据“主营业务成本”科目的当期发生额加上“其他业务成本”科目的当期发生额计算填列。

四、案例分析题

1.甲公司2020年和2021年发生的有关固定资产业务如下：

（1）2020年12月20日，甲公司向乙公司一次性购进3台不同型号且具有不同生产能力的A设备、B设备和C设备，共支付价款4 000万元，增值税税额为520万元，包装费及运输费30万元，另支付A设备安装费18万元，B设备、C设备不需要安装，同时，支付购置合同签订、差旅费等相关费用2万元，全部款项已由银行存款支付。

（2）2020年12月28日，3台设备均达到预定可使用状态，3台设备的公允价值分别为2 000万元、1 800万元和1 200万元。该公司按每台设备公允价值的比例对支付的价款进行分配，并分别确定其入账价值。

（3）3台设备预计的使用年限均为5年，预计净残值率均为2%，使用双倍余额递减法计提折旧。

（4）2021年3月份，支付A设备、B设备和C设备日常维修费用分别为1.2万元、0.5万元和0.3万元。

（5）2021年12月31日，对固定资产进行减值测试，发现B设备实际运行效率和生产能力难以完全达到预计的状况，存在减值迹象，其预计可收回金额低于账面价值120万元，其他各项固定资产未发生减值迹象。

要求：根据上述资料，不考虑其他因素，回答下列各小题。

（1）根据资料（1）和资料（2），下列关于固定资产取得的会计处理表述正确的是（　　）。

A.固定资产应按公允价值进行初始计量

B.支付的相关增值税税额不应计入固定资产的取得成本

C.固定资产取得成本与其公允价值的差额应计入当期损益

D.购买价款、包装费、运输费、安装费等费用应计入固定资产的取得成本

（2）根据资料（1）和资料（2），下列各项计算结果正确的是（　　）。

A.A设备的入账价值为1 612万元

B.B设备的入账价值为1 450.8万元

C.C设备的入账价值为967.2万元

D.A设备分配购进固定资产总价款的比例为40%

（3）根据资料（1）和资料（2），固定资产购置业务引起下列科目增减变动正确的是（　　）。

A.“银行存款”减少4 050万元

B.“管理费用”增加2万元

C.“制造费用”增加2万元

D.“应交税费——应交增值税（进项税额）”增加520万元

（4）根据资料（3），下列各项，关于甲公司固定资产折旧表述正确的是（　　）。

A.前3年计提折旧所使用的折旧率为40%

B.A设备2020年度应计提折旧额为652万元

C.B设备2020年度应计提折旧额为580.32万元

D.计提前3年折旧额时不需要考虑残值的影响

（5）根据资料（5），甲公司计提资产减值准备对其利润表项目的影响是（　　）。

A.资产减值损失增加120万元　　B.营业利润减少120万元

C.利润总额减少120万元　　D.净利润减少90万元

2.甲公司为增值税一般纳税人，适用的增值税税率为13%，所得税税率为25%，假定销售商品、原材料和提供劳务均符合收入确认条件，其成本在确认收入时逐笔结转，商品、原材料售价中不含增值税。2021年甲公司发生如下交易或事项：

（1）5月2日，向乙公司销售一批商品，按商品标价计算的金额为200万元。该批商品实际成本为150万元。由于是成批销售，甲公司给予乙公司10%的商业折扣并开具了增值税专用发票，并在销售合同中规定现金折扣条件为“2/10，1/20，n/30”，甲公司已于当日发出商品，乙公司于5月15日付款，假定计算现金折扣时不考虑增

值税。

（2）7月5日，甲公司由于产品质量原因对上月出售给丙公司的一批商品按售价给予10%的销售折让，该批商品售价为300万元，增值税税额为39万元，货款已结清。经认定，甲公司同意给予折让并以银行存款退还折让款，同时开具红字增值税专用发票。

（3）9月20日，销售一批材料，增值税专用发票上注明的售价为15万元，增值税税额为1.95万元。款项已由银行收妥。该批材料的实际成本为10万元。

（4）10月5日，承接一项设备安装劳务，合同期为6个月，合同总收入为120万元，已经预收80万元，余额在设备安装完成时收回。采用完工百分比法确认劳务收入。完工率按照已发生成本占估计总成本的比例确定，至2021年12月31日已发生的成本为50万元，预计完成劳务还将发生成本30万元。

（5）11月10日，向本公司行政管理人员发放自产产品作为福利。该批产品的实际成本为8万元，市场售价为10万元。

（6）12月20日，收到国债利息收入59万元，以银行存款支付销售费用5.5万元，支付税收滞纳金2万元。

要求：根据上述资料，不考虑其他因素，回答下列各小题。（答案中的金额单位用万元表示）

（1）根据资料（1），下列各项，会计处理结果正确的是（　　）。

A.5月2日，甲公司应确认销售商品收入180万元

B.5月2日，甲公司应确认销售商品收入176万元

C.5月15日，甲公司应确认财务费用2万元

D.5月15日，甲公司应确认财务费用1.8万元

（2）根据资料（2）至（5），下列各项，会计处理正确的是（　　）。

A.7月5日，甲公司发生销售折让时的会计分录：

借：主营业务收入　30

　　应交税费——应交增值税（销项税额）　3.9

　　贷：银行存款　33.9

B.9月20日，甲公司销售材料时的会计分录：

借：银行存款　16.95

　　贷：其他业务收入　15

　　　　应交税费——应交增值税（销项税额）　1.95

借：其他业务成本　10

　　贷：原材料　10

C.11月10日，甲公司向本公司行政管理人员发放自产产品时的会计分录：

借：管理费用　11.3

　　贷：应付职工薪酬　11.3

借：应付职工薪酬　11.3

　　贷：主营业务收入　10

贷：应交税费——应交增值税（销项税额）　1.3

借：主营业务成本　8

贷：库存商品　8

D.12月31日，甲公司确认劳务收入，结转劳务成本的会计分录：

借：预收账款　75

贷：主营业务收入　75

借：主营业务成本　50

贷：劳务成本　50

（3）根据资料（1）至（5），甲公司2021年度利润表中“营业成本”项目的金额是（　）万元。

A.168　B.200　C.208　D.218

（4）根据资料（1）至（6），下列各项，关于甲公司2021年期间费用和营业利润计算结果正确的是（　）。

A.期间费用为7.3万元　B.期间费用为18.9万元

C.营业利润为13万元　D.营业利润为72.1万元

（5）根据资料（1）至（6），下列各项，关于甲公司2021年度利润表中“所得税费用”和“净利润”项目的计算结果正确的是（　）。

A.所得税费用3.275万元　B.净利润66.825万元

C.所得税费用17.5万元　D.净利润52.5万元

3.龙达有限责任公司2021年12月31日，“主营业务收入”账户贷方发生额为500 000元，“主营业务成本”账户借方发生额为300 000元，“其他业务收入”账户贷方发生额为100 000元，“其他业务成本”账户借方发生额为50 000元，“税金及附加”账户借方发生额为10 000元，“销售费用”账户借方发生额为8 000元，“管理费用”账户借方发生额为7 000元，“财务费用”账户借方发生额为1 000元，“资产减值损失”账户借方发生额为2 000元，“投资收益”账户贷方发生额为10 000元（无借方发生额），“营业外收入”账户贷方发生额为60 000元，“营业外支出”账户借方发生额为20 000元，“所得税费用”账户借方发生额为68 000元。

要求：根据上述资料，不考虑其他因素，回答下列各小题。

（1）营业收入为（　）元。

A.600 000　B.500 000　C.100 000　D.400 000

（2）营业成本为（　）元。

A.300 000　B.50 000　C.250 000　D.350 000

（3）营业利润为（　）元。

A.250 000　B.232 000　C.243 000　D.234 000

（4）利润总额为（　）元。

A.234 000　B.270 000　C.272 000　D.240 000

（5）净利润为（　）元。

A.240 000　B.270 000　C.234 000　D.204 000

任务三 现金流量表编制

一、单项选择题（每题只有一个正确选项，请将正确选项填在括号内）

1.下列各项现金流出，不属于企业现金流量表中“筹资活动产生的现金流量”项目的是（　　）。

A.偿还应付账款　B.偿还短期借款　C.发放现金股利　D.支付借款利息

2.A公司2021年购买商品支付500万元（含增值税），支付2020年接受劳务的未付款项为50万元，2021年发生购货退回15万元，假设不考虑其他条件，A公司2021年现金流量表“购买商品、接受劳务支付的现金”项目中应填列（　　）万元。

A.535　B.465　C.435　D.500

3.下列各项属于经营活动现金流量中的流入项目的是（　　）。

A.销售商品、提供劳务收到的现金　B.购买商品、接受劳务支付的现金

C.支付给职工以及为职工支付的现金　D.投资支付的现金

4.企业发行股票筹集资金所发生的审计费用，在编制现金流量表时，应在（　　）项目反映。

A.“吸收投资收到的现金”

B.“支付其他与筹资活动有关的现金”

C.“偿还债务支付的现金”

D.“分配股利、利润或偿付利息支付的现金”

5.下列各项，不属于现金流量表“经营活动产生的现金流量”项目的是（　　）。

A.对外销售商品所产生的现金流量

B.实际收到应收票据利息收入所产生的现金流量

C.购买办公用品产生的现金流量

D.偿还短期借款产生的现金流量

6.以下各项不属于现金流量表补充资料要调整的项目的是（　　）。

A.偿还债务支付的现金　B.资产减值损失

C.财务费用　D.公允价值变动损益

二、多项选择题（每题有两个或两个以上的正确选项，请将正确选项填在括号内）

1.现金流量表的作用有（　　）。

A.现金流量表可以提供公司的现金流量信息，从而对公司整体财务状况作出客观评价

B.现金流量表能够说明公司在一定期间内现金流入和流出的原因，并说明公司的偿债能力和支付能力

C.通过现金流量表能够分析公司未来获取现金的能力，并可预测公司未来的财务

状况和发展情况

D.现金流量表能够提供不涉及现金的投资和筹资活动的信息

2.采用直接法具体编制现金流量表时，可以采用（　　）。

A.工作底稿法　　B.T形账户法

C.根据有关科目记录分析填列　　D.报表分析法

3.现金流量表中的“支付给职工以及为职工支付的现金”项目包括（　　）。

A.支付的在建工程人员的职工薪酬

B.支付的生产工人的职工薪酬

C.支付给退休人员的退休金

D.支付的行政管理人员的职工薪酬

4.“不涉及现金收支的重大投资和筹资活动”项目下需列示（　　）。

A.“债务转为资本”　　B.“一年内到期的可转换公司债券”

C.“融资租入固定资产”　　D.“从银行提取现金”

5.下列各项现金流出，属于企业现金流量表中“投资活动产生的现金流量”项目的有（　　）。

A.发放给管理人员的工资　　B.购买固定资产支付的现金

C.购买无形资产支付的现金　　D.购买办公用品支付的现金

6.以下现金流量表补充资料中不属于经营活动损益的有（　　）。

A“处置固定资产、无形资产和其他长期资产的损失”项目

B.“固定资产报废损失”项目

C.“公允价值变动损失”项目

D.“管理费用”项目

三、判断题（正确的在括号内打“√”，错误的打“×”）

（　　）1.作为现金流量表编制基础的现金是指现金及现金等价物，包括银行汇票和商业汇票。

（　　）2.间接法是指通过现金收入和现金支出的主要类别列示经营活动的现金流量。

（　　）3.现金流量表中“销售商品、提供劳务收到的现金”项目，反映本企业自营销售商品或提供劳务收到的现金，不包括委托代销商品收到的现金。

（　　）4.企业捐赠现金支出应在“支付其他与筹资活动有关的现金”项目中反映。

（　　）5.企业收回长期债权投资本息所收到的现金应在“吸收投资收到的现金”项目中反映。

（　　）6.处置固定资产、无形资产和其他长期资产，不属于经营活动，而属于投资活动，如果处置固定资产、无形资产和其他长期资产产生了损失，则在调整净利润时加回。

四、案例分析题

1.大海有限责任公司2021年有关资料如下：

（1）本年销售商品收到的货款为2 200万元，以前年度销售商品本年收回的货款为200万元，本年预收下年度的款项为100万元，本年销售本年退回商品支付的退货款为200万元，以前年度销售本年退回商品支付的退货款为60万元。

（2）本年购买商品支付的款项为1 500万元，本年支付以前年度购买商品所欠的款项为60万元，本年预付下年货款200万元，本年发生购货退回收到40万元。

（3）本年确认生产人员的职工薪酬为400万元、管理人员的职工薪酬为200万元，“应付职工薪酬”年初余额和年末余额分别为30万元和200万元，假定应付职工薪酬本期减少数均为本年支付的现金。

（4）本年度利润表中的所得税费用为250万元（均为当期应交所得税产生的所得税费用），“应交税费——应交所得税”科目年初数为10万元，年末数为60万元。本期实际缴纳消费税70万元、增值税120万元。假定不考虑其他税费。

要求：根据上述资料，不考虑其他因素，回答下列各小题。

（1）根据资料（1），关于填列现金流量表中“销售商品、提供劳务收到的现金”项目的金额，说法正确的是（　　）。

A.“销售商品、提供劳务收到的现金”的填列金额为2 200万元

B.“销售商品、提供劳务收到的现金”的填列金额为2 000万元

C.“销售商品、提供劳务收到的现金”的填列金额为200万元

D.“销售商品、提供劳务收到的现金”的填列金额为2 240万元

（2）根据资料（2），现金流量表中“购买商品、接受劳务支付的现金”项目填列金额为（　　）万元。

A.1 520　　B.1 760　　C.1 720　　D.1 660

（3）根据资料（3），现金流量表中“支付给职工以及为职工支付的现金”项目填列金额为（　　）万元。

A.630　　B.600　　C.430　　D.400

（4）根据资料（4），现金流量表中“支付的各项税费”项目填列金额为（　　）万元。

A.450　　B.380　　C.320　　D.390

（5）编制现金流量表时，若有本期退回的增值税应在（　　）项目中反映。

A.“支付的各项税费”

B.“收到的税费返还”

C.“支付其他与经营活动有关的现金”

D.“收到其他与经营活动有关的现金”

2.龙达有限责任公司2021年度发生的业务种类有：按期支付各项税费，收到投资债券利息，支付职工工资，以存款购买设备，对受灾地区进行现金捐赠，支付了融资租入固定资产的租赁费，计提资产减值准备和固定资产折旧等。

要求：根据上述资料，回答下列各小题。

（1）下列各项，属于投资活动产生的现金流量的是（　　）。

A.支付的所得税税款

B.取得债券利息收入所收到的现金

C.支付给职工以及为职工支付的现金

D.购建固定资产所支付的现金

（2）企业"支付其他与筹资活动有关的现金"项目反映（　　）。

A.现金捐赠支出　　B.融资租入固定资产支付的租赁费

C.计提的资产减值准备　　D.固定资产计提的折旧

（3）企业的现金流量分为（　　）。

A.经营活动的现金流量　　B.投资活动的现金流量

C.筹资活动的现金流量　　D.借款活动的现金流量

（4）下列各项，不属于现金流量表"筹资活动产生的现金流量"项目的是（　　）。

A.取得借款收到的现金

B.吸收投资收到的现金

C.赊购材料未支付的款项

D.分配股利、利润或偿付利息支付的现金

（5）下列各项，能引起现金流量净额变动的是（　　）。

A.将现金存入银行　　B.用银行存款购买1个月到期的债券

C.用存货抵偿债务　　D.用银行存款清偿200万元的债务

3.宇辰有限责任公司2021年度发生的与现金流量表补充资料有关的业务如下：

（1）应收账款余额200 000元，按应收账款余额的5%计提坏账准备，固定资产计提减值准备5 000元，计提存货跌价准备2 000元。

（2）本期生产用厂房原值5 000 000元，年折旧率为2%，生产用机器设备计提折旧50 000元，管理用固定资产计提折旧10 000元，无形资产摊销20 000元，其中生产用无形资产摊销12 000元。

（3）投资于大发有限责任公司的长期股权投资本期发生损失30 000元，投资于海洋公司的投资本期取得收益40 000元。

（4）取得应收票据贴现利息5 000元，计入财务费用的短期借款利息为11 000元。

（5）处置固定资产取得款项30 000元，账面原值100 000元，已经计提折旧80 000元。

要求：根据上述资料，回答下列各小题。

（1）现金流量表补充资料中的资产减值准备金额为（　　）元。

A.10 000　　B.5 000　　C.15 000　　D.17 000

（2）现金流量表补充资料中的有关固定资产折旧和无形资产摊销金额正确的是（　　）。

A.固定资产折旧160 000元　　B.固定资产折旧150 000元

C.无形资产摊销8 000元　　D.无形资产摊销20 000元

（3）现金流量表补充资料中的"投资损失"项目的金额为（　　）元。

A.30 000　　B.40 000　　C.-10 000　　D.10 000

（4）现金流量表补充资料中的“财务费用”项目的金额为（　　）元。

A.5 000　　B.6 000　　C.11 000　　D.-11 000

（5）现金流量表补充资料中的“处置固定资产、无形资产和其他长期资产的损失”项目的金额为（　　）元。

A.100 000　　B.80 000　　C.-10 000　　D.10 000

任务四　所有者权益变动表编制

一、单项选择题（每题只有一个正确选项，请将正确选项填在括号内）

1.下列各项，不在所有者权益变动表中列示的是（　　）。

A.综合收益总额　　B.所有者投入和减少资本

C.利润分配　　D.每股收益

2.下列各项，应在所有者权益变动表中反映的是（　　）。

A.支付职工薪酬　　B.盈余公积转增股本

C.赊购商品　　D.购买商品支付的现金

3.所有者权益变动表是反映（　　）当期的增减变动情况的报表。

A.构成所有者权益各组成部分　　B.实收资本与盈余公积

C.净利润　　D.上期净利润

4.下列各项，属于所有者权益项目的是（　　）。

A.实收资本　　B.固定资产

C.财务费用　　D.公允价值变动损益

5.下列各项，不应在所有者权益变动表中列示的是（　　）。

A.本年利润

B.直接计入所有者权益的利得和损失

C.会计政策变更和差错更正的累积影响金额

D.所有者投入资本

二、多项选择题（每题有两个或两个以上的正确选项，请将正确选项填在括号内）

1.下列各项，属于所有者权益项目的有（　　）。

A.实收资本　　B.资本公积

C.未分配利润　　D.公允价值变动损益

2.“综合收益总额”项目，反映企业当年实现的净利润（或净亏损）和其他综合收益扣除所得税影响后的净额相加后的金额，根据当年利润表填列，并对应列在（　　）两栏。

A.净利润（或净亏损）　　B.其他综合收益

C.未分配利润　　　　　　　　　　　　D.其他权益变动

3.下列各项有关所有者权益变动表的表述正确的有（　　）。

A.所有者权益变动表一般包括表首和正表两部分

B.所有者权益变动表以矩阵的形式列示

C.横向列示导致所有者权益变动的交易或事项

D.纵向按照所有者权益各组成部分列示交易或事项对所有者权益各部分的影响

4.所有者权益变动表正表部分至少应当单独列示反映的信息项目有（　　）。

A.综合收益总额

B.会计政策变更和前期差错更正的累积影响金额

C.所有者投入资本和向所有者分配利润等

D.按照规定提取的盈余公积

5.下列各项，在“所有者权益变动表”中单独填列的有（　　）。

A.提取盈余公积　　　　　　　　　　B.公允价值变动收益

C.综合收益总额　　　　　　　　　　D.股份支付计入所有者权益的金额

6.下列各项关于库存股的说法，表述正确的有（　　）。

A.库存股属于所有者权益类科目

B.该科目核算企业收购、转让或注销的本公司的股份金额

C.期末借方余额，反映企业持有尚未转让或者注销的本公司股份金额

D.该科目属于所有者权益变动表的抵减项

三、判断题（正确的在括号内打“√”，错误的打“×”）

（　　）1.所有者权益变动表“上年金额”栏内各项数字，应根据上年度所有者权益变动表“本年金额”内所列数字填列。

（　　）2.上年度所有者权益变动表规定的各个项目的名称和内容同本年度不一致的，应对本年度所有者权益变动表各项目的名称和数字按照上年度的规定进行调整，填入所有者权益变动表的“上年金额”栏内。

（　　）3.所有者权益变动表“上年年末余额”项目，反映企业上年资产负债表中实收资本（或股本）、资本公积、库存股、盈余公积、未分配利润的年末余额。

（　　）4.所有者权益变动表是反映构成所有者权益各组成部分当期增减变动情况的报表。

（　　）5.所有者权益变动表中的“综合收益总额”项目，反映净利润与其他综合收益扣除所得税影响后的净额相加后的金额。

（　　）6.所有者权益变动表中的“上年金额”栏应该根据上年度所有者权益变动表“本年金额”栏内所列数字进行填列，上年项目的名称和内容与本年不一致的，应按照本年的名称和数字对本年进行调整。

任务五 附 注

一、单项选择题（每题只有一个正确选项，请将正确选项填在括号内）

1.下列各项属于财务报表编制基础的是（ ）。

A.持续经营 B.权责发生制 C.收付实现制 D.可变现净值

2.关于财务报表附注，下列各项表述错误的是（ ）。

A.向企业的有关各方提供全面、系统的财务会计信息

B.其信息的使用者包括出资人、债权人、监管机构、银行和税务机关等

C.帮助信息使用者全面了解企业的财务状况、经营成果和现金流量

D.通过报表附注可以了解企业是否做假账

3.财务报表附注是对资产负债表、利润表、（ ）和所有者权益变动表等报表中列示项目的文字描述或明细资料，以及未能在这些报告中列示项目的说明等。

A.现金流量表 B.费用明细表

C.产品成本构成报表 D.销售明细表

4.下列各项，关于财务报表附注的表述不正确的是（ ）。

A.附注中包括对财务报表重要项目的说明

B.对未能在财务报表中列示的项目应在附注中说明

C.如果没有需要披露的重大事项，企业不必编制附注

D.附注中包括对会计政策和会计估计变更以及差错更正的说明

5.下列各项在附注中“其他综合收益”项目中不应当披露的是（ ）。

A.其他综合收益各项目及其所得税影响

B.所得税费用（收益）与会计利润关系的说明

C.其他综合收益各项目原计入其他综合收益，当期转出计入当期损益的金额

D.其他综合收益各项目的期初和期末余额及其调节情况

6.下列各项，关于财务报表附注的表述不正确的是（ ）。

A.附注中包括对财务报表重要项目和不重要项目的说明

B.对未能在财务报表中列示的项目需要在附注中说明

C.企业必须编制报表附注

D.附注中包括对会计政策和会计估计变更以及差错更正的说明

二、多项选择题（每题有两个或两个以上的正确选项，请将正确选项填在括号内）

1.财务报表附注至少应对（ ）进行说明。

A.关联方关系及其交易

B.重要会计政策对财务状况和经营成果的影响

C.资产负债表日后事项

D.重大投资、融资活动

2.下列各项需要在财务报表附注中进行单独说明的有（　　）。

A.债权投资

B.长期借款

C.固定资产

D.交易性金融资产

3.下列各项，上市公司应在其财务报表附注中披露的有（　　）。

A.重要会计政策和会计估计　　B.报表重要项目的说明

C.与关联方交易的定价政策规定　　D.企业的业务性质和主要经营活动

4.作为财务报表的重要组成部分，对会计报表本身无法或难以充分表达的内容和项目所作的补充说明和详细解释，其中不包括（　　）。

A.附注　　B.资产负债表　　C.利润表　　D.现金流量表

5.附注至少应当包括的内容有（　　）。

A.不符合会计假设的说明

B.或有事项和资产负债表日后事项的说明

C.重要会计政策和会计估计及其变更情况的说明

D.会计报表中重要项目的明细资料

6.下列各项属于财务报表中重要项目的有（　　）。

A.应收账款　　B.固定资产　　C.存货　　D.应交税费

三、判断题（正确的在括号内打“√”，错误的打“×”）

（　　）1.财务报表提供的信息仅供外部的投资者和债权人使用。

（　　）2.企业对报表重要项目的说明，可以按任意顺序，采用文字和数字描述相结合的方式进行披露，报表重要项目的明细金额合计，应当与报表项目金额相衔接。

（　　）3.企业必须对外提供资产负债表、利润表和现金流量表，但附注不属于企业必须对外提供的资料。

（　　）4.企业编制财务报表的时候如果没有需要可以不编制附注。

（　　）5.企业未能在财务报告中说明的内容必须在附注中加以披露。

（　　）6.附注是会计报表的重要组成部分，是对会计报表本身无法或难以充分表达的内容和项目所作的补充说明和详细解释。

第二部分

业务实训

实训一

财务会计认知

一、企业概况

华宇有限责任公司为增值税一般纳税人，适用的增值税税率为13%，所得税税率为25%，会计核算遵循企业会计准则，有关情况如下：

开户银行：中国工商银行滨海市分行

基本户账号：180100112200100888

纳税人识别号：280602002234678

注册资本：20 000 000元

注册地址：滨海市解放街28号　电话：0578-2133999

企业类型：有限责任公司

主营业务：塑料制品的生产与销售

企业法人：陈明

二、实训目标

树立正确的会计职业观，理解会计工作的内涵和内容，以及工作方法和程序。

三、障碍实训

根据实训资料，进行判别、分析，指出存在的错误，并给出正确的做法。

业务1：2021年5月16日

华宇有限责任公司股东需要财务部门提供2020年度的财务信息，会计王鑫准备了以下资料准备交给股东大会：

（1）公司员工花名册；

（2）公司员工每月出勤统计表；

（3）车间生产线产量统计表；

（4）会计四大报表和附注；

（5）每月产品成本计算表。

答案提示

业务2：2021年7月10日

华宇有限责任公司财务部新来了一名出纳张艳丽，经过一段时间的见习，师傅王岩决定今天让张艳丽独立处理会计业务。张艳丽于7月10日进行了如下会计业务处理：

（1）早上一上班，先接受王岩交接的库存现金，在王岩的指导下，先盘点了保险柜里的现金，与库存现金日记账核对一致，然后更改了保险柜密码；

（2）9点钟，收到销售部门通知，通过电子银行转账收取一笔销售商品款，含税价为22.6万元，并开具了发票；

（3）10点20分，供应部采购员李臣报销采购差旅费，张艳丽将李臣的差旅费报销单与后附原始单据核对一致后就按差旅费报销单上的金额支付了现金1 200元；

（4）14点30分，去银行拿回各种结算通知单据，并对相应的收付款进行了记账凭证的编制；

（5）17点30分，收拾办公桌和办公用品后，准备下班回家。

答案提示

实训二

资金筹集过程核算

一、实训目标

熟悉资金筹集业务常见的原始凭证；掌握资金筹集过程的账务处理技能。

二、业务实训

2021年5月份华宇有限责任公司发生的部分资金筹集业务资料如下，请根据实训资料填制、审核原始凭证，编制记账凭证。

业务1：5月3日收到单证

中国工商银行滨海市分行 进账单（回单） 1

2021年5月3日　　第　号

付款人	全称	锦宏股份有限公司	收款人	全称	华宇有限责任公司										
	账号	130223459001001266		账号	180100112200100888										
	开户银行	中国农业银行中山支行		开户银行	中国工商银行滨海市分行										
金额	人民币（大写）	贰佰叁拾肆万元整			千	百	十	万	千	百	十	元	角	分	
						¥	2	3	4	0	0	0	0	0	
票据种类		转账支票													
票据张数		1张													
单位主管　会计 复核　记账			中国工商银行滨海市分行 2021.5.3 转账 转讫 出票开户银行盖章												

收款收据　　No.2609842

2021年5月4日

今收到锦宏股份有限公司

交来的增加（5%）的投资款

人民币大写贰佰叁拾肆万元整　　小写￥2 340 000.00

转账收讫

收款单位（盖章）　华宇有限责任公司财务专用章　　交款人签章：王晓君

第二联 记账联

负责人：　　会计：　　出纳：李莉

业务2：5月5日收到单证

滨海增值税专用发票

发票联

No.21256352

开票日期：2021年5月5日

购买方	名　　称：华宇有限责任公司 纳税人识别号：280602002234678 地 址、电 话：滨海市解放街28号 0578-2133999 开户行及账号：工行滨海市分行180100112200100888				密码区	（略）		
货物或应税劳务、服务名称		规格型号	单位	数量	单　价	金　额	税率	税　额
*化学合成材料*高密度聚乙烯HDPE			吨	50	10 437.50	521 875.00	13%	67 843.75
合　　计						¥521 875.00		¥67 843.75
价税合计（大写）		⊗伍拾捌万玖仟柒佰壹拾捌元柒角伍分				（小写）¥589 718.75		
销售方	名　　称：扬子石油化工有限责任公司 纳税人识别号：250603003344667 7 地 址、电 话：滨海市黄椒路309号 0578-84370981 开户行及账号：工行滨海市黄椒支行320300534513672234				备注			

收款人：王红　　复核：刘伟　　开票人：柳琪　　销售方：（章）

第三联：发票联　购买方记账凭证

存货验收入库单

供应单位：扬子石油化工有限责任公司　2021年5月6日　　原验字第 3 号

名称	规格及型号	计量单位	应收数量	实收数量	单价	金额
高密度聚乙烯HDPE		吨	50	50	10 437.50	521 875.00
合　计			50	50		¥521 875.00

财务主管：　　记账：　　仓库主管：许朝军　　收料：陈岗　　制单：韩磊

第二联　记账联

滨海增值税专用发票

发票联

No.21256382

开票日期：2021年5月5日

购买方	名　　称：华宇有限责任公司 纳税人识别号：280602002234678 地 址、电 话：滨海市解放街28号 0578-2133999 开户行及账号：工行滨海市分行180100112200100888				密码区	（略）		
货物或应税劳务、服务名称		规格型号	单位	数量	单　价	金　额	税率	税　额
*塑料加工设备*注塑机		SH218	台	5	50 000.00	250 000.00	13%	32 500.00
合　　计						¥250 000.00		¥32 500.00
价税合计（大写）		⊗贰拾捌万贰仟伍佰元整				（小写）¥282 500.00		
销售方	名　　称：宏鑫机械制造有限责任公司 纳税人识别号：350603001112233 地 址、电 话：滨海市洪桥路309号 0578-8760429 开户行及账号：建行滨海市洪桥支行1603005836803366				备注			

收款人：张力　　复核：曲欣　　开票人：张峰毅　　销售方：（章）

第三联：发票联　购买方记账凭证

固定资产验收单

2021年5月6日　　　　固生字第 3 号

资产名称	注塑机	规格及型号	SH218	资金来源	股东投入		
资产编号	2031	购置日期	2021-05-05	出厂日期	2018-01-09		
计量单位	台	数量	5	单价	50 000	金额	250 000.00
生产厂家	宏鑫机械制造有限责任公司			存放地点	第二生产车间		
使用部门	第二生产车间	使用情况	生产线生产使用	责任人	王海生		
验收情况							
技术检验部门：技术性能符合要求，验收合格。主管领导：陈刚 2021年5月5日　验收人：黄俊才 2021年5月5日							
设备主管部门：设备及配件齐全、完整，验收合格。主管领导：徐永昌 2021年5月6日　验收人：张凌云 2021年5月6日							

第二联　财务记账联

三、障碍实训

2021年12月份企业部分资金筹集业务资料如下，请指出下列业务的会计处理，哪些是正确的，哪些是错误的。如果是错误的，那么正确的做法是什么？

【实训目的】让学生懂得经济业务发生时应出具与事实相符的原始凭证，以保证会计处理的正确性。由于原始凭证是可以造假的，所以不懂经济业务，不根据事实进行判断，做出的会计处理会导致会计信息失真的问题。

业务1：12月3日收到单证

中国工商银行滨海市分行 进账单（回单）1

2021年12月3日　　　　第　号

付款人	全称	锦宏股份有限公司	收款人	全称	华宇有限责任公司
	账号	1302234590010O1266		账号	18010011220010O888
	开户银行	中国农业银行中山支行		开户银行	中国工商银行滨海市分行
金额	人民币（大写）	贰佰叁拾肆万元整		千百十万千百十元角分	¥ 2 3 4 0 0 0 0 0 0
票据种类		转账支票			
票据张数		1张			
单位主管　会计　复核　记账			出票开户银行盖章		

中国工商银行滨海市分行 2021.12.3 转账 转讫

收 款 收 据　　　　No.2609843

2021 年 12 月 4 日

今收到锦宏股份有限公司

交来的增加（5%）的投资款

人民币大写贰佰叁拾肆万元整　　　　小写￥2 340 000.00

转账收讫

收款单位（盖章）　华宇有限责任公司财务专用章　　　　交款人签章：王晓君

第二联　记账联

负责人：　　　　会计：　　　　出纳：李莉

该收款收据的实际情况是：华宇有限责任公司账簿中应收账款记录有锦宏股份有限公司尚欠货款2 340 000元。锦宏股份有限公司在该公司并无投资。

答案提示

华宇有限责任公司关于该笔业务的会计分录为：

借：银行存款　　　　2 340 000

　　贷：实收资本——锦宏股份　　　　2 340 000

业务2：12月5日收到单证

滨海增值税专用发票

发票联

全国统一发票监制章　滨海　国家税务总局监制

No.21256392

开票日期：2021年12月5日

购买方		密码区
名　　称：华宇有限责任公司 纳税人识别号：280602002234678 地 址、电 话：滨海市解放街28号 0578-2133999 开户行及账号：工行滨海市分行180100112200100888		（略）

货物或应税劳务、服务名称	规格型号	单位	数量	单价	金额	税率	税额
*化学合成材料*高密度聚乙烯HDPE		吨	10	10 437.50	104 375.00	13%	13 568.75
合　计					￥104 375.00		￥13 568.75
价税合计（大写）	⊗壹拾壹万柒仟玖佰肆拾叁元柒角伍分				（小写）￥117 943.75		

销售方	备注
名　　称：扬子石油化工有限责任公司 纳税人识别号：2506030033446677 地 址、电 话：滨海市黄椒路309号 0578-84370981 开户行及账号：工行滨海市黄椒支行320300534513672234	扬子石油化工有限责任公司 2506030033446677 发票专用章

第三联：发票联　购买方记账凭证

收款人：王红　　复核：刘伟　　开票人：柳琪　　销售方：（章）

华宇有限责任公司关于该笔业务的会计分录为：

借：原材料——高密度聚乙烯HDPE　　　　104 375

　　应交税费——应交增值税（进项税额）　　　　13 568.75

　　贷：实收资本——扬子石油化工　　　　117 943.75

滨海增值税专用发票

发票联

No.21256372

开票日期：2021年12月5日

购买方	名　　称：华宇有限责任公司 纳税人识别号：280602002234678 地 址、电 话：滨海市解放街28号 0578-2133999 开户行及账号：工行滨海市分行180100112200100888						密码区	（略）
货物或应税劳务、服务名称	规格型号	单位	数量	单　价	金　额	税率	税 额	
*塑料加工设备*注塑机	SH218	台	5	50 000.00	250 000.00	13%	32 500.00	
合　　计					￥250 000.00		￥32 500.00	
价税合计（大写）	⊗贰拾捌万贰仟伍佰元整				（小写）￥282 500.00			
销售方	名　　称：宏鑫机械制造有限责任公司 纳税人识别号：350603001112233 地 址、电 话：滨海市洪桥路309号 0578-8760429 开户行及账号：建行滨海市洪桥支行1603005836803366						备注	宏鑫机械制造有限责任公司 350603001112233 发票专用章

收款人：张力　　复核：曲欣　　开票人：张峰毅　　销售方：（章）

第三联：发票联　购买方记账凭证

固定资产验收单

2021年12月6日　　固生字第 3 号

资产名称	注塑机	规格及型号	SH218	资金来源	股东投入		
资产编号	2031	购置日期	2021-12-05	出厂日期	2021-01-09		
计量单位	台	数量	5	单价	50 000	金额	250 000.00
生产厂家	宏鑫机械制造有限责任公司			存放地点	第二生产车间		
使用部门	第二生产车间	使用情况	生产线生产使用	责任人	王海生		
验收情况							
技术检验部门： 技术性能符合要求，验收合格。 主管领导：陈刚　2021年12月6日 验收人：黄俊才　2021年12月6日							
设备主管部门： 设备验收合格，相关配件还没有按合同的要求运达，还需进一步验收。 主管领导：徐永昌　2021年12月6日 验收人：张凌云　2021年12月6日							

第二联　财务记账联

华宇有限责任公司关于该笔业务的会计分录为：

借：固定资产　　250 000

　　应交税费——应交增值税（进项税额）　　32 500

　　贷：实收资本——宏鑫机械　　282 500

答案提示

实训三

供应过程核算

任务一　存货核算

一、实训目标

熟悉存货收支业务中的常见原始凭证；掌握存货收支业务的账务处理技能。

二、业务实训

2021年6月份华宇有限责任公司发生的部分存货业务资料如下，请根据实训资料填制、审核原始凭证，编制记账凭证。

业务1：6月5日收到单证

滨海增值税专用发票

发票联

（印章：全国统一发票监制章 滨海 国家税务总局监制）

No.31257356

开票日期：2021年6月5日

<table>
<tr><td rowspan="4">购买方</td><td colspan="4">名　　称：华宇有限责任公司</td><td rowspan="4">密码区</td><td colspan="4" rowspan="4">（略）</td></tr>
<tr><td colspan="4">纳税人识别号：280602002234678</td></tr>
<tr><td colspan="4">地 址、电 话：滨海市解放街28号 0578-2133999</td></tr>
<tr><td colspan="4">开户行及账号：工行滨海市分行180100112200100888</td></tr>
<tr><td colspan="2">货物或应税劳务、服务名称</td><td>规格型号</td><td>单位</td><td>数量</td><td>单　价</td><td>金　额</td><td>税率</td><td>税 额</td></tr>
<tr><td colspan="2">*化学合成材料*高密度聚乙烯HDPE</td><td></td><td>吨</td><td>50</td><td>10 435.50</td><td>521 775.00</td><td>13%</td><td>67 830.75</td></tr>
<tr><td colspan="2">合　　计</td><td></td><td></td><td></td><td></td><td>￥521 775.00</td><td></td><td>￥67 830.75</td></tr>
<tr><td colspan="2">价税合计（大写）</td><td colspan="7">⊗伍拾捌万玖仟陆佰零伍元柒角伍分　　（小写）￥589 605.75</td></tr>
<tr><td rowspan="4">销售方</td><td colspan="4">名　　称：滨海市化工有限责任公司</td><td rowspan="4">备注</td><td colspan="4" rowspan="4">（印章：滨海市化工有限责任公司 2506030022556687 发票专用章）</td></tr>
<tr><td colspan="4">纳税人识别号：2506030022556687</td></tr>
<tr><td colspan="4">地 址、电 话：滨海市黄椒路1306号 0578-84261298</td></tr>
<tr><td colspan="4">开户行及账号：工行滨海市黄椒支行320300534513672567</td></tr>
</table>

第三联：发票联　购买方记账凭证

收款人：王秀丽　　复核：许悦　　开票人：马海涛　　销售方：（章）

存货验收入库单

供应单位：滨海市化工有限责任公司　2021年6月6日　原验字第 26 号

名称	规格及型号	计量单位	应收数量	实收数量	单价	金额
高密度聚乙烯HDPE		吨	50	50	10 435.50	521 775.00
合　计			50	50		￥521 775.00

第二联　记账联

财务主管：　记账：　仓库主管：许朝军　收料：陈岗　制单：韩磊

中国工商银行滨海市分行电汇凭证（付款通知）

2021年6月5日　第　号

收款人	全　称	滨海市化工有限责任公司	付款人	全　称	华宇有限责任公司
	账　号	320300534513672567		账　号	180100112200100888
	开户银行	中国工商银行滨海市黄椒支行		开户银行	中国工商银行滨海市分行
金额	人民币（大写）	伍拾捌万玖仟陆佰零伍元柒角伍分			千 百 十 万 千 百 十 元 角 分 ￥ 5 8 9 6 0 5 7 5
票据种类		转账支票			
票据张数		1张			
单位主管　复核		会计　记账			中国工商银行滨海市分行 2021.6.5 转账 转讫 出票开户银行盖章

中国工商银行转账支票存根

支票号码：101312323

科　目

对方科目

出票日期：2021年6月5日

收款人：	滨海市化工有限责任公司
金　额：	￥589 605.75
用　途：	支付货款
备　注：	

单位主管：　会计：

复核：　记账：

业务2：6月25日收到单证

连城增值税专用发票

发票联

No.31257356

开票日期：2021年6月25日

购买方	名　　称：华宇有限责任公司 纳税人识别号：280602002234678 地 址、电 话：滨海市解放街28号 0578-2133999 开户行及账号：工行滨海市分行 180100112200100888				密码区	（略）	
货物或应税劳务、服务名称	规格型号	单位	数量	单　价	金　额	税率	税　额
*化学合成材料*高密度聚乙烯 HDPE		吨	50	10 430.00	521 500.00	13%	67 795.00
合　　计					¥521 500.00		¥67 795.00
价税合计（大写）	⊗伍拾捌万玖仟贰佰玖拾伍元整				（小写）¥589 295.00		
销售方	名　　称：连城市化工有限责任公司 纳税人识别号：3501240876554368 地 址、电 话：连城市东兴路1306号 0577-84568234 开户行及账号：建行连城市东兴支行 320301269087632566				备注		

收款人：吴宇飞　　复核：刘佳一　　开票人：张美华　　销售方：（章）

第三联：发票联　购买方记账凭证

存货验收入库单

供应单位：连城市化工有限责任公司　2021年6月26日　　原验字第 129 号

名称	规格及型号	计量单位	应收数量	实收数量	单价	金额
高密度聚乙烯 HDPE		吨	50	50	10 430.00	521 500.00
合　计			50	50		¥521 500.00

财务主管：　　记账：　　仓库主管：许朝军　　收料：陈岗　　制单：韩磊

第二联　记账联

滨海增值税专用发票

发票联

No.31257356

开票日期：2021年6月25日

购买方	名　　称：华宇有限责任公司 纳税人识别号：280602002234678 地 址、电 话：滨海市解放街28号 0578-2133999 开户行及账号：工行滨海市分行 180100112200100888				密码区	（略）	
货物或应税劳务、服务名称	规格型号	单位	数量	单　价	金　额	税率	税　额
*运输服务*货物运输		吨/千米	50/80	0.60	2 400.00	9%	216.00
合　　计					¥2 400.00		¥216.00
价税合计（大写）	⊗贰仟陆佰壹拾陆元整				（小写）¥2 616.00		
销售方	名　　称：滨海市八达物流有限责任公司 纳税人识别号：3501240874368655 地 址、电 话：滨海市解放街28号 0578-81568256 开户行及账号：农行滨海市分行 450301269082566763				备注	起止点：连城市—滨海市 距离：80千米 货品：高密度聚乙烯 HDPE 数量：50吨 车种车号：沃尔沃FMX 滨A6886	

收款人：李红　　复核：尹卓　　开票人：葛天　　销售方：（章）

第三联：发票联　购买方记账凭证

中国工商银行滨海市分行电汇凭证（付款通知）

2021年6月25日　　　　第　号

收款人	全　称	滨海市八达物流有限责任公司	付款人	全　称	华宇有限责任公司
	账　号	450301269082566763		账　号	180100112200100888
	开户银行	中国农业银行滨海市分行		开户银行	中国工商银行滨海市分行
金额	人民币（大写）	贰仟陆佰壹拾陆元整			

千	百	十	万	千	百	十	元	角	分
			¥	2	6	1	6	0	0

票据种类	转账支票
票据张数	1张

单位主管　　会计
复核　　记账

中国工商银行滨海市分行 2021.6.25 转账 转讫

出票开户银行盖章

中国工商银行转账支票存根

支票号码：101312347

科　　目

对方科目

出票日期：2021年6月25日

收款人：	滨海市八达物流有限责任公司
金　额：	¥2 616.00
用　途：	支付运费
备　注：	

单位主管：　　会计：
复核：　　记账：

业务3：6月30日收到单证

中国工商银行滨海市分行电汇凭证（付款通知）

2021年6月30日　　　　第　号

收款人	全　称	连城市化工有限责任公司	付款人	全　称	华宇有限责任公司
	账　号	320301269087632566		账　号	180100112200100888
	开户银行	中国建设银行连城市东兴支行		开户银行	中国工商银行滨海市分行
金额	人民币（大写）	陆拾万零肆仟玖佰肆拾元整			

千	百	十	万	千	百	十	元	角	分
	¥	6	0	4	9	4	0	0	0

票据种类	汇票
票据张数	1张

单位主管　　会计
复核　　记账

中国工商银行滨海市分行 2021.6.30 转账 转讫

出票开户银行盖章

业务4：6月30日收到单证

（采购的原材料已收到，月末尚未收到发票，月末暂估入账）

电子商业承兑汇票

出票日期：2021年3月25日　　　　票据状态：

汇票到期日：2021年9月24日　　　　票据号码：6231703446

出票人	全　称	华宇有限责任公司	收票人	全　称	滨海市化工有限责任公司
	账　号	180100112200100888		账　号	320300534513672567
	开户银行	中国工商银行滨海市分行		开户银行	中国工商银行滨海市黄椒支行
出票保证信息	保证人名称：		保证人地址：		保证日期：
票据金额	人民币（大写）	贰拾伍万元整		十亿千百十万千百十元角分	￥25000000
承兑人信息	全　称	华宇有限责任公司	开户行行号		
	账　号	180100112200100888	开户行名称	中国工商银行滨海市分行	
交易合同号	GX20170308		承兑信息	出票人承诺：本汇票请予以承兑，到期无条件付款	
能否转让	能			承兑人承兑：本汇票已经承兑，到期无条件付款	承兑日期
承兑保证信息	保证人名称：		保证人地址：		保证日期：
评级信息（由出票人、承兑人自己记载，仅供参考）	出票人	评级主体：滨海市恒信信用管理有限公司	信用等级：AAA	评级到期日：2022年4月	
	承兑人	评级主体：滨海市恒信信用管理有限公司	信用等级：AAA	评级到期日：2022年4月	

存货验收入库单

供应单位：滨海市化工有限责任公司　2021年6月30日　　　　原验字第321号

名称	规格及型号	计量单位	应收数量	实收数量	单价	金额
高密度聚乙烯HDPE		吨	25	25	10 430.00	260 750.00
（暂估入账）						
合　计			25	25		￥260 750.00

第二联　记账联

财务主管：　　记账：　　仓库主管：许朝军　　收料：陈岗　　制单：韩磊

附次月凭证：

存货验收入库单

供应单位：滨海市化工有限责任公司　2021年7月1日　　　　原验字第1号

名称	规格及型号	计量单位	应收数量	实收数量	单价	金额
高密度聚乙烯HDPE		吨	25	25	10 430.00	260 750.00
（冲上月暂估入账）						
合　计			25	25		￥260 750.00

第二联　记账联

财务主管：　　记账：　　仓库主管：许朝军　　收料：陈岗　　制单：韩磊

业务5：7月6日收到单证

滨海增值税专用发票

发票联

全国统一发票监制章 国家税务总局监制

No.31257356

开票日期：2021年7月5日

购买方	名　　称：华宇有限责任公司 纳税人识别号：280602002234678 地 址、电 话：滨海市解放街28号 0578-2133999 开户行及账号：工行滨海市分行180100112200100888					密码区	（略）	
货物或应税劳务、服务名称	规格型号	单位	数量	单　价	金　额	税率	税　额	
*化学合成材料*高密度聚乙烯HDPE		吨	25	10 429.00	260 725.00	13%	33 894.25	
合　　计					¥260 725.00		¥33 894.25	
价税合计（大写）	⊗贰拾玖万肆仟陆佰壹拾玖元贰角伍分				（小写）¥294 619.25			
销售方	名　　称：滨海市化工有限责任公司 纳税人识别号：2506030022556687 地 址、电 话：滨海市黄椒路1306号 0578-84261298 开户行及账号：工行滨海市黄椒支行320300534513672567					备注	滨海市化工有限责任公司 2506030022556687 发票专用章	

第三联：发票联　购买方记账凭证

收款人：王秀丽　　复核：许悦　　开票人：马海涛　　销售方：（章）

存货验收入库单

供应单位：滨海市化工有限责任公司　2021年7月6日　　原验字第 26 号

名称	规格及型号	计量单位	应收数量	实收数量	单价	金额
高密度聚乙烯HDPE		吨	25	25	10 429.00	260 725.00
合　计			25	25		¥260 725.00

第二联　记账联

财务主管：　　记账：　　仓库主管：许朝军　　收料：陈岗　　制单：韩磊

三、障碍实训

2021年5月份部分存货收支业务资料如下，请指出下列业务的会计处理，哪些是正确的，哪些是错误的。如果是错误的，那么正确的做法是什么？

【实训目的】让学生懂得购进原材料时应规范地进行会计核算。

业务：5月15日收到单证

滨海增值税专用发票

发票联

No.31257366

开票日期：2021年5月14日

购买方	名　　称：华宇有限责任公司 纳税人识别号：280602002234678 地 址、电 话：滨海市解放街28号 0578-2133999 开户行及账号：工行滨海市分行 180100112200100888				密码区	（略）		
货物或应税劳务、服务名称	规格型号	单位	数量	单　价	金　额	税率	税 额	
*化学合成材料*高密度聚乙烯HDPE			50	10 435.50	521 775.00	13%	67 830.75	
合　计					¥521 775.00		¥67 830.75	
价税合计（大写）	⊗伍拾捌万玖仟陆佰零伍元柒角伍分				（小写）¥589 605.75			
销售方	名　　称：滨海市化工有限责任公司 纳税人识别号：250603002255 6687 地 址、电 话：滨海市黄椒路1306号 0578-84261298 开户行及账号：工行滨海市黄椒支行 320300534513672567				备注	滨海市化工有限责任公司 250603002255 6687 发票专用章		

收款人：王秀丽　　复核：许悦　　开票人：马海涛　　销售方：（章）

第三联：发票联　购买方记账凭证

中国工商银行滨海市分行电汇凭证（付款通知）

2021年5月14日　　第　号

收款人	全　称	滨海市化工有限责任公司	付款人	全　称	华宇有限责任公司
	账　号	320300534513672567		账　号	180100112200100888
	开户银行	中国工商银行滨海市黄椒支行		开户银行	中国工商银行滨海市分行
金额	人民币（大写）	伍拾捌万玖仟陆佰零伍元柒角伍分		千百十万千百十元角分	¥ 5 8 9 6 0 5 7 5
票据种类		转账支票			
票据张数		1张			
单位主管　会计 复核　记账			中国工商银行滨海市分行 2021.5.14 转账 转讫		出票开户银行盖章

华宇有限责任公司关于该笔业务的会计分录为：

借：原材料——高密度聚乙烯HDPE　　521 775

　　应交税费——应交增值税（进项税额）　　67 830.75

　　贷：银行存款　　589 605.75

答案提示

任务二　固定资产核算

一、实训目标

熟悉固定资产业务中常见原始凭证；掌握固定资产业务的账务处理技能。

二、业务实训

2021年5月份华宇有限责任公司发生的部分固定资产业务资料如下，请根据实训资料填制、审核原始凭证，编制记账凭证。

业务1：5月17日收到单证

滨海增值税专用发票

发票联

No.21256352

开票日期：2021年5月17日

<table>
<tr><td>购买方</td><td colspan="5">名　　称：华宇有限责任公司
纳税人识别号：280602002234678
地 址、电 话：滨海市解放街28号 0578-2133999
开户行及账号：工行滨海市分行180100112200100888</td><td>密码区</td><td colspan="2">（略）</td></tr>
<tr><td colspan="2">货物或应税劳务、服务名称</td><td>规格型号</td><td>单位</td><td>数量</td><td>单　价</td><td>金　额</td><td>税率</td><td>税 额</td></tr>
<tr><td colspan="2">*计算机外部设备*惠普（HP）彩色激光一体机</td><td>Pro MFP M177fw</td><td>台</td><td>1</td><td>3 900.00</td><td>3 900.00</td><td>13%</td><td>507.00</td></tr>
<tr><td colspan="2">合　计</td><td></td><td></td><td></td><td></td><td>¥3 900.00</td><td></td><td>¥507.00</td></tr>
<tr><td colspan="2">价税合计（大写）</td><td colspan="5">⊗肆仟肆佰零柒元整</td><td colspan="2">（小写）¥4 407.00</td></tr>
<tr><td>销售方</td><td colspan="5">名　　称：滨海市办公设备有限责任公司
纳税人识别号：350603002277990042
地 址、电 话：滨海市行堂路309号 0578-8760429
开户行及账号：中行滨海市行堂支行1603005836803366</td><td>备注</td><td colspan="2">滨海市办公设备有限责任公司
350603002277990042
发票专用章</td></tr>
</table>

第三联：发票联　购买方记账凭证

收款人：孟彤　　复核：杨华　　开票人：章丽雅　　销售方：（章）

固定资产验收单

2021年5月18日　　　　管字第 8 号

资产名称	彩色激光一体机	规格及型号	Pro MFP M177fw	资金来源	自有资金		
资产编号	1989	购置日期	2021-05-17	出厂日期	2021-01-10		
计量单位	台	数量	1	单价	3 900.00	金额	3 900.00
生产厂家	中国惠普	存放地点	总经理办公室				
使用部门	总经理办公室	使用情况	在用	责任人	李海梅		
验收情况							
技术检验部门： 技术性能符合要求，验收合格。 主管领导：陈刚　2021年5月18日 验收人：黄俊才　2021年5月18日							
设备主管部门： 设备及配件齐全、完整，验收合格。 主管领导：徐永昌　2021年5月18日 验收人：张凌云　2021年5月18日							

第二联　财务记账联

业务2：5月28日收到单证

滨海增值税专用发票

发票联

No.21256352

开票日期：2021年5月28日

购买方	名　　称：华宇有限责任公司 纳税人识别号：280602002234678 地 址、电 话：滨海市解放街28号 0578-2133999 开户行及账号：工行滨海市分行180100112200100888				密码区	（略）	
货物或应税劳务、服务名称	规格型号	单位	数量	单　价	金　额	税率	税　额
*建筑服务*工程款					580 000.00	9%	52 200.00
合　　计					¥580 000.00		¥52 200.00
价税合计（大写）	⊗陆拾叁万贰仟贰佰元整				（小写）¥632 200.00		
销售方	名　　称：滨海市久远建筑安装有限责任公司 纳税人识别号：350603002869321456 地 址、电 话：滨海市建国路7890号 0578-82134566 开户行及账号：中行滨海市建国支行1603005803368663				备注	项目名称：4#厂房，3 000㎡ 合同编号：2018091832	

收款人：刘心结　　复核：许月华　　开票人：刘巧云　　销售方：（章）

第三联：发票联　购买方记账凭证

竣工验收证书

施管表2

<table>
<tr><td>工程名称</td><td>4#厂房</td><td>开工日期</td><td>2020年8月16日</td><td colspan="4" rowspan="3">对工程的质量评价：
合格
外观：较好</td></tr>
<tr><td>施工单位</td><td>滨海市久远建筑安装有限责任公司</td><td>竣工日期</td><td>2021年5月15日</td></tr>
<tr><td>合同造价（元）</td><td>580 000.00</td><td>施工决算（元）</td><td>580 000.00</td></tr>
<tr><td colspan="4" rowspan="3">验收范围及数量：
竣工图、合同约定的内容</td><td colspan="2">竣工验收日期</td><td colspan="2">2021年5月22日</td></tr>
<tr><td colspan="4">参加竣工验收单位意见</td></tr>
<tr><td>建设单位</td><td>签名：陈明（盖章）</td><td>设计单位</td><td>签名：章云逸（盖章）</td></tr>
<tr><td colspan="4" rowspan="2">存在问题及处理意见：
无</td><td>监理单位</td><td>签名：陈尚（盖章）</td><td>施工单位</td><td>签名：王久远（盖章）</td></tr>
<tr><td>勘察单位</td><td>签名：（盖章）</td><td>邀请单位</td><td>签名：（盖章）</td></tr>
</table>

注：工程款已预付80%，其余尚欠。

业务3：5月28日收到单证

固定资产报废申请表

2021年5月28日　　　　编号：170301

<table>
<tr><td colspan="2">固定资产名称</td><td colspan="2">注塑机</td><td>规格型号</td><td>YS-220</td></tr>
<tr><td colspan="2">原值</td><td colspan="2">130 000元</td><td>使用年限</td><td>10年</td></tr>
<tr><td colspan="2">预计清理费用</td><td colspan="2">2 000元</td><td>年折旧额</td><td>12 350元</td></tr>
<tr><td colspan="2">残值率</td><td colspan="2">5%</td><td>资产编号</td><td>SC20070201</td></tr>
<tr><td>购入时间</td><td>2011-02-01</td><td>使用时间</td><td>2011-02-01</td><td>存放地点</td><td>第一生产车间</td></tr>
<tr><td colspan="2">使用部门</td><td colspan="2">第一生产车间</td><td>责任人</td><td>崔刚</td></tr>
<tr><td colspan="2">报废原因</td><td colspan="4">使用期限已满，不再使用</td></tr>
<tr><td colspan="2">使用部门意见</td><td colspan="4">同意报废
负责人：崔刚　2021年5月20日</td></tr>
<tr><td colspan="2">技术部门意见</td><td colspan="4">同意报废
负责人：陈刚　2021年5月21日</td></tr>
<tr><td colspan="2">设备主管部门意见</td><td colspan="4">同意报废
负责人：徐永昌　2021年5月21日</td></tr>
<tr><td colspan="2">财务部门意见</td><td colspan="4">同意报废
负责人：祝涓涓　2021年5月23日</td></tr>
<tr><td colspan="2">公司主管领导意见</td><td colspan="4">同意报废
负责人：陈明　2021年5月28日</td></tr>
<tr><td colspan="2">备　注</td><td colspan="4"></td></tr>
</table>

收款收据　　No.3620684

2021年5月28日

今收到滨海市废旧物资回收公司

交来的注塑机废旧物资款

人民币大写陆仟捌佰元整　　小写￥6 800.00

收款单位（盖章）　华宇有限责任公司财务专用章　　转账收讫

交款人签章：王晓君

第二联 记账联

负责人：　　会计：　　出纳：李莉

中国工商银行滨海市分行 进账单（回单） 1

2021年5月28日　　第　号

付款人	全称	滨海市废旧物资回收公司	收款人	全称	华宇有限责任公司
	账号	180100112203204598		账号	180100112200100888
	开户银行	中国工商银行滨海市分行		开户银行	中国工商银行滨海市分行
金额	人民币（大写）	陆仟捌佰元整		千百十万千百十元角分	￥680000
票据种类		转账支票			
票据张数		1张			
单位主管 会计					出票开户银行盖章
复核 记账					

中国工商银行滨海市分行 2021.5.28 转账 转讫

业务4：5月31日收到单证

固定资产折旧计算表

2021年5月31日　　单位：元

使用部门	固定资产	上月折旧额	上月增加固定资产 原价	上月增加固定资产 折旧额	上月减少固定资产 原价	上月减少固定资产 折旧额	本月折旧额
第一车间	厂房	3 000					
	机器设备	15 000	300 000	8 500	120 000	6 500	
	其他设备	900					
	小　计	18 900					
第二车间	厂房	2 000					
	机器设备	12 000	40 000	200			
	小　计	14 000					
第三车间	厂房	3 500					
	机器设备	13 400	60 000	450			
	小　计	16 900					
行政管理部门	房屋建筑物	1 200					
	运输工具	1 500			280 000	13 500	
	办公设备	3 200	150 000	1 200			
	小　计	5 900					
在建工程	机器设备	21 000	50 000	250	80 000	400	
合　计							

三、障碍实训

2021年5月份部分固定资产业务资料如下，请指出下列业务的会计处理，哪些是正确的，哪些是错误的。如果是错误的，那么正确的做法是什么？

【实训目的】让学生不仅要懂得固定资产增减业务会计核算的规范性，而且要懂得固定资产增减业务操作的规范性。经济业务操作规范，才能保证会计核算的正确性。

业务1：5月17日收到单证

滨海增值税专用发票

（全国统一发票监制章 滨海 国家税务总局监制）

发票联

No.21256352

开票日期：2021年5月17日

<table>
<tr><td>购买方</td><td colspan="5">名　　称：华宇有限责任公司
纳税人识别号：280602002234678
地 址、电 话：滨海市解放街28号 0578-2133999
开户行及账号：工行滨海市分行180100112200100888</td><td>密码区</td><td colspan="3">（略）</td></tr>
<tr><td colspan="2">货物或应税劳务、服务名称</td><td>规格型号</td><td>单位</td><td>数量</td><td>单　价</td><td colspan="2">金　额</td><td>税率</td><td>税 额</td></tr>
<tr><td colspan="2">*计算机外部设备*惠普（HP）彩色激光一体机</td><td>Pro MFP M177fw</td><td>台</td><td>1</td><td>3 900.00</td><td colspan="2">3 900.00</td><td>13%</td><td>507.00</td></tr>
<tr><td colspan="2">合　　计</td><td></td><td></td><td></td><td></td><td colspan="2">￥3 900.00</td><td></td><td>￥507.00</td></tr>
<tr><td colspan="2">价税合计（大写）</td><td colspan="6">⊗肆仟肆佰零柒元整</td><td colspan="2">（小写）￥4 407.00</td></tr>
<tr><td>销售方</td><td colspan="5">名　　称：滨海市办公设备有限责任公司
纳税人识别号：350603002277990042
地 址、电 话：滨海市行堂路309号 0578-8760429
开户行及账号：中行滨海市行堂支行1603005836803366</td><td>备注</td><td colspan="3">（滨海市办公设备有限责任公司 350603002277990042 发票专用章）</td></tr>
</table>

收款人：孟彤　　复核：杨华　　开票人：章丽雅　　销售方：（章）

第三联：发票联 购买方记账凭证

固定资产验收单

2021年5月18日　　管字第 10 号

<table>
<tr><td>资产名称</td><td>彩色激光一体机</td><td colspan="2">规格及型号</td><td colspan="2">Prd MFP Z100ba</td><td>资金来源</td><td colspan="3">自有资金</td></tr>
<tr><td>资产编号</td><td colspan="2">1990</td><td>购置日期</td><td colspan="2">2021-05-17</td><td>出厂日期</td><td colspan="3">2021-05-10</td></tr>
<tr><td>计量单位</td><td>台</td><td>数量</td><td>1</td><td>单价</td><td>3 900.00</td><td>金额</td><td colspan="3">3 900.00</td></tr>
<tr><td>生产厂家</td><td colspan="5">中国惠普</td><td>存放地点</td><td colspan="3">总经理办公室</td></tr>
<tr><td>使用部门</td><td>总经理办公室</td><td colspan="2">使用情况</td><td colspan="2">公司管理使用</td><td>责任人</td><td colspan="3">李海梅</td></tr>
<tr><td colspan="10">验收情况</td></tr>
<tr><td colspan="10">技术检验部门：
技术性能符合要求，验收合格。
主管领导：陈刚　　验收人：黄俊才
2021年5月18日　　2021年5月18日</td></tr>
<tr><td colspan="10">设备主管部门：
设备及配件齐全、完整，验收合格。
主管领导：徐永昌　　验收人：张凌云
2021年5月18日　　2021年5月18日</td></tr>
</table>

第二联 财务记账联

华宇有限责任公司关于该笔业务的会计分录为：

借：固定资产　　3 900

　　应交税费——应交增值税（进项税额）　　507

　　贷：应付账款——滨海办公　　4 307

答案提示

业务2：5月28日收到单证

滨海增值税专用发票

发票联

No.21256362

开票日期：2021年5月28日

购买方	名　　称：华宇有限责任公司 纳税人识别号：280602002234678 地 址、电 话：滨海市解放街28号 0578-2133999 开户行及账号：工行滨海市分行180100112200100888					密码区	（略）	
货物或应税劳务、服务名称	规格型号	单位	数量	单　价	金　额	税率	税 额	
*建筑服务*工程款					580 000.00	9%	52 200.00	
合　　计					¥580 000.00		¥52 200.00	
价税合计（大写）	⊗陆拾叁万贰仟贰佰元整				（小写）¥632 200.00			
销售方	名　　称：滨海市久远建筑安装有限责任公司 纳税人识别号：350603002869321456 地 址、电 话：滨海市建国路7890号 0578-82134566 开户行及账号：中行滨海市建国支行1603005803368663					备注	项目名称：5#厂房，3 000m² 合同编号：2018091833	

收款人：刘心结　　复核：许月华　　开票人：刘巧云　　销售方：（章）

第三联：发票联　购买方记账凭证

竣工验收证书

施管表3

工程名称	5#厂房	开工日期	2020年8月16日	对工程的质量评价： 合格 外观：较好
施工单位	滨海市久远建筑安装有限责任公司	竣工日期	2021年5月15日	
合同造价（元）	580 000.00	施工决算（元）	580 000.00	

验收范围及数量： 竣工图、合同约定的内容	竣工验收日期		2021年5月22日	
	参加竣工验收单位			
	建设单位	签名：陈明（盖章）	设计单位	签名：章云逸（盖章）
存在问题及处理意见： 无	监理单位	签名：　　（盖章）	施工单位	签名：王久远（盖章）
	勘察单位	签名：　　（盖章）	邀请单位	签名：　　（盖章）

注：工程款已预付80%，其余尚欠。

华宇有限责任公司关于该笔业务的会计分录为：

借：固定资产 580 000

应交税费——应交增值税（进项税额） 52 200

贷：在建工程 632 200

答案提示

业务3：5月28日收到单证

固定资产报废申请表

2021年5月28日　　　　编号：170310

<table>
<tr><td colspan="2">固定资产名称</td><td colspan="2">注塑机</td><td>规格型号</td><td>YA-220</td></tr>
<tr><td colspan="2">原值</td><td colspan="2">130 000元</td><td>使用年限</td><td>10年</td></tr>
<tr><td colspan="2">预计清理费用</td><td colspan="2">2 000元</td><td>年折旧额</td><td>12 350元</td></tr>
<tr><td colspan="2">残值率</td><td colspan="2">5%</td><td>资产编号</td><td>SC20070208</td></tr>
<tr><td>购入时间</td><td>2019-02-01</td><td>使用时间</td><td>2019-02-01</td><td>存放地点</td><td>第一生产车间</td></tr>
<tr><td colspan="2">使用部门</td><td colspan="2">第一生产车间</td><td>责任人</td><td>崔刚</td></tr>
<tr><td colspan="2">报废原因</td><td colspan="4">个人操作不当毁损</td></tr>
<tr><td colspan="2">使用部门意见</td><td colspan="4">同意报废
负责人：崔刚　2021年5月20日</td></tr>
<tr><td colspan="2">技术部门意见</td><td colspan="4">同意报废
负责人：陈刚　2021年5月21日</td></tr>
<tr><td colspan="2">设备主管部门意见</td><td colspan="4">同意报废
负责人：徐永昌　2021年5月21日</td></tr>
<tr><td colspan="2">财务部门意见</td><td colspan="4">同意报废
负责人：祝涓涓　2021年5月23日</td></tr>
<tr><td colspan="2">公司主管领导意见</td><td colspan="4">同意报废
负责人：陈明　2021年5月28日</td></tr>
<tr><td colspan="2">备　注</td><td colspan="4"></td></tr>
</table>

收　款　收　据　　No.3620694

2021年5月28日

今收到滨海市废旧物资回收公司

交来的注塑机废旧物资款

人民币大写陆仟捌佰元整　　小写￥6 800.00

收款单位（盖章）　华宇有限责任公司财务专用章　　转账收讫　　交款人签章：王晓君

第二联 记账联

负责人：　　会计：　　出纳：李莉

中国工商银行滨海市分行 进账单（回单） 1

2021 年 5 月 28 日　　　　　　第　号

付款人	全　称	滨海市废旧物资回收公司	收款人	全　称	华宇有限责任公司
	账　号	180100112203204598		账　号	180100112200100888
	开户银行	中国工商银行滨海市分行		开户银行	中国工商银行滨海市分行
金额	人民币（大写）	陆仟捌佰元整		千 百 十 万 千 百 十 元 角 分	￥ 6 8 0 0 0 0
票据种类		转账支票		中国工商银行滨海市分行 2021.5.28 转账 转讫	
票据张数		1张			
单位主管　复核		会计　记账		出票开户银行盖章	

注：公司固定资产有保险。

华宇有限责任公司关于该笔业务的会计分录为：

（1）借：固定资产清理　　102 212.5

　　　　累计折旧（12 350÷12×27）　　27 787.5

　　　　贷：固定资产　　130 000

（2）借：银行存款　　6 800

　　　　贷：固定资产清理　　6 800

（3）借：营业外支出　　95 412.5

　　　　贷：固定资产清理　　95 412.5

答案提示

任务三　无形资产核算

一、实训目标

熟悉无形资产业务中的常见原始凭证；掌握无形资产业务的账务处理技能。

二、业务实训

2021 年 5 月份华宇有限责任公司发生的部分无形资产业务资料如下，请根据实训资料填制、审核原始凭证，编制记账凭证。

业务1：5月28日收到单证

滨海增值税专用发票

（全国统一发票监制章 滨海 国家税务总局监制）

发票联

No.21256352

开票日期：2021年5月28日

购买方	名　　称：华宇有限责任公司 纳税人识别号：280602002234678 地 址、电 话：滨海市解放街28号 0578-2133999 开户行及账号：工行滨海市分行 180100112200100888				密码区	（略）	
货物或应税劳务、服务名称	规格型号	单位	数量	单　价	金　额	税率	税 额
*无形资产*商标所有权		项	1	2 050 000.00	2 050 000.00	6%	123 000.00
合　　计					¥2 050 000.00		¥123 000.00
价税合计（大写）	⊗贰佰壹拾柒万叁仟元整				（小写）¥2 173 000.00		
销售方	名　　称：茂昌化工有限责任公司 纳税人识别号：350605632918603204 地 址、电 话：滨海市华昌路2346号 0578-8894576 开户行及账号：中行滨海市分行 1603025603564627				备注	项目名称："久恒"商标权 合同编号：2017032886	

第三联：发票联　购买方记账凭证

（茂昌化工有限责任公司 350605632918603204 发票专用章）

收款人：尚彬　　复核：罗丹　　开票人：朱丽霞　　销售方：（章）

中国工商银行滨海市分行电汇凭证（付款通知）

2021年5月29日　　　　第　号

收款人	全　称	茂昌化工有限责任公司	付款人	全　称	华宇有限责任公司
	账　号	1603025603564627		账　号	180100112200100888
	开户银行	中国银行滨海市分行		开户银行	中国工商银行滨海市分行
金额	人民币（大写）	贰佰壹拾柒万叁仟元整		千百十万千百十元角分	¥ 2 1 7 3 0 0 0 0 0
票据种类		转账支票			
票据张数		1张			
单位主管　　会计 复核　　记账			出票开户银行盖章		

（中国工商银行滨海市分行 2021.5.29 转账 转讫）

中国工商银行转账支票存根
支票号码：101312350
科　　目
对方科目
出票日期：2021年5月29日
收款人：茂昌化工有限责任公司
金　额：¥2 173 000.00
用　途：支付商标转让费
备　注：
单位主管：　　会计：
复核：　　记账：

业务2：5月28日收到单证

无形资产摊销计算表

2021年5月　　　　金额单位：元

使用单位	明细	取得日期	用途	账面价值	摊销年限	月摊销额
第一生产车间	专利技术	2017年1月	生产	360 000	5	
	非专利技术	2016年12月	生产	300 000	6	
行政管理部门	商标权	2018年8月	公司	3 000 000	5	
	土地使用权	2014年1月	公司	800 000 000	50	
合　计						

制表：宋慧慧　　　　复核：徐艳红　　　　记账：宋慧慧

业务3：5月31日收到单证

滨海增值税专用发票

此联不作报销、扣税凭证使用　　No.21256352

开票日期：2021年5月30日

（印章：全国统一发票监制章　滨海　国家税务总局监制）

购买方	名称：海韵塑料制品有限责任公司 纳税人识别号：62370121491286 地址、电话：滨海市鸿运路3223号 0578-61378429 开户行及账号：工行滨海市分行 180101056130812828	密码区	（略）

货物或应税劳务、服务名称	规格型号	单位	数量	单价	金额	税率	税额
*无形资产*非专利技术所有权		项	1	180 000.00	180 000.00	0	0
合　计					¥180 000.00		0
价税合计（大写）	⊗壹拾捌万元整				（小写）¥180 000.00		

销售方	名称：华宇有限责任公司 纳税人识别号：280602002234678 地址、电话：滨海市解放街28号 0578-2133999 开户行及账号：工行滨海市分行 180100112200100888	备注	项目名称：非专利技术 合同编号：AD201752214

（印章：华宇有限责任公司　280602002234678　发票专用章）

收款人：张全有　　复核：刘艳　　开票人：李莉　　销售方：（章）

第一联：记账联　销售方记账凭证

中国工商银行滨海市分行 进账单（回单）1

2021年5月31日　　　　第　号

付款人	全称	海韵塑料制品有限责任公司	收款人	全称	华宇有限责任公司
	账号	180101056130812828		账号	180100112200100888
	开户银行	中国工商银行滨海市分行		开户银行	中国工商银行滨海市分行
金额	人民币（大写）	壹拾捌万元整		亿千百十万千百十元角分	¥18000000
票据种类		转账支票			
票据张数		1张			
单位主管　会计 复核　记账				出票开户银行盖章	

（印章：中国工商银行滨海市分行　2021.5.31　转账　转讫）

注：此非专利技术转让已在当地税务机关备案，可以免征增值税，且上述非专利技术未发生减值。

三、障碍实训

2021年5月份部分无形资产业务资料如下，请指出下列业务的会计处理，哪些是正确的，哪些是错误的。如果是错误的，那么正确的做法是什么？

【实训目的】提高学生对无形资产业务的会计判断和处理能力。

业务1：5月28日收到单证

滨海增值税专用发票

发票联

No.21256362

开票日期：2021年5月28日

购买方	名　称：华宇有限责任公司 纳税人识别号：280602002234678 地址、电话：滨海市解放街28号 0578-2133999 开户行及账号：工行滨海市分行 180100112200100888					密码区	（略）	
货物或应税劳务、服务名称	规格型号	单位	数量	单价	金额	税率	税额	
*无形资产*商标所有权		项	1	2 050 000.00	2 050 000.00	3%	61 500.00	
合　计					¥2 050 000.00		¥61 500.00	
价税合计（大写）	⊗贰佰壹拾壹万壹仟伍佰元整				（小写）¥2 111 500.00			
销售方	名　称：茂昌化工有限责任公司 纳税人识别号：350605632918603204 地址、电话：滨海市华昌路2346号 0578-8894576 开户行及账号：中行滨海市分行 1603025603564627					备注	项目名称："久远"商标权 合同编号：2017032887	

第三联：发票联 购买方记账凭证

收款人：尚彬　　复核：罗丹　　开票人：朱丽霞　　销售方：（章）

中国工商银行滨海市分行电汇凭证（付款通知）

2021年5月29日　　　　第　号

收款人	全　称	茂昌化工有限责任公司	付款人	全　称	华宇有限责任公司
	账　号	1603025603564627		账　号	180100112200100888
	开户银行	中国银行滨海市分行		开户银行	中国工商银行滨海市分行
金额	人民币（大写）	贰佰壹拾壹万壹仟伍佰元整		千百十万千百十元角分	¥2 1 1 1 5 0 0 0 0
票据种类		转账支票			
票据张数		1张			
单位主管　会计 复核　记账				出票开户银行盖章	

中国工商银行滨海市分行 2021.5.29 转账 转讫

中国工商银行转账支票存根

支票号码：101312357

科　　目

对方科目

出票日期：2021年5月29日

收款人：	茂昌化工有限责任公司
金　额：	¥2 111 500.00
用　途：	支付商标转让费
备　注：	

单位主管：　　会计：

复核：　　记账：

华宇有限责任公司关于该笔业务的会计分录为：

借：无形资产——商标使用权　　2 050 000

　　应交税费——应交增值税（进项税额）　　61 500

　　贷：银行存款　　2 111 500

答案提示

业务2：5月31日收到单证

滨海增值税专用发票

此联不作报销、扣税凭证使用　　No.21256362

开票日期：2021年5月31日

购买方	名　　称：海韵塑料制品有限责任公司 纳税人识别号：62370121491286 地 址、电 话：滨海市鸿运路3223号 0578-61378429 开户行及账号：工行滨海市分行180101056130812828				密码区	（略）	
货物或应税劳务、服务名称	规格型号	单位	数量	单　价	金　额	税率	税　额
*无形资产*非专利技术所有权		项	1	180 000.00	180 000.00	6%	10 800.00
合　　计					¥180 000.00		¥10 800.00
价税合计（大写）	⊗壹拾玖万零捌佰元整				（小写）¥190 800.00		
销售方	名　　称：华宇有限责任公司 纳税人识别号：280602002234678 地 址、电 话：滨海市解放街28号 0578-2133999 开户行及账号：工行滨海市分行180100112200100888				备注	项目名称：非专利技术 合同编号：AD201752215	

收款人：张全有　　复核：刘艳　　开票人：李莉　　销售方：（章）

第一联：记账联　销售方记账凭证

中国工商银行滨海市分行 进账单（回单）1

2021年5月31日　　　　第　号

付款人	全　称	海韵塑料制品有限责任公司	收款人	全　称	华宇有限责任公司
	账　号	180101056130812828		账　号	180100112200100888
	开户银行	中国工商银行滨海市分行		开户银行	中国工商银行滨海市分行
金额	人民币（大写）	壹拾玖万零捌佰元整			
票据种类		转账支票			
票据张数		1张			
单位主管　会计					
复核　记账				出票开户银行盖章	

千	百	十	万	千	百	十	元	角	分
	¥	1	9	0	8	0	0	0	0

中国工商银行滨海市分行 2021.5.31 转账 转讫

注：此非专利技术转让已在当地税务机关备案。

答案提示

任务四　投资性房地产核算

一、实训目标

熟悉投资性房地产业务中的常见原始凭证；掌握投资性房地产业务的账务处理技能。

二、业务实训

2021年5月份华宇有限责任公司发生的部分投资性房地产业务资料如下，请根据实训资料填制、审核原始凭证，编制记账凭证。

业务1：5月18日，收到单证

华宇有限责任公司

关于出租公司2#行政楼的决定

（20210512号）

……

经董事会商议决定，自2021年7月1日起，将公司位于本市解放街28号临街的2#行政楼整幢楼房作为写字楼对外出租给云通投资有限责任公司……

……

抄送：资产管理部、后勤部、财务部、经营部。

房屋租赁合同

编号：ZL20210512

出租人：华宇有限责任公司　　　　签订地点：滨海市解放街28号

承租人：云通投资有限责任公司　　签订时间：2021年5月12日

第一条　租赁房屋坐落在滨海市解放街28号，建筑面积30 000m²，间数4层36间。

第二条　租赁期限从2021年7月1日至2024年6月30日。

第三条　租金（大写）叁仟万元整。

第四条　租金的支付期限与方式：每半年支付一次租金5 000 000元，叁年共支付6次，于租赁使用前两个月支付。以银行转账方式支付，先付后用。

第五条　租赁房屋的用途：商务用房。

……

出租人（盖章）（华宇有限责任公司 合同专用章）	承租人（盖章）（云通投资有限责任公司 合同专用章）
法定代表人（签名）陈明	法定代表人（签名）李佩斯
居民身份证号码：133090196811212315	居民身份证号码：133090198010124135
电话：0578-2133999	电话：0578-82030450
开户银行及账号：中国工商银行滨海市分行 180100112200100888	开户银行及账号：中国工商银行滨海市分行 180102132405130844

中国工商银行滨海市分行 进账单（回单）　1

2021年5月18日　　　　第　号

付款人	全称	云通投资有限责任公司	收款人	全称	华宇有限责任公司											
	账号	180102132405130844		账号	180100112200100888											
	开户银行	中国工商银行滨海市分行		开户银行	中国工商银行滨海市分行											
金额	人民币（大写）	伍佰肆拾伍万元整				千	百	十	万	千	百	十	元	角	分	
						¥	5	4	5	0	0	0	0	0	0	
票据种类		转账支票														
票据张数		1张														
单位主管	会计		中国工商银行滨海市分行 2021.5.18 转账 转讫													
复核	记账				出票开户银行盖章											

滨海增值税专用发票

全国统一发票监制章 发票联 国家税务总局监制

No.21256352

开票日期：2021年5月18日

购买方	名　　称：云通投资有限责任公司 纳税人识别号：62127930186214 地 址、电 话：滨海市滨海路166号 0578-82030450 开户行及账号：工行滨海市分行 180102132405130844				密码区	（略）		
货物或应税劳务、服务名称		规格型号	单位	数量	单　价	金　额	税率	税　额
*经营租赁*房屋租赁费（2021年7月—12月）			年	0.5	10 000 000.00	5 000 000.00	9%	450 000.00
合　　计						¥5 000 000.00		¥450 000.00
价税合计（大写）		⊗伍佰肆拾伍万元整				（小写）¥5 450 000.00		
销售方	名　　称：华宇有限责任公司 纳税人识别号：280602002234678 地 址、电 话：滨海市解放街28号 0578-2133999 开户行及账号：工行滨海市分行 180100112200100888				备注	项目名称：2#行政楼整幢出租 合同编号：ZL20210512		

（印章：华宇有限责任公司 280602002234678 发票专用章）

第三联：发票联　购买方记账凭证

收款人：张全有　　复核：刘艳　　开票人：李莉　　销售方：（章）

固定资产卡片

固定资产名称	2#行政楼			固定资产编号	FW20120308	
规格型号	4层36间，共30 000m²	类别	房屋建筑物	存放地点		
增加方式	在建工程转入	使用状态	在用	使用部门	公司	
原值	65 400 000	购入日期	2016-03-01	使用日期	2016-03-01	
使用年限	30年	净残值率	5%	净残值	3 270 000	折旧方法	平均年限法
月折旧率	0.28%	月折旧额	172 583.33	已提折旧		

折旧计提记录

日期	年折旧率	年折旧额	累计折旧额	折余价值
2016-04-01				65 400 000.00
2016-12-31	2.50%	1 553 249.97	1 553 249.97	63 846 750.03
2017-12-31	3.33%	2 071 000.00	3 624 249.97	61 775 750.03
⋮	⋮	⋮	⋮	⋮
2020-12-31	3.33%	2 071 000.00	9 837 249.97	55 562 750.03
⋮	⋮	⋮	⋮	⋮

注：该楼房没有可参考的市场价格。

业务2：5月20日收到单证

> 华宇有限责任公司
>
> 关于收回莲花大厦写字楼自用的决定
>
> （20210518号）
>
> ……
>
> 经董事会商议决定，自2021年6月1日起，将公司位于北京路218#莲花大厦第五层楼出租的2 000m^2写字楼收回，作为公司专卖店自用。
>
> ……
>
> 抄送：资产管理部、后勤部、财务部、经营部。

投资性房地产卡片

投资性房地产名称	写字楼			投资性房地产编号	TF20120301
面积	2 000m^2	类别	房屋建筑物	存放地点	北京路218#
增加方式	固定资产转入	使用状态	在用	使用部门	公司
原值	5 200 000	购入日期	2014-12-01	使用日期	2014-12-01
使用年限	30年	净残值率	5%	净残值	
折旧方法	平均年限法				
月折旧率	0.28%	月折旧额		已提折旧	

折旧计提记录

日期	年折旧率	年折旧额	累计折旧额	折余价值	公允价值
2018-12-31	3.33%	168 133.33	672 533.33	4 527 466.67	6 580 000
2019-12-31					5 900 000
2020-12-31					6 000 000
2021-05-31					6 100 000

三、障碍实训

2021年5月份部分投资性房地产业务资料如下，请指出下列业务的会计处理，哪些是正确的，哪些是错误的。如果是错误的，那么正确的做法是什么？

【实训目的】培养学生对经济业务进行规范操作和细心工作的习惯，从而提高自身的职业判断能力。

业务：5月21日收到单证

> 华宇有限责任公司
>
> 关于出租公司3#行政楼的决定
>
> （20210520号）
>
> ……
>
> 经董事会商议决定，自2021年7月1日起，将公司位于本市解放街29号临街的3#行政楼整幢楼房作为写字楼对外出租给云通投资有限责任公司……
>
> ……
>
> 抄送：资产管理部、后勤部、财务部、经营部。

房屋租赁合同

编号：ZL20210520

出租人：华宇有限责任公司　　签订地点：滨海市解放街29号

承租人：云通投资有限责任公司　　签订时间：2021年5月20日

第一条　租赁房屋坐落在滨海市解放街29号，建筑面积30 000m²，间数4层36间。

第二条　租赁期限从2021年7月1日至2024年6月30日。

第三条　租金（大写）叁仟万元整。

第四条　租金的支付期限与方式：每半年支付一次租金5 000 000元，叁年共支付6次，于租赁使用前两个月支付。以银行转账方式支付，先付后用。

第五条　租赁房屋的用途：商务用房。

……

出租人（盖章）（华宇有限责任公司 合同专用章）	承租人（盖章）（云通投资有限责任公司 合同专用章）
法定代表人（签名）陈明	法定代表人（签名）李佩斯
居民身份证号码：133090196811212315	居民身份证号码：133090198010124135
电话：0578-2133999	电话：0578-82030450
开户银行及账号：中国工商银行滨海市分行 180100112200100888	开户银行及账号：中国工商银行滨海市分行 180102132405130844

中国工商银行滨海市分行 进账单（回单） 1

2021年5月20日　　第　号

付款人			收款人		
全称	云通投资有限责任公司		全称	华宇有限责任公司	
账号	180102132405130844		账号	180100112200100888	
开户银行	中国工商银行滨海市分行		开户银行	中国工商银行滨海市分行	

金额	人民币（大写）	伍佰万元整	千	百	十	万	千	百	十	元	角	分
			¥	5	0	0	0	0	0	0	0	0

票据种类	转账支票	（中国工商银行滨海市分行 2021.5.20 转账 转讫）
票据张数	1张	
单位主管　会计		
复核　记账		出票开户银行盖章

收 款 收 据　　No.2609842

2021年5月21日

今收到云通投资有限责任公司

交来的租赁房屋押金款

人民币大写伍佰万元整　　小写￥5 000 000.00

收款单位（盖章）（华宇有限责任公司财务专用章）　　转账收讫　　交款人 签章：陈晓亮

第二联 记账联

负责人：　　会计：　　出纳：李莉

华宇有限责任公司尚未入账，出纳李莉认为该笔业务的原始凭证有不妥之处。

答案提示

任务五　金融资产核算

一、实训目标

熟悉金融资产业务中的常见原始凭证；掌握金融资产业务的账务处理技能。

二、业务实训

2021年5月份华宇有限责任公司发生的部分金融资产业务资料如下，请根据实训资料填制、审核原始凭证，编制记账凭证。

业务1：6月3日收到单证

中国工商银行银证转账回单

客户名称	华宇有限责任公司	证券公司名称	鸿运证券股份有限公司	券商代码	Q 600005
开户银行	滨海市分行	证券公司营业部	解放街营业部	证券机构号	AQ123890
注册账户	98430214366208		证券资金账号	2368 5306 2636	
银行结算账户余额	¥1 250 000.00				
转账金额	¥250 000.00				
转账大写金额	贰拾伍万元整				

中国工商银行滨海市分行 2021.6.3 转账 转讫

业务2：6月5日收到单证（武钢股份作为交易性金融资产核算）

鸿运证券股份有限公司

证券交易交割单

单位：元

序号	成交日期	成交时间	交易状态	证券代码	证券名称	成交价格	成交数量	成交金额	账户余额	佣金	印花税	其他费用	证单编号
1	2021-05-10	10:21:20	买入	600005	武钢股份	3.75	100 000	375 000	873 409	750	375	466	1705102782
2	2021-05-25	14:18:26	买入	600005	武钢股份	3.58	200 000	716 000	154 371	1 432	716	890	1705256997
3	2021-06-05	11:12:08	卖出	600005	武钢股份	4.35	150 000	652 500	804 103.50	1 305	652.50	810	1706056896

鸿运证券股份有限公司

中国工商银行银证转账回单

客户名称	华宇有限责任公司	证券公司名称	鸿运证券股份有限公司	券商代码	Q 600005
开户银行	滨海市分行	证券公司营业部	解放街营业部	证券机构号	AQ123890
注册账户	98430214366208		证券资金账号	2368 5306 2636	
银行结算账户余额	¥804 103.50				
转账金额	¥649 732.50				
转账大写金额	陆拾肆万玖仟柒佰叁拾贰元伍角整				

中国工商银行滨海市分行 2021.6.5 转账 转讫

滨海增值税专用发票

全国统一发票监制章 滨海 国家税务总局监制

发票联

No.21256352

开票日期：2021年6月5日

购买方	名　　称：华宇有限责任公司 纳税人识别号：280602002234678 地 址、电 话：滨海市解放街28号 0578-2133999 开户行及账号：工行滨海市分行 180100112200100888	密码区	（略）			
货物或应税劳务、服务名称	规格型号	单位	数量	单价	金额	税率	税额
*经纪代理服务*代理交易手续费					1 995.28	6%	119.72
合　计					¥1 995.28		¥119.72
价税合计（大写）	⊗贰仟壹佰壹拾伍元整			（小写）¥2 115.00			
销售方	名　　称：鸿运证券股份有限公司 纳税人识别号：62012786134129 地 址、电 话：滨海市解放街289号 0578-4133456 开户行及账号：工行滨海市分行 236853062636	备注	2021.6				

鸿运证券股份有限公司 62012786134129 发票专用章

第三联：发票联 购买方记账凭证

收款人：高锦年　　复核：周小红　　开票人：李瑞希　　销售方：（章）

业务3：6月10日收到单证（国际实业作为其他权益工具投资核算）

鸿运证券股份有限公司

证券交易交割单

单位：元

序号	成交日期	成交时间	交易状态	证券代码	证券名称	成交价格	成交数量	成交金额	账户余额	佣金	印花税	其他费用	订单编号
1	2021-06-10	13:21:42	买入	000159	国际实业	9.75	50 000	487 500	314 535	975	487.50	606	1706102376

鸿运证券股份有限公司

中国工商银行银证转账回单

客户名称	华宇有限责任公司	证券公司名称	鸿运证券股份有限公司	券商代码	Q 000159
开户银行	滨海市分行	证券公司营业部	解放街营业部	证券机构号	AQ123890
注册账户	98430214366208		证券资金账号	2368 5306 2636	
银行结算账户余额	¥314 535.00				
转账金额	¥489 568.50				
转账大写金额	肆拾捌万玖仟伍佰陆拾捌元伍角整				

中国工商银行滨海市分行 2021.6.10 转账 转讫

业务4：6月18日收到单证（12鲁高速作为债权投资核算）

鸿运证券股份有限公司

证券交易交割单　　　　单位：元

序号	成交日期	成交时间	交易状态	证券代码	证券名称	成交价格	成交数量	成交金额	账户余额	佣金	印花税	其他费用	编号
1	2021-06-18	14:41:22	买入	122742	12鲁高速	118	2 000	236 000	77 534	472	236	293	1706189375

鸿运证券股份有限公司

注：每手债券含2元未发放利息。付息日为每年12月31日，票面利率5.72%

中国工商银行银证转账回单

客户名称	华宇有限责任公司	证券公司名称	鸿运证券股份有限公司	券商代码	Q 122742
开户银行	滨海市分行	证券公司营业部	解放街营业部	证券机构号	AQ123890
注册账户	98430214366208		证券资金账号	2368 5306 2636	
银行结算账户余额	¥77 534.00				
转账金额	¥237 001.00				
转账大写金额	贰拾叁万柒仟零壹元整				

中国工商银行滨海市分行 2021.6.18 转账 转讫

业务5：6月30日，查询证券行情可知该公司截至6月30日，只有上述股票和债券，无其他投资

武钢股份（600005）收盘价格为每股4.15元；国际实业（000159）收盘价格为每股7.25元；债券12鲁高速（122742）为每手116.5元。

金融资产公允价值变动计算表

2021年6月30日　　　　单位：元

项目	账面余额	公允价值	变动额
合　计			

制单：　　　　复核：　　　　记账：

三、障碍实训

2021年6月份部分金融资产业务资料如下，请指出下列业务的会计处理，哪些是正确的，哪些是错误的。如果是错误的，那么正确的做法是什么？

【实训目的】培养学生的职业判断能力。

业务：6月5日收到单证（武钢股份作为交易性金融资产核算）

鸿运证券股份有限公司

证券交易交割单　　单位：元

序号	成交日期	成交时间	交易状态	证券代码	证券名称	成交价格	成交数量	成交金额	账户余额	佣金	印花税	其他费用	订单编号
1	2021-05-10	10:21:20	买入	600005	武钢股份	3.75	100 000	375 000	873 409	750	375	466	1705102782
2	2021-05-25	14:18:26	买入	600005	武钢股份	3.58	200 000	716 000	154 371	1 432	716	890	1705256997
3	2021-06-05	11:12:08	卖出	600005	武钢股份	4.35	150 000	652 500	804 103.50	1 305	652.50	810	1706056896

中国工商银行银证转账回单

客户名称	华宇有限责任公司	证券公司名称	鸿运证券股份有限公司	券商代码	Q 600005
开户银行	滨海市分行	证券公司营业部	解放街营业部	证券机构号	AQ123890
注册账户	98430214366208		证券资金账号	2368 5306 2636	
银行结算账户余额	¥804 103.50				
转账金额	¥649 732.50				
转账大写金额	陆拾肆万玖仟柒佰叁拾贰元伍角整				

（印章：中国工商银行滨海市分行 2021.6.5 转账 转讫）

滨海增值税专用发票

（印章：发票联 滨海 国家税务总局监制）

No.21256352

开票日期：2021年6月5日

购买方	名称：华宇有限责任公司 纳税人识别号：280602002234678 地址、电话：滨海市解放街28号 0578-2133999 开户行及账号：工行滨海市分行180100112200100888			密码区	（略）	
货物或应税劳务、服务名称	规格型号	单位	数量	单价	金额	税率	税额
*经纪代理服务*代理交易手续费					1 995.28	6%	119.72
合计					¥1 995.28		¥119.72
价税合计（大写）	⊗贰仟壹佰壹拾伍元整				（小写）¥2 115.00		
销售方	名称：鸿运证券股份有限公司 纳税人识别号：62012786134129 地址、电话：滨海市解放街289号 0578-4133456 开户行及账号：工行滨海市分行236853062636			备注	2021.6		

（印章：鸿运证券股份有限公司 62012786134129 发票专用章）

第三联：发票联 购买方记账凭证

收款人：高锦年　　复核：周小红　　开票人：李瑞希　　销售方：（章）

华宇有限责任公司尚未入账，出纳李莉认为该笔业务的原始凭证有不妥之处。

答案提示

任务六 长期股权投资核算

一、实训目标

熟悉长期股权投资业务中常见原始凭证；掌握长期股权投资业务的账务处理技能。

二、业务实训

根据2020—2021年华宇有限责任公司部分长期股权投资业务实训资料填制、审核原始凭证，编制记账凭证。

华宇有限责任公司2020年5月10日购入北巴传媒股份有限公司（600386）股票50万股，每股10元，占北巴传媒具有表决权股份的20%，购入时北巴传媒可辨认净资产的账面价值为10 000万元（与各项资产、负债的公允价值相等）。2019年北巴传媒实现净利润3 000万元。2020年2月25日宣告发放现金股利2 000万元。2020年北巴传媒亏损1 000万元。

业务1：2020年5月15日收到单证

中国工商银行滨海市分行 进账单（回单） 1

2020年5月15日　　第　号

付款人	全称	北巴传媒股份有限公司	收款人	全称	华宇有限责任公司										
	账号	180140513002184324		账号	180100112200100888										
	开户银行	中国工商银行滨海市分行		开户银行	中国工商银行滨海市分行										
金额	人民币（大写）	伍拾万元整			千	百	十	万	千	百	十	元	角	分	
							¥	5	0	0	0	0	0	0	
票据种类		转账支票													
票据张数		1张													
单位主管　会计															
复核　记账					出票开户银行盖章										

（印章：中国工商银行滨海市分行 2020.5.15 转账 转讫）

业务2：2020年12月31日，北巴传媒股票市值为每股6.75元

长期股权投资减值准备计算表

2020年12月31日　　单位：元

项目	账面余额	公允价值	变动额
合　计			

制单：　　复核：　　记账：

业务3：2021年5月18日收到单证

鸿运证券股份有限公司

证券交易交割单

单位：元

序号	成交日期	成交时间	交易状态	证券代码	证券名称	成交价格	成交数量	成交金额	账户余额	佣金	印花税	其他费用	订单编号
1	2021-05-18	14:21:02	卖出	600386	北巴传媒	8.92	150 000	1 338 000	2 239 867	2 676	1 338	1 663.24	1705189897

中国工商银行银证转账回单

客户名称	华宇有限责任公司	证券公司名称	鸿运证券股份有限公司	券商代码	Q 600386
开户银行	滨海市分行	证券公司营业部	解放街营业部	证券机构号	AQ123890
注册账户	98430214366208	证券资金账号	2368 5306 2636		
银行结算账户余额	¥2 239 867.00				
转账金额	¥1 332 322.76				
转账大写金额	壹佰叁拾叁万贰仟叁佰贰拾贰元零柒角陆分				

滨海增值税专用发票

No.21256352

开票日期：2021年5月18日

购买方	名　　称：华宇有限责任公司 纳税人识别号：280602002234678 地 址、电 话：滨海市解放街28号 0578-2133999 开户行及账号：工行滨海市分行 180100112200100888			密码区	（略）		
货物或应税劳务、服务名称	规格型号	单位	数量	单价	金额	税率	税额
*经纪代理服务*代理交易手续费					4 093.62	6%	245.62
合计					¥4 093.62		¥245.62
价税合计（大写）	⊗肆仟叁佰叁拾玖元贰角肆分				（小写）¥4 339.24		
销售方	名　　称：鸿运证券股份有限公司 纳税人识别号：62012786134129 地 址、电 话：滨海市解放街289号 0578-4133456 开户行及账号：工行滨海市分行 236853062636			备注			

第三联：发票联　购买方记账凭证

收款人：高锦年　　复核：周小红　　开票人：李瑞希　　销售方：（章）

三、障碍实训

2020—2021年华宇有限责任公司部分长期股权投资业务资料如下：

2020年3月10日购入北巴传媒股份有限公司（600386）股票50万股，每股10元，占北巴传媒具有表决权股份的20%，购入时北巴传媒可辨认净资产的账面价值为10 000万元（与各项资产、负债的公允价值相等）。2019年北巴传媒实现净利润3 000万元。2020年2月25日宣告发放现金股利2 000万元。2020年北巴传媒亏损1 000万元。

请指出下列业务的会计处理，哪些是正确的，哪些是错误的。如果是错误的，那么正确的做法是什么？

【实训目的】培养学生的职业判断能力和细心处理业务的习惯。

业务：5月18日收到单证

鸿运证券股份有限公司

证券交易交割单

单位：元

序号	成交日期	成交时间	交易状态	证券代码	证券名称	成交价格	成交数量	成交金额	账户余额	佣金	印花税	其他费用	订单编号
1	2021-05-18	14:21:02	卖出	600386	北巴传媒	8.92	150 000	1 338 000	2 239 867		1 338	1 663.24	1705189897

中国工商银行银证转账回单

客户名称	华宇有限责任公司	证券公司名称	鸿运证券股份有限公司	券商代码	Q 600386
开户银行	滨海市分行	证券公司营业部	解放街营业部	证券机构号	AQ123890
注册账户	98430214366208	证券资金账号	2368 5306 2636		
银行结算账户余额	¥2 239 867.00				
转账金额	¥1 332 322.76				
转账大写金额	壹佰叁拾叁万贰仟叁佰贰拾贰元柒角陆分				

滨海增值税专用发票

发票联

No.21256352

开票日期：2021年5月18日

购买方	名　　称：华宇有限责任公司 纳税人识别号：280602002234678 地 址、电 话：滨海市解放街28号 0578-2133999 开户行及账号：工行滨海市分行 180100112200100888				密码区	（略）	
货物或应税劳务、服务名称	规格型号	单位	数量	单　价	金　额	税率	税　额
*经纪代理服务*代理交易手续费					4 093.62	6%	245.62
合　　计					¥4 093.62		¥245.62
价税合计（大写）	⊗肆仟叁佰叁拾玖元贰角肆分				（小写）¥4 339.24		
销售方	名　　称：鸿运证券股份有限公司 纳税人识别号：62012786134129 地 址、电 话：滨海市解放街289号 0578-4133456 开户行及账号：工行滨海市分行 236853062636				备注	62012786134129 发票专用章	

第三联：发票联　购买方记账凭证

收款人：高锦年　　复核：周小红　　开票人：李瑞希　　销售方：（章）

华宇有限责任公司尚未入账，出纳李莉认为该笔业务的原始凭证有不妥之处。

答案提示

实训四

生产经营过程核算

任务一　产品生产过程核算

一、实训目标

熟悉产品生产过程业务中的常见原始凭证；掌握产品生产过程业务的账务处理技能。

二、业务实训

1210大型封闭式卡板箱为华宇有限责任公司的主要产品之一，主要原材料为高密度聚乙烯HDPE，原材料为一次性投入。高密度聚乙烯HDPE本月发出价格为10 389元/吨。该公司存货发出计价采用月末一次加权平均法。2021年7月份华宇有限责任公司发生的部分产品生产业务资料如下，请根据实训资料填制、审核原始凭证，编制记账凭证。

业务1：7月31日收到单证

原材料出库单

领料单位：第三车间

用料产品：1210卡板箱　　2021年7月6日　　原领 字第16号

名称	规格及型号	计量单位	计划领用	实际领用
高密度聚乙烯HDPE		吨	50	50
合　计			50	50

第二联　记账联

财务主管：　记账：　仓库主管：许朝军　收料：陈岗　制单：韩磊

原材料出库单

领料单位：第三车间

用料产品：1210卡板箱　　2021年7月15日　　原领 字第32号

名称	规格及型号	计量单位	计划领用	实际领用
高密度聚乙烯HDPE		吨	150	150
合　计			150	150

第二联　记账联

财务主管：　记账：　仓库主管：许朝军　收料：陈岗　制单：韩磊

原材料出库单

领料单位：第三车间

用料产品：1210卡板箱　　2021年7月24日　　原领 字第109号

名称	规格及型号	计量单位	计划领用	实际领用
高密度聚乙烯HDPE		吨	100	100
合　计			100	100

第二联 记账联

财务主管：　　记账：　　仓库主管：许朝军　　收料：陈岗　　制单：韩磊

原材料出库单

领料单位：第三车间

用料产品：1210卡板箱　　2021年7月30日　　原领 字第214号

名称	规格及型号	计量单位	计划领用	实际领用
高密度聚乙烯HDPE		吨	100	100
合　计			100	100

第二联 记账联

财务主管：　　记账：　　仓库主管：许朝军　　收料：陈岗　　制单：韩磊

注：月末盘点，第三车间高密度聚乙烯HDPE余23.5吨尚未投入生产使用。

业务2：7月31日收到单证

七月份工资汇总表

2021年7月31日　　单位：元

部门车间	基本工资	岗位津贴	物价补贴	奖金	病事假工资	应发合计	工会经费	失业保险	养老保险	代扣税*	代扣合计	实发合计
行政部门	41 900.00	19 400.00	2 340.00	20 100.00	0	83 740.00	30.65	613.00	4 904.00	3 107.89	8 655.54	75 084.46
制造费用——第一车间	3 100.00	1 450.00	208.00	1 700.00	0	6 458.00	2.29	45.50	364.00	173.33	585.12	5 872.88
制造费用——第二车间	2 400.00	1 100.00	156.00	2 250.00	0	5 906.00	1.76	35.00	280.00	228.33	545.09	5 360.91
制造费用——第三车间	4 800.00	2 400.00	624.00	1 680.00	0	9 504.00	3.60	72.00	576.00	0	651.60	8 852.40
生产成本——第一车间	3 100.00	1 450.00	208.00	2 700.00	0	7 458.00	2.29	45.50	364.00	263.83	675.62	6 782.38
生产成本——第二车间	4 000.00	2 000.00	520.00	1 400.00	0	7 920.00	3.00	60.00	480.00	0	543.00	7 377.00
生产成本——第三车间	5 200.00	2 600.00	676.00	2 600.00	0	11 076.00	3.90	78.00	624.00	0	705.90	10 370.10
合　计	64 500.00	30 400.00	4 732.00	32 430.00	0	132 062.00	47.49	949.00	7 592.00	3 773.38	12 361.87	119 700.13

注：*代扣税为假定数字，只为说明业务过程。

业务3：7月31日收到单证

七月份费用分配表

2021年7月31日　　　　单位：元

应贷科目 应借科目			应付工资	福利费（14%）	工会经费（2%）	教育经费（8%）	养老保险（20%）	失业保险（2%）	工伤保险（0.5%）	生育保险（0.8%）	小　计	合　计
生产成本	第一车间	周转箱	7 458.00	1 044.12	149.16	596.64	1 491.60	149.16	37.29	59.66	3 527.63	10 985.63
	第二车间	塑胶卡板	7 920.00	1 108.80	158.40	633.60	1 584.00	158.40	39.60	63.36	3 746.16	11 666.16
	第三车间	1210卡板箱	11 076.00	1 550.64	221.52	886.08	2 215.20	221.52	55.38	88.61	5 238.95	16 314.95
制造费用	第一车间	周转箱	6 458.00	904.12	129.16	516.64	1 291.60	129.16	32.29	51.66	3 054.63	9 512.63
	第二车间	塑胶卡板	5 906.00	826.84	118.12	472.48	1 181.20	118.12	29.53	47.25	2 793.54	8 699.54
	第三车间	1210卡板箱	9 504.00	1 330.56	190.08	760.32	1 900.80	190.08	47.52	76.03	4 495.39	13 999.39
管理费用			83 740.00	11 723.60	1 674.80	6 699.20	16 748.00	1 674.80	418.70	669.92	39 609.02	123 349.02
合　计			132 062.00	18 488.68	2 641.24	10 564.96	26 412.40	2 641.24	660.31	1 056.49	62 465.32	194 527.32

业务4：7月31日收到单证

七月份低值易耗品（与产量无关）领用汇总表

名称	单位	加权平均单价	单耗量	7月	
				领用量	领用成本
生产1210卡板箱领用					
电焊杆2.5-4.0	条	225.67	4.00	20.00	4 513.40
钢尺L1500-L2000	把	97.12	1.00	5.00	485.60
丝锥M16	个	35.04	2.00	10.00	350.40
丝锥M4	个	11.24	2.00	10.00	112.40
丝锥M6	个	13.27	4.00	20.00	265.40
直柄立铣刀	把	15.06	1.00	5.00	75.30
小　计					5 802.50
⋮					

业务5：7月31日收到单证

七月份产成品成本汇总表

金额单位：元

产品名称	直接材料	人工成本	制造费用	总成本	产量（个）	单位成本（元/个）
周转箱	15 915 000	524 205	1 843 711	18 282 916	125 000	146.26
塑胶卡板	1 020 815	1 118 304	2 907 160	5 046 279	160 000	31.54
1210卡板箱	15 808 254	1 563 931	5 776 129	23 148 314	100 000	231.48
⋮						

存货验收入库单

供应单位：第三车间　　2021年7月16日　　成验字第21号

名称	规格及型号	计量单位	应收数量	实收数量	单价	金额
1210卡板箱		个	50 000	50 000		
合　计			50 000	50 000		

第二联　记账联

财务主管：　记账：　仓库主管：马群力　收料：王在启　制单：李晓

存货验收入库单

供应单位：第三车间　　2021年7月27日　　成验字第43号

名称	规格及型号	计量单位	应收数量	实收数量	单价	金额
1210卡板箱		个	50 000	50 000		
合　计			50 000	50 000		

第二联　记账联

财务主管：　记账：　仓库主管：马群力　收料：王在启　制单：李晓

三、障碍实训

1210大型封闭式卡板箱为华宇有限责任公司生产的主要产品之一，主要原材料为高密度聚乙烯HDPE，原材料为一次性投入。高密度聚乙烯HDPE本月发出价格为10 389元/吨。该公司存货发出计价采用月末一次加权平均法。2021年7月华宇有限责任公司发生的部分产品生产过程经济业务如下。请指出下列业务的会计处理，哪些是正确的，哪些是错误的。如果是错误的，那么正确的做法是什么？

【实训目的】培养学生规范、细致操作业务的习惯，提高职业判断能力和会计计算能力。

业务1：7月31日收到单证

原材料出库单

领料单位：第二车间

用料产品：周转箱　　2021年7月6日　　原领 字第16号

名称	规格及型号	计量单位	计划领用	实际领用
高密度聚乙烯HDPE		吨		5
合　计				5

第二联　记账联

财务主管：　记账：　仓库主管：许朝军　收料：陈岗　制单：韩磊

原材料出库单

领料单位：第三车间

用料产品：1210卡板箱　　2021年7月15日　　原领 字第32号

名称	规格及型号	计量单位	计划领用	实际领用
高密度聚乙烯HDPE		吨	150	150
合　计			150	150

第二联　记账联

财务主管：　记账：　仓库主管：许朝军　收料：陈岗　制单：韩磊

原材料出库单

领料单位：行政办公室

用料产品：办公用　　2021年7月24日　　原领 字第109号

名称	规格及型号	计量单位	计划领用	实际领用
高密度聚乙烯HDPE		吨		0.3
合　计				0.3

第二联　记账联

财务主管：　记账：　仓库主管：许朝军　收料：陈岗　制单：韩磊

华宇有限责任公司有关会计处理如下：（发出单价10 430元）

借：生产成本——周转箱　　52 150
　　　　　——1210卡板箱　　1 564 500
　　管理费用——其他　　3 129
　　贷：原材料——高密度聚乙烯HDPE　　1 619 779

答案提示

业务2：7月31日收到单证

七月份费用分配表

2021年7月31日　　单位：元

应借科目 \ 应贷科目		应付工资	福利费（14%）	工会经费（1.5%）	教育经费（2.5%）	养老保险（20%）	失业保险（2%）	工伤保险（0.5%）	生育保险（0.8%）	合　计
生产成本	周转箱	7 458.00	1 044.12	111.87	186.45	1 491.60	149.16	37.29	59.66	10 538.15
	塑胶卡板	7 920.00	1 108.80	118.80	198.00	1 584.00	158.40	39.60	63.36	11 190.96
	1210卡板箱	11 076.00	1 550.64	166.14	276.90	2 215.20	221.52	55.38	88.61	15 650.39
制造费用	第一车间	6 458.00	904.12	96.87	161.45	1 291.60	129.16	32.29	51.66	9 125.15
	第二车间	5 906.00	826.84	88.59	147.65	1 181.20	118.12	29.53	47.25	8 345.18
	第三车间	9 504.00	1 330.56	142.56	237.60	1 900.80	190.08	47.52	76.03	13 429.15
管理费用		83 740.00	11 723.60	1 256.10	2 093.50	16 748.00	1 674.80	418.70	669.92	118 324.62
合　计		132 062.00	18 488.68	1 980.93	3 301.55	26 412.40	2 641.24	660.31	1 056.49	186 603.60

华宇有限责任公司有关会计处理如下：

借：生产成本——周转箱　　10 538.15
　　　　　——塑胶卡板　　11 190.96
　　　　　——1210卡板箱　　15 650.39
　　制造费用——第一车间　　9 125.15
　　　　　——第二车间　　8 345.18
　　　　　——第三车间　　13 429.15
　　管理费用——工资及福利　　118 324.62
　　贷：应付职工薪酬——应付工资　　132 062.00
　　　　　　　　——福利费　　18 488.68
　　　　其他应付款——社会保险　　30 770.44
　　　　　　　　——工会经费　　1 980.93
　　　　　　　　——职工教育经费　　3 301.55

答案提示

业务3：7月31日收到单证

存货验收入库单

供应单位：第三车间　　　　2021年7月16日　　　　成验字第21号

名称	规格及型号	计量单位	应收数量	实收数量	单价	金额
1210卡板箱		个	5 000	5 000		
合　计			5 000	5 000		

第二联　记账联

财务主管：　　记账：　　仓库主管：马群力　　收料：王在启　　制单：李晓

存货验收入库单

供应单位：第三车间　　　　2021年7月27日　　　　成验字第43号

名称	规格及型号	计量单位	应收数量	实收数量	单价	金额
1210卡板箱		个	2 000	2 000		
合　计			2 000	2 000		

第二联　记账联

财务主管：　　记账：　　仓库主管：马群力　　收料：王在启　　制单：李晓

华宇有限责任公司有关会计处理如下：

由于尚未到月末，因此存货会计王晓晓根据上月成本单价723元对上述商品进行了核算：

借：库存商品——1210卡板箱　　　　5 061 000

　　贷：生产成本——1210卡板箱　　　　5 061 000

答案提示

任务二　经营管理过程核算

一、实训目标

熟悉经营管理过程业务中的常见原始凭证；掌握经营管理过程业务的账务处理技能。

二、业务实训

2021年12月份华宇有限责任公司发生的部分业务资料如下，请根据实训资料填制、审核原始凭证，编制记账凭证。

业务1：12月2日收到单证

借款单

借款理由：参加管理人员培训	
借款数额（大写）贰仟伍佰元整	（小写）¥2 500.00
借款人签章：覃家斌	2021年12月2日
单位负责人意见： 情况属实，同意借2 500元整。 陈明 2021年12月2日	会计主管人员意见： 祝涓涓 2021年12月2日

现金支出凭单

2021年12月2日　　第2号

付给　第三车间覃家斌

预借差旅费　款

计人民币（大写）贰仟伍佰元整　现金付讫　（小写）¥2 500.00

收款人（盖章）覃家斌

审批人：　主管会计：　记账员：　出纳员：李莉

借款单

借款理由：参加管理人员培训	
借款数额（大写）贰仟伍佰元整	（小写）¥2 500.00
借款人签章：黄丽丽	2021年12月2日
单位负责人意见： 情况属实，同意借2 500元整。 陈明 2021年12月2日	会计主管人员意见： 祝涓涓 2021年12月2日

现金支出凭单

2021年12月2日　　第5号

付给　综合部黄丽丽

预借差旅费　款

计人民币（大写）贰仟伍佰元整　现金付讫　（小写）¥2 500.00

收款人（盖章）黄丽丽

审批人：　主管会计：　记账员：　出纳员：李莉

业务2：12月15日收到单证

中国工商银行滨海市分行 进账单（回单） 1

2021年12月15日 第 号

付款人	全称	腾飞管理咨询有限责任公司	收款人	全称	华宇有限责任公司
	账号	180102844405213130		账号	180100112200100888
	开户银行	中国工商银行滨海市分行		开户银行	中国工商银行滨海市分行
金额	人民币（大写）	壹万贰仟元整		千百十万千百十元角分	¥1200000
票据种类		转账支票			
票据张数		1张			
单位主管 会计 复核 记账				出票开户银行盖章	

（印章：中国工商银行滨海市分行 2021.12.15 转账 转讫）

滨海增值税专用发票

此联不作报销、扣税凭证使用 No.21256352

开票日期：2021年12月14日

购买方	名称：腾飞管理咨询有限责任公司 纳税人识别号：62194532306527 地址、电话：滨海市滨海路2315号 0578-8348270 开户行及账号：工行滨海市分行180102844405213130				密码区	（略）	
货物或应税劳务、服务名称	规格型号	单位	数量	单价	金额	税率	税额
*鉴证咨询服务*咨询费					11 320.75	6%	679.25
合计					¥11 320.75		¥679.25
价税合计（大写）	⊗壹万贰仟元整				（小写）¥12 000.00		
销售方	名称：华宇有限责任公司 纳税人识别号：280602002234678 地址、电话：滨海市解放街28号 0578-2133999 开户行及账号：工行滨海市分行180100112200100888				备注	（印章：华宇有限责任公司 280602002234678 发票专用章）	

第一联：记账联 销售方记账凭证

收款人：张全有 复核：刘艳 开票人：李莉 销售方：（章）

业务3：12月16日收到单证

滨海增值税专用发票

发票联

No.02945553

开票日期：2021年12月16日

购买方	名　　称：华宇有限责任公司 纳税人识别号：280602002234678 地 址、电 话：滨海市解放街28号 0578-2133999 开户行及账号：工行滨海市分行 180100112200100888				密码区	（略）		
货物或应税劳务、服务名称	规格型号	单位	数量	单　价	金　额	税率	税　额	
*石油制品*92#汽油		升	2 000	5.56	11 120.00	13%	1 445.60	
*石油制品*98#汽油		升	2 000	5.91	11 820.00	13%	1 536.60	
合　　计					¥22 940.00		2 982.20	
价税合计（大写）	⊗贰万伍仟玖佰贰拾贰元贰角整				（小写）¥25 922.20			
销售方	名　　称：中国石化销售有限责任公司滨海石油分公司 纳税人识别号：630000722781742 地 址、电 话：滨海市解放街876号 0578-87380453 开户行及账号：工行滨海市分行 180102153230101826				备注	中国石化销售有限责任公司滨海石油分公司 630000722781742 发票专用章		

第三联：发票联　购买方记账凭证

收款人：吴非　　复核：蓝天　　开票人：王珍　　销售方：（章）

中国工商银行滨海市分行电汇凭证（付款通知）

2021年12月16日　　　　第　号

收款人	全　　称	中国石化销售有限责任公司滨海石油分公司	付款人	全　　称	华宇有限责任公司
	账　　号	180102153230101826		账　　号	180100112200100888
	开户银行	中国工商银行滨海市分行		开户银行	中国工商银行滨海市分行
金额	人民币（大写）	贰万伍仟玖佰贰拾贰元贰角整		千百十万千百十元角分	¥ 2 5 9 2 2 2 0
票据种类	转账支票		中国工商银行滨海市分行 2021.12.16 转账 转讫		
票据张数	1张				
单位主管　会计 复核　记账			出票开户银行盖章		

费用报销单

填报日期 2021年12月20日

部门	综合部	姓名	刘坤
报销事由	购公司汽车用汽油		
报销单据3张 合计金额（大写）贰万伍仟玖佰贰拾贰元贰角整			（小写）￥25 922.20
单位主管	陈明	部门主管	黄均良

会计主管：祝涓涓 审核： 出纳：李莉 填报人：刘坤

中国工商银行转账支票存根

支票号码：04123308

科　　目

对方科目

出票日期：2021年12月16日

收款人：	中国石化销售有限责任公司 滨海石油分公司
金　额：	￥25 922.20
用　途：	购汽油
备　注：	

单位主管： 会计：

复核： 记账：

业务4：12月20日收到单证

差旅费报销单

报销部门：第三车间　　2021年12月20日

姓名		白桦		职别	技术人员	出差事由		解决产品技术问题			
出差起止日期自2021年11月28日起至2021年12月4日止，共7天，附单据3张											
日期 月	日期 日	起讫地点	天数	机票费	车船费	市内交通费	住宿费	出差补助	住宿节约补助	其他	小　计
11	28	滨海—临安			527.00	350.00	680.00	210.00			1 767.00
12	3	临安—滨海			527.00						527.00
		合　计			1 054.00	350.00	680.00	210.00			2 294.00
总计金额（大写）			贰仟贰佰玖拾肆元整						预支2 500.00元		

负责人：陈明　会计：张静娜　出纳：李莉　审核：　部门主管：韦建　出差人：白桦

（按规定，省内出差，每人出差补助30元/天，按实际出差天数计算；技术人员出差可住220元/天的宾馆，市内交通每人包干费用50元/天）

临安增值税专用发票

发票联

全国统一发票监制章 国家税务总局监制

No.03945553

开票日期：2021年12月3日

购买方	名称：华宇有限责任公司 纳税人识别号：280602002234678 地址、电话：滨海市解放街28号 0578-2133999 开户行及账号：工行滨海市分行180100112200100888	密码区	（略）			
货物或应税劳务、服务名称	规格型号	单位	数量	单价	金额	税率	税额
*生活服务*住宿费		日	4	160.38	641.51	6%	38.49
合计					￥641.51		￥38.49
价税合计（大写）	⊗陆佰捌拾元整			（小写）￥680.00			
销售方	名称：临安市嘉华宾馆 纳税人识别号：330012467000877 地址、电话：临安市长乐中路768号 0588-88043594 开户行及账号：工行临安市分行180302453280142829	备注	临安市嘉华宾馆 330012467000877 发票专用章			

第三联：发票联 购买方记账凭证

收款人：成刚　　复核：丑丽婷　　开票人：范晔　　销售方：（章）

收款收据

No.0010087

2021年12月20日

今收到第三车间白桦

交来的退回现金

人民币大写贰佰零陆元整　　小写￥206.00

收款单位（盖章）：华宇有限责任公司财务专用章

现金收讫

交款人签章：白桦

第二联 记账联

负责人：　　会计：　　出纳：李莉

C 0054455　　滨海

滨海 ——→ 临安　　K716

2021年11月28日11：00开05车23号下铺

全价527.00元　　新空调软座快速卧

限乘当日当次车

在4日内到有效

86173100100605C056978 661357063363194457

C 0058605　　临安

临安 ——→ 滨海　　K717

2021年12月3日15：00开06车20号下铺

全价527.00元　　新空调软座快速卧

限乘当日当次车

在4日内到有效

86173100100605C056978 661357063363194478

业务5：12月25日收到单证

中国工商银行滨海市分行电汇凭证（付款通知）

2021年12月24日　　　　第　　号

收款人	全　　称	中国邮政集团公司滨海分公司	付款人	全　　称	华宇有限责任公司
	账　　号	180104156280103824		账　　号	180100112200100888
	开户银行	中国工商银行滨海市分行		开户银行	中国工商银行滨海市分行
金额	人民币（大写）	叁万贰仟玖佰捌拾玖元叁角捌分		千百十万千百十元角分	¥ 3 2 9 8 9 3 8
票据种类		转账支票		中国工商银行滨海市分行 2021.12.24 转账 转讫	
票据张数		1张			
单位主管　　会计		复核　　记账		出票开户银行盖章	

费 用 报 销 单

填报日期　2021年12月25日

部门	综合部	姓名	刘坤
报销事由	预付公司2022年度报刊费		
报销单据3张	合计金额（大写）叁万贰仟玖佰捌拾玖元叁角捌分		（小写）¥32 989.38
单位主管	陈明	部门主管	黄均良

会计主管：祝涓涓　　审核：　　出纳：李莉　　填报人：刘坤

中国工商银行转账支票存根

支票号码：04123320

科　　目

对方科目

出票日期：2021年12月24日

收款人：	中国邮政集团公司滨海分公司
金　额：	¥32 989.38
用　途：	2022年报刊费
备　注：	

单位主管：　　会计：

复核：　　记账：

滨海增值税专用发票

发票联

全国统一发票监制章 国家税务总局监制

No.02945553

开票日期：2021年12月24日

购买方	名　　　称：华宇有限责任公司 纳税人识别号：280602002234678 地 址、电 话：滨海市解放街28号 0578-2133999 开户行及账号：工行滨海市分行 18010011220010088 8	密码区	（略）

货物或应税劳务、服务名称	规格型号	单位	数量	单　价	金　额	税率	税　额
*邮政服务*报刊订阅费					30 265.49	9%	2 723.89
合　　计					￥30 265.49		￥2 723.89
价税合计（大写）	⊗叁万贰仟玖佰捌拾玖元叁角捌分				（小写）￥32 989.38		

销售方	名　　　称：中国邮政集团公司滨海分公司 纳税人识别号：630000723763793 地 址、电 话：滨海市解放街876号 0578-80080456 开户行及账号：工行滨海市分行 180104156280103824	备注	2022年报刊订阅费 中国邮政集团公司滨海分公司 630000723763793 发票专用章

收款人：何宏　　复核：刘冲娇　　开票人：康淑华　　销售方：（章）

第三联：发票联　购买方记账凭证

中国邮政集团公司滨海分公司报纸杂志征订详细清单

征订单位：华宇有限责任公司　　　　征订编号：1801891

报刊代号	报刊名称	订单日期	刊期	单价	份数	月价	年价	备注
85-1	滨海日报	2022-01-01—2022-12-31	日	0.5元	20	300元	3 600元	
1-68	经济日报	2022-01-01—2022-12-31	日	0.8元	5	120元	1 440元	
	⋮						⋮	
2-284	商业会计（上半月）	2022-01-01—2022-12-31	月	6元	2	12元	144元	
82-763	新理财（公司理财）	2022-01-01—2022-12-31	月	20元	1	20元	240元	
82-241	项目管理技术	2022-01-01—2022-12-31	月	12元	1	12元	144元	
	⋮						⋮	
	合　计						32 989.38元	

中国邮政集团公司滨海分公司

制单人：张青青

业务6：12月26日收到单证

中国工商银行电子汇划业务收费凭证

2021年12月23日

付款单位		汇划金额	笔	百	十	万	千	百	十	元	角	分
全称	华宇有限责任公司											
账号	180100112200100888	1万元以下（含1万元）5元/笔										
		1万元以上至50万元 10元/笔										
备注：		汇费：50万元至100万元 20元/笔										
科目：借：	右列费用请从我付款单位账户内支付	100万元以上按每笔汇划金额的0.2‰收取（最高200元）										
		2小时内到账，加急即时汇划，以上述规定收费标准为基数加收30%										
		职工工资、退休金、养老金2元/笔	1							2	0	0
		手续费 0.5元/笔	1								5	0
复核：		合计（小写）							¥	2	5	0
经办：	缴费单位盖章	人民币（大写）贰元伍角整										

④此联由银行盖章后退回单位

华宇有限责任公司

中国工商银行滨海市分行 2021.12.23 转账 转讫

业务7：12月28日收到单证（绿源制造有限责任公司为2020年10月已注销欠款单位）

中国工商银行滨海市分行 进账单（回单） 1

2021年12月24日　　　　第　号

付款人	全称	绿源制造有限责任公司	收款人	全称	华宇有限责任公司
	账号	180218140617892443		账号	180100112200100888
	开户银行	中国工商银行滨海市分行		开户银行	中国工商银行滨海市分行

金额	人民币（大写）	千	百	十	万	千	百	十	元	角	分
	陆万捌仟元整			¥	6	8	0	0	0	0	0

票据种类	转账支票
票据张数	1张
单位主管　会计	
复核　记账	出票开户银行盖章

中国工商银行滨海市分行 2021.12.24 转账 转讫

业务8：12月31日编制单证

华宇有限责任公司坏账准备采用账龄分析法，截至2021年12月31日，应收账款为610 000元，其账龄分析如下表：

应收账款的账龄	应收账款的年末余额	坏账率（%）	估计坏账损失的金额
1年以内	200 000	1	
1～2年内（含1年）	250 000	10	
2～3年内（含2年）	110 000	25	
3～4年内（含3年）	50 000	40	
合　计	610 000		

2021年5月确认无法收回的应收账款为60 000元，2021年已转销又收回的坏账（含业务7金额）80 000元。2020年12月31日坏账准备账面余额为15 060元。

业务9：12月31日收到单证

中国工商银行滨海市分行电汇凭证（付款通知）

2021年12月30日　　第　号

<table>
<tr><td rowspan="3">收款人</td><td>全　称</td><td>滨海光耀广告有限责任公司</td><td rowspan="3">付款人</td><td>全　称</td><td colspan="10">华宇有限责任公司</td></tr>
<tr><td>账　号</td><td>180140689211724831</td><td>账　号</td><td colspan="10">180100112200100888</td></tr>
<tr><td>开户银行</td><td>中国工商银行滨海市分行</td><td>开户银行</td><td colspan="10">中国工商银行滨海市分行</td></tr>
<tr><td rowspan="2">金额</td><td rowspan="2">人民币（大写）</td><td rowspan="2" colspan="3">壹拾万零肆仟贰佰元整</td><td>千</td><td>百</td><td>十</td><td>万</td><td>千</td><td>百</td><td>十</td><td>元</td><td>角</td><td>分</td></tr>
<tr><td></td><td>¥</td><td>1</td><td>0</td><td>4</td><td>2</td><td>0</td><td>0</td><td>0</td><td>0</td></tr>
<tr><td colspan="2">票据种类</td><td>转账支票</td><td colspan="12" rowspan="3">中国工商银行滨海市分行
2021.12.30
转账
转讫
出票开户银行盖章</td></tr>
<tr><td colspan="2">票据张数</td><td>1张</td></tr>
<tr><td colspan="3">单位主管　　会计
复核　　记账</td></tr>
</table>

费 用 报 销 单

填报日期　2021年12月31日

<table>
<tr><td>部门</td><td>市场部</td><td>姓名</td><td>曹璐</td></tr>
<tr><td>报销事由</td><td colspan="3">支付公司2021年度广告费</td></tr>
<tr><td colspan="4">报销单据3张　合计金额（大写）壹拾万零肆仟贰佰元整　　（小写）¥104 200.00</td></tr>
<tr><td>单位主管</td><td>陈明</td><td>部门主管</td><td>张宝全</td></tr>
</table>

会计主管：祝涓涓　　审核：　　出纳：李莉

中国工商银行转账支票存根

支票号码：04123312

科　　目

对方科目

出票日期：2021年12月30日

收款人：	滨海光耀广告有限责任公司
金　额：	￥104 200.00
用　途：	2021年广告费
备　注：	

单位主管：　　会计：

复核：　　记账：

滨海增值税专用发票

（印章：全国统一发票监制章　滨　海　国家税务总局监制）

发票联

No.02945753

开票日期：2021年12月24日

购买方	名　　称：华宇有限责任公司 纳税人识别号：280602002234678 地址、电话：滨海市解放街28号 0578-2133999 开户行及账号：工行滨海市分行180100112200100888					密码区	（略）
货物或应税劳务、服务名称	规格型号	单位	数量	单价	金额	税率	税额
*设计服务*广告费					98 301.89	6%	5 898.11
合　　计					￥98 301.89		￥5 898.11
价税合计（大写）	⊗壹拾万零肆仟贰佰元整				（小写）￥104 200.00		
销售方	名　　称：滨海光耀广告有限责任公司 纳税人识别号：630092385263382 地址、电话：滨海市平安路231号 0578-81023167 开户行及账号：工行滨海市分行180140689211724831					备注	（印章：滨海光耀广告有限责任公司 630092385263382 发票专用章）

第三联：发票联　购买方记账凭证

收款人：王希会　　复核：邵丽梅　　开票人：于小丹　　销售方：（章）

三、障碍实训

2021年12月份的部分经营管理业务资料如下，请指出下列业务的会计处理，哪些是正确的，哪些是错误的。如果是错误的，那么正确的做法是什么？

【实训目的】 提高学生职业判断能力、规范操作能力，培养细心工作的习惯。

业务1：12月2日收到单证

借 款 单

借款理由：参加管理人员培训	
借款数额（大写）贰仟伍佰元整	（小写）¥2 500.00
借款人签章：罩家斌	2021年12月2日
单位负责人意见： 情况属实，同意借2 500元整。 陈明 2021年12月2日	会计主管人员意见： 祝涓涓 2021年12月2日

现金支出凭单

2021年12月2日 第2号

付给 第三车间覃家斌

预借差旅费 款

计人民币（大写）贰仟伍佰元整 现金付讫 （小写）¥2 500.00

收款人（盖章）黄菊梅代领

审批人： 主管会计： 记账员： 出纳员：李莉

借 款 单

借款理由：参加管理人员培训	
借款数额（大写）贰仟伍佰元整	（小写）¥2 500.00
借款人签章：黄丽丽	2021年12月2日
单位负责人意见： 情况属实，同意借2 500元整。 陈明 2021年12月2日	会计主管人员意见： 祝涓涓 2021年12月2日

现金支出凭单

2021年12月2日 第5号

付给 综合部黄丽丽

预借差旅费 款

计人民币（大写）贰仟伍佰元整 现金付讫 （小写）¥2 500.00

收款人（盖章）黄丽丽

审批人： 主管会计： 记账员： 出纳员：李莉

答案提示

业务2：12月16日收到单证

滨海增值税专用发票

发票联

No.02945553

开票日期：2021年12月16日

购买方	名　　称：华宇有限责任公司 纳税人识别号：280602002234678 地址、电话：滨海市解放街28号 0578-2133999 开户行及账号：工行滨海市分行180100112200100888					密码区	（略）	
货物或应税劳务、服务名称	规格型号	单位	数量	单　价	金　额	税率	税　额	
*石油制品*92#汽油		升	2 000	5.56	11 120.00	13%	1 445.60	
*石油制品*98#汽油		升	2 000	5.91	11 820.00	13%	1 536.60	
合　　计					¥22 940.00		¥2 982.20	
价税合计（大写）	⊗贰万伍仟玖佰贰拾贰元贰角整				（小写）¥25 922.20			
销售方	名　　称：中国石化销售有限责任公司滨海石油分公司 纳税人识别号：630000722781742 地址、电话：滨海市解放街876号 0578-87380453 开户行及账号：工行滨海市分行180102153230101826					备注		

第三联：发票联　购买方记账凭证

收款人：　　复核：　　开票人：王珍　　销售方：（章）

中国工商银行滨海市分行电汇凭证（付款通知）

2021年12月16日　　　　第　号

收款人	全　称	中国石化销售有限责任公司滨海石油分公司	付款人	全　称	华宇有限责任公司
	账　号	180102153230101826		账　号	180100112200100888
	开户银行	中国工商银行滨海市分行		开户银行	中国工商银行滨海市分行
金额	人民币（大写）	贰万伍仟玖佰贰拾贰元贰角整		千百十万千百十元角分	¥ 2 5 9 2 2 2 0
票据种类		转账支票			
票据张数		1张			
单位主管　会计 复核　记账				出票开户银行盖章	

中国工商银行转账支票存根

支票号码：04123308

科　　目

对方科目

出票日期：2021年12月16日

收款人：	中国石化销售有限责任公司 滨海石油分公司
金　额：	¥25 922.20
用　途：	购汽油
备　注：	

单位主管：　　会计：

复核：　　记账：

华宇有限责任公司相关会计分录如下：

借：其他业务成本——运输费　　22 940

　　应交税费——应交增值税（进项税额）　　2 982.20

　　贷：银行存款　　25 922.20

答案提示

业务3：12月20日收到单证

差旅费报销单

报销部门：第三车间　　　　2021年12月20日

姓名		白桦		职别	技术人员		出差事由	解决产品技术问题			
出差起止日期自2021年11月18日起至2021年11月21日止，共4天，附单据3张											
日期		起讫地点	天数	机票费	车船费	市内交通费	住宿费	出差补助	住宿节约补助	其他	小计
月	日										
11	18	滨海—西安			527.00	200.00	690.00	400.00			1 817.00
11	20	西安—滨海			527.00						527.00
		合　计			1 054.00	200.00	690.00	400.00			2 344.00
总计金额（大写）			贰仟叁佰肆拾肆元整						预支2 500.00元		

负责人：陈明　　会计：张静娜　　出纳：陆敏　　审核：　　部门主管：韦建　　出差人：白桦

（按规定，省外出差，每人出差补助100元/天，按实际出差天数计算；技术人员出差可住220元/天的宾馆，市内交通每人包干费用50元/天）

西安增值税专用发票

发票联

全国统一发票监制章 国家税务总局监制

No.04945553

开票日期：2021年11月20日

购买方	名　　称：华宇有限责任公司 纳税人识别号：280602002234678 地 址、电 话：滨海市解放街28号 0578-2133999 开户行及账号：工行滨海市分行180100112200100888				密码区	（略）		
货物或应税劳务、服务名称	规格型号	单位	数量	单　价	金　额	税率	税 额	
*生活服务*住宿费		日	1	650.94	650.94	6%	39.06	
合　　计					¥650.94		¥39.06	
价税合计（大写）	⊗陆佰玖拾元整				（小写）¥690.00			
销售方	名　　称：陕西省西安市嘉华宾馆 纳税人识别号：330012467000876 地 址、电 话：西安市长乐中路768号 029-88073594 开户行及账号：工行西安市分行180302453280142829				备注	陕西省西安市嘉华宾馆 330012467000876 发票专用章		

第三联：发票联 购买方记账凭证

收款人：张畅　　复核：徐俐　　开票人：范晔　　销售方：（章）

收　款　收　据

No.0010087

2021年12月20日

今收到第三车间白桦

交来的退回现金

人民币大写壹佰伍拾陆元整　　小写¥156.00　　现 金 收 讫

收款单位（盖章）　华宇有限责任公司财务专用章　　交款人签章：白桦

第二联 记账联

负责人：　　会计：　　出纳：李莉

C 0054455　　滨海

滨海 ——→ 西安　K316

2021年11月18日11：00开05车13号下铺

全价527.00元　　新空调软座快速卧

限乘当日当次车

在4日内到有效

36173100100605C056978 661357063363194457

C 0058605　　西安

西安 ——→ 滨海　K317

2021年11月20日15：00开06车20号下铺

全价527.00元　　新空调软座快速卧

限乘当日当次车

在4日内到有效

36173100100605C056978 661357063363194478

华宇有限责任公司相关会计分录如下：

借：制造费用——技术服务费　　2 344

　　库存现金　　156

　　贷：其他应收款——白桦　　2 500

答案提示

业务4：12月25日收到单证

中国工商银行滨海市分行电汇凭证（付款通知）

2021年12月24日　　第　号

收款人	全　称	中国邮政集团公司滨海分公司	付款人	全　称	华宇有限责任公司
	账　号	180104156280103824		账　号	180100112200100888
	开户银行	中国工商银行滨海市分行		开户银行	中国工商银行滨海市分行
金额	人民币（大写）	叁万贰仟玖佰捌拾玖元叁角捌分		千百十万千百十元角分	¥ 3 2 9 8 9 3 8
票据种类		转账支票			
票据张数		1张			
单位主管　会计 复核　记账			出票开户银行盖章		

中国工商银行滨海市分行 2021.12.24 转账 转讫

费用报销单

填报日期　2021年12月25日

部门	综合部	姓名	刘坤
报销事由	预付公司2022年度报刊费		
报销单据3张	合计金额（大写）叁万贰仟玖佰捌拾玖元叁角捌分		（小写）¥32 989.38
单位主管	陈明	部门主管	黄均良

会计主管：祝涓涓　审核：　出纳：李莉　填报人：刘坤

中国工商银行转账支票存根

支票号码：04123320

科　目

对方科目

出票日期：2021年12月24日

收款人：	中国邮政集团公司滨海分公司
金　额：	¥32 989.38
用　途：	2022年报刊费
备　注：	

单位主管：　会计：

复核：　记账：

滨海增值税专用发票

发票联

全国统一发票监制章 滨海 国家税务总局监制

No.02945553

开票日期：2021年12月24日

购买方	名　　称：华宇有限责任公司 纳税人识别号：280602002234678 地 址、电 话：滨海市解放街28号 0578-2133999 开户行及账号：工行滨海市分行 180100112200100888				密码区	（略）	
货物或应税劳务、服务名称	规格型号	单位	数量	单　价	金　额	税率	税　额
*邮政服务*报刊订阅费					30 265.49	9%	2 723.89
合　　计					¥30 265.49		¥2 723.89
价税合计（大写）	⊗叁万贰仟玖佰捌拾玖元叁角捌分				（小写）¥32 989.38		
销售方	名　　称：中国邮政集团公司滨海分公司 纳税人识别号： 地 址、电 话：滨海市解放街876号 0578-80080456 开户行及账号：工行滨海市分行 180104156280103824				备注	2022年报刊订阅费	

中国邮政集团公司滨海分公司 630000723763793 发票专用章

第三联：发票联　购买方记账凭证

收款人：何宏　　复核：刘冲娇　　开票人：康淑华　　销售方：（章）

答案提示

实训五

销售过程核算

一、实训目标

熟悉销售过程业务中的常见原始凭证；掌握销售过程业务的账务处理技能。

二、业务实训

2021年7月份华宇有限责任公司发生的部分销售过程业务资料如下，请根据实训资料填制、审核原始凭证，编制记账凭证。

业务1：7月10日，收到单证

滨海增值税专用发票

全国统一发票监制章 滨海 国家税务总局监制

此联不作报销、扣税凭证使用　No.21256352

开票日期：2021年7月10日

<table>
<tr><td rowspan="4">购买方</td><td colspan="5">名　　称：海虹机械制造有限责任公司</td><td rowspan="4">密码区</td><td colspan="3" rowspan="4">（略）</td></tr>
<tr><td colspan="5">纳税人识别号：62194565237893</td></tr>
<tr><td colspan="5">地 址、电 话：滨海市海虹路225号 0578-8270326</td></tr>
<tr><td colspan="5">开户行及账号：工行滨海市分行 180102842131304321</td></tr>
<tr><td colspan="2">货物或应税劳务、服务名称</td><td>规格型号</td><td>单位</td><td>数量</td><td>单　价</td><td colspan="2">金　额</td><td>税率</td><td>税　额</td></tr>
<tr><td colspan="2">*化学合成材料*卡板箱</td><td>1210</td><td>个</td><td>50</td><td>880</td><td colspan="2">44 000.00</td><td>13%</td><td>5 720.00</td></tr>
<tr><td colspan="2">合　　计</td><td></td><td></td><td></td><td></td><td colspan="2">¥44 000.00</td><td></td><td>¥5 720.00</td></tr>
<tr><td colspan="2">价税合计（大写）</td><td colspan="6">⊗肆万玖仟柒佰贰拾元整</td><td colspan="2">（小写）¥49 720.00</td></tr>
<tr><td rowspan="4">销售方</td><td colspan="5">名　　称：华宇有限责任公司</td><td rowspan="4">备注</td><td colspan="3" rowspan="4">华宇有限责任公司
280602002234678
发票专用章</td></tr>
<tr><td colspan="5">纳税人识别号：280602002234678</td></tr>
<tr><td colspan="5">地 址、电 话：滨海市解放街28号 0578-2133999</td></tr>
<tr><td colspan="5">开户行及账号：工行滨海市分行 180100112200100888</td></tr>
</table>

第一联：记账联　销售方记账凭证

收款人：张全有　　复核：刘艳　　开票人：李莉　　销售方：（章）

注：华宇有限责任公司“应收账款——海虹机械”账户有贷方余额25 000元。

业务2：7月18日，收到单证

滨海增值税专用发票

此联不作报销、扣税凭证使用　　No.31276851

开票日期：2021年7月18日

购买方	名　　　称：昌运机械制造有限责任公司 纳税人识别号：62192165256812 地 址、电 话：滨海市和平路113号 0578-8630397 开户行及账号：工行滨海市分行 18010287218139447					密码区	（略）	
货物或应税劳务、服务名称	规格型号	单位	数量	单　价	金　额	税率	税额	
*研发和技术服务*卡板箱生产技术服务		月	1	20 000	20 000.00	6%	1 200.00	
合　　计					¥20 000.00		¥1 200.00	
价税合计（大写）	⊗贰万壹仟贰佰元整				（小写）¥21 200.00			
销售方	名　　　称：华宇有限责任公司 纳税人识别号：280602002234678 地 址、电 话：滨海市解放街28号 0578-2133999 开户行及账号：工行滨海市分行 180100112200100888					备注	卡板箱生产技术服务时间为2021年6月—2021年12月，月服务费20 000元。服务次月付费。	

收款人：张全有　　复核：刘艳　　开票人：李莉　　销售方：（章）

第一联：记账联　销售方记账凭证

中国工商银行滨海市分行 进账单（回单）1

2021年7月18日　　　　第　号

付款人	全　称	昌运机械制造有限责任公司	收款人	全　称	华宇有限责任公司
	账　号	18010287218139447		账　号	180100112200100888
	开户银行	中国工商银行滨海市分行		开户银行	中国工商银行滨海市分行
金额	人民币（大写）	贰万壹仟贰佰元整		千百十万千百十元角分	¥2 1 2 0 0 0 0
票据种类		转账支票			
票据张数		1张			
单位主管　会计 复核　记账				出票开户银行盖章	

中国工商银行滨海市分行　2021.7.18　转账　转讫

业务3：7月23日，收到单证

滨海增值税专用发票

此联不作报销、扣税凭证使用 No.312216578

开票日期：2021年7月23日

购买方	名　　称：海虹机械制造有限责任公司 纳税人识别号：62194565237893 地 址、电 话：滨海市海虹路225号 0578-8270326 开户行及账号：工行滨海市分行 180102842131304321				密码区	（略）	
货物或应税劳务、服务名称	规格型号	单位	数量	单价	金额	税率	税额
*化学合成材料*卡板箱	1210	个	-20	880	-17 600.00	13%	-2 288.00
合　计					¥-17 600.00		¥-2 288.00
价税合计（大写）	⊗（负数）壹万玖仟捌佰捌拾捌元整				（小写）¥-19 888.00		
销售方	名　　称：华宇有限责任公司 纳税人识别号：280602002234678 地 址、电 话：滨海市解放街28号 0578-2133999 开户行及账号：工行滨海市分行 180100112200100888				备注		

第一联：记账联 销售方记账凭证

收款人：张全有　　复核：刘艳　　开票人：李莉　　销售方：（章）

商品退货验收入库单

购货单位：海虹机械制造有限责任公司　　2021年7月23日　　退验字第1号

退货原因	产品质量不符合合同要求，生产无法使用					
技术检验结果	情况属实 技术检验：曹翔 2021年7月20日					
名称	规格及型号	计量单位	应收数量	实收数量	单价	金额
卡板箱	1210	个	20	20	723	14 460
合计			20	20		14 460

第二联 记账联

销售主管：林俊　　仓库主管：马群力　　收料：王在启　　制单：李晓

三、障碍实训

2021年7月部分销售过程经济业务资料如下，请指出下列业务的会计处理，哪些是正确的，哪些是错误的。如果是错误的，那么正确的做法是什么？

【实训目的】提高学生职业判断、会计业务处理能力，培养规范、细心操作的习惯。

业务1：7月10日，收到单证

滨海增值税专用发票

此联不作报销、扣税凭证使用 No.21256352

开票日期：2021年7月10日

购买方	名　　称：海虹机械制造有限责任公司 纳税人识别号：62194565237893 地 址、电 话：滨海市海虹路225号 0578-8270326 开户行及账号：工行滨海市分行 180102842131304321				密码区	（略）	
货物或应税劳务、服务名称	规格型号	单位	数量	单价	金额	税率	税额
*化学合成材料*卡板箱		个	50	880	44 000.00	13%	5 720.00
合　　计					¥44 000.00		¥5 720.00
价税合计（大写）	⊗肆万玖仟柒佰贰拾元整				（小写）¥49 720.00		
销售方	名　　称：华宇有限责任公司 纳税人识别号：280602002234678 地 址、电 话：滨海市解放街28号 0578-2133999 开户行及账号：工行滨海市分行 180100112200100888				备注		

收款人：张全有　　复核：刘艳　　开票人：李莉　　销售方：（章）

第一联：记账联 销售方记账凭证

华宇有限责任公司相关会计分录如下：

借：应收账款——海虹机械　　49 720

　　贷：主营业务收入　　44 000

　　　　应交税费——应交增值税（销项税额）　　5 720

答案提示

业务2：7月22日，收到单证

滨海增值税专用发票

此联不作报销、扣税凭证使用 No.31276769

开票日期：2021年7月22日

购买方	名　　称：柯丽机械制造有限责任公司 纳税人识别号：62192165254580 地 址、电 话：滨海市迎春路457号 0578-8784312 开户行及账号：工行滨海市分行 18010287214736580				密码区	（略）	
货物或应税劳务、服务名称	规格型号	单位	数量	单价	金额	税率	税额
*研发和技术服务*卡板箱生产技术服务		月	1	20 000	20 000.00	13%	2 600.00
合　　计					¥20 000.00		¥2 600.00
价税合计（大写）	⊗贰万贰仟陆佰元整				（小写）¥22 600.00		
销售方	名　　称：华宇有限责任公司 纳税人识别号：280602002234678 地 址、电 话：滨海市解放街28号 0578-2133999 开户行及账号：工行滨海市分行 180100112200100888				备注	卡板箱生产技术服务时间为2021年6月—2021年12月，月服务费20 000元。服务次月付费。	

收款人：张全有　　复核：刘艳　　开票人：李莉　　销售方：（章）

第一联：记账联 销售方记账凭证

柯丽机械制造有限责任公司会计收到该发票后，要求华宇有限责任公司重新开具发票。请说明发票存在的问题。

答案提示

业务3：7月25日，收到单证

滨海增值税专用发票

此联不作报销、扣税凭证使用

全国统一发票监制章 滨海 国家税务总局监制

No.312572168

开票日期：2021年7月25日

购买方	名称：坤善机械制造有限责任公司 纳税人识别号：62134567435860 地址、电话：滨海市八卦路231号 0578-8452369 开户行及账号：工行滨海市分行 180145428331605689	密码区	（略）

货物或应税劳务、服务名称	规格型号	单位	数量	单价	金额	税率	税额
*化学合成材料*卡板箱	1210	个	−10	880	−8 800.00	13%	−1 144.00
合计					￥−8 800.00		￥−1 144.00
价税合计（大写）	⊗（负数）玖仟玖佰肆拾肆元整				（小写）￥−9 944.00		

销售方	名称：华宇有限责任公司 纳税人识别号：280602002234678 地址、电话：滨海市解放街28号 0578-2133999 开户行及账号：工行滨海市分行 180100112200100888	备注	华宇有限责任公司 280602002234678 发票专用章

第一联：记账联　销售方记账凭证

收款人：张全有　　复核：刘艳　　开票人：李莉　　销售方：（章）

华宇有限责任公司相关会计分录为：

借：应收账款——海虹机械　　9 944

　　贷：主营业务收入　　8 800

　　　　应交税费——应交增值税（销项税额）　　1 144

借：主营业务成本　　7 230

　　贷：库存商品——1210卡板箱　　7 230

答案提示

实训六

利润形成和分配过程核算

一、实训目标

熟悉利润形成与分配业务中的常见原始凭证；掌握利润形成与分配的账务处理技能。

二、业务实训

2021年12月份华宇有限责任公司发生的部分业务资料如下，请根据实训资料填制、审核原始凭证，编制记账凭证。

业务1：12月31日，收到单证

公益性单位接受捐赠统一收据

国财00201　　2021年12月25日（04）　　No.20032435

捐赠者	华宇有限责任公司										
捐赠项目	中国儿童少年基金会滨海分会（建校）										
捐赠金额（实物价值）	大写	⊗佰贰拾零万零仟零佰零拾零元零角零分									
	小写	¥200 000.00	百	十	万	千	百	十	元	角	分
			¥	2	0	0	0	0	0	0	0
货币（实物）种类	货币资金										
备注											

第二联 捐赠者

接收单位：（签章）　　审核：　　经手人：　　支票号：40882640

中国工商银行转账支票存根

支票号码：40882640

科　目

对方科目

出票日期：2021年12月25日

收款人：	中国儿童少年基金会滨海分会
金　额：	¥200 000.00
用　途：	捐赠建校款
备　注：	

单位主管：　　会计：

复核：　　记账：

中国工商银行滨海市分行电汇凭证（付款通知）

2021年12月25日　　　　第　号

收款人	全　称	中国儿童少年基金会滨海分会	付款人	全　称	华宇有限责任公司
	账　号	380141172406889231		账　号	180100112200100888
	开户银行	中国建设银行滨海市分行		开户银行	中国工商银行滨海市分行
金额	人民币（大写）	贰拾万元整		千百十万千百十元角分	¥20000000
票据种类		转账支票			
票据张数		1张			
单位主管　复核		会计　记账		出票开户银行盖章	

中国工商银行滨海市分行 2021.12.25 转账 转讫

费用报销单

填报日期　2021年12月31日

部门	综合部	姓名	刘坤
报销事由	支付捐赠给中国儿童少年基金会滨海分会的建校款		
报销单据3张　合计金额（大写）贰拾万元整		（小写）¥200 000.00	
单位主管	陈明	部门主管	黄均良

会计主管：祝涓涓　　审核：　　出纳：李莉　　填报人：刘坤

业务2：12月31日，收到单证

城市维护建设税及教育费附加计算表

2021年12月31日

项　目	金　额
应纳增值税税额	28 000.00
应纳消费税税额	7 100.00
流转税额合计	35 100.00
应纳城市维护建设税税额（7%）	2 457.00
应交教育费附加（3%）	1 053.00
应交地方教育附加（2%）	702.00
城市维护建设税及教育费附加合计	4 212.00

制表：宋运辉　　复核：刘艳　　记账：沈丹红

业务3：12月31日，填制单证

利润分配计算表

2021年12月31日　　　　金额单位：元

项目	计提比例	计提金额
计提依据（净利润）		
法定盈余公积	10%	
任意盈余公积	15%	
应付利润	18%	

制表：宋运辉　　　　复核：刘艳　　　　记账：沈丹红

三、障碍实训

2021年12月份部分利润形成和分配业务资料如下，请指出下列业务的会计处理，哪些是正确的，哪些是错误的。如果是错误的，那么正确的做法是什么？

【实习目的】让学生懂得只有账证相符，才能保证财务报表的正确性。

业务1：12月31日，收到单证

中国工商银行转账支票存根

支票号码：40882640

科　　目

对方科目

出票日期：2021年12月25日

收款人：	中国儿童少年基金会滨海分会
金　额：	￥200 000.00
用　途：	捐赠建校款
备　注：	

单位主管：　　会计：

复核：　　记账：

中国工商银行滨海市分行电汇凭证（付款通知）

2021年12月25日　　　　第　号

收款人	全称	中国儿童少年基金会滨海分会	付款人	全称	华宇有限责任公司
	账号	380141172406889231		账号	180100112200100888
	开户银行	中国建设银行滨海市分行		开户银行	中国工商银行滨海市分行
金额	人民币（大写）	贰拾万元整		百十万千百十元角分	￥20000000
票据种类		转账支票			
票据张数		1张			
单位主管　会计		复核　记账			出票开户银行盖章

中国工商银行滨海市分行 2021.12.25 转账 转讫

费用报销单

填报日期 2021年12月31日

部门	综合部	姓名	刘坤
报销事由	支付绿叶小学的建校捐赠款		
报销单据3张 合计金额（大写）贰拾万元整		（小写）¥200 000.00	
单位主管	陈明	部门主管	黄均良

会计主管：祝涓涓　　审核：　　出纳：李莉　　填报人：刘坤

答案提示

业务2：12月31日账簿记录

损益科目余额表

2021年12月

金额单位：元

科目代码	科目名称	贷方发生额	借方发生额
6001	主营业务收入	18 800 000	
6051	其他业务收入	400 000	
6101	公允价值变动损益	150 000	
6111	投资收益	800 000	
6301	营业外收入	100 000	
6401	主营业务成本		5 500 000
6402	其他业务成本		250 000
6405	税金及附加		350 000
6601	销售费用		850 000
6602	管理费用		1 080 000
6603	财务费用		800 000
6701	资产减值损失		350 000
6711	营业外支出		267 000
6801	所得税费用		1 290 000

记账凭证

2021年12月31日　　　　记字第311号

摘要	会计科目		借方金额											贷方金额											记账√
	总账科目	明细账科目	万	千	百	十	万	千	百	十	元	角	分	万	千	百	十	万	千	百	十	元	角	分	
结转收入	主营业务收入			1	3	0	0	0	0	0	0	0	0												
	其他业务收入					4	0	0	0	0	0	0	0												
	营业外收入					1	0	0	0	0	0	0	0												
	投资收益					8	0	0	0	0	0	0	0												
	本年利润														1	4	3	0	0	0	0	0	0	0	
附件　张	合　计		¥	1	4	3	0	0	0	0	0	0	0	¥	1	4	3	0	0	0	0	0	0	0	

会计主管：　　　　记账：　　　　出纳：　　　　审核：　　　　制证：陈军

答案提示

实训七

财务报表编制

一、实训目标

熟悉财务报表编制业务中的常见原始凭证；掌握财务报表编制的账务处理技能。

二、业务实训

根据项目五和项目六的实训资料，编制华宇有限责任公司2021年资产负债表和利润表。

三、障碍实训

2021年12月部分财务报表业务资料如下，请指出资产负债表试算平衡工作底稿中存在的错误。正确的做法是什么？

【实训目的】培养学生正确编制财务报表的能力。

业务：12月31日资产负债表试算平衡工作底稿

2021年12月部分财务报表编制业务资料

单位：元

账户名称	借方	账户名称	贷方
库存现金	1 084.11	短期借款	1 900 000.00
银行存款	1 762 277.43	应付账款	493 003.60
应收账款	2 203 569.30	预收账款	143 000.00
预付账款	113 000.00	应付职工薪酬	26 560.54
其他应收款	6 100.00	应交税费	250 351.48
坏账准备	17 361.30	应付利息	13 900.00
长期待摊费用	57 494.02	其他应付款	100 219.27
在途物资	84 603.26	长期借款	1 500 000.00
原材料	446 916.19	实收资本	14 000 000.00
库存商品	73 002.45	资本公积	500 000.00
周转材料	27 474.86	盈余公积	504 374.39
固定资产	14 202 240.01	本年利润	275 651.29
在建工程	3 239 700.00	未分配利润	1 828 121.49
无形资产	2 343 150.00	累计折旧	2 548 862.39
		累计摊销	513 205.88

资产负债表试算平衡工作底稿

2021年12月31日

资产	本年累计	负债及所有者权益	本年累计
货币资金	1 763 361.54	短期借款	1 900 000.00
应收票据	0	应付票据	0
应收账款	2 203 569.30	应付账款	439 003.60
预付款项	113 000.00	预收款项	143 000.00
其他应收款	6 100.00	应付职工薪酬	26 560.54
存货	604 521.90	应交税费	250 351.48
固定资产	11 653 377.62	其他应付款	114 119.27
在建工程	3 239 700.00	长期借款	1 500 000.00
无形资产	1 829 944.12	实收资本	14 000 000.00
长期待摊费用	57 494.02	资本公积	500 000.00
		盈余公积	504 374.39
		未分配利润	1 828 121.49
合　计		合　计	

答案提示